21世纪高等职业教育财经类规划教材

基础课系列

Basic Course

姚伟 张东红 ◎ 主编

张双庆 张爱群 郑成宏 ◎ 副主编

现代商务礼仪

Modern Business Etiquette

工业和信息化高职高专「十二五」规划教材立项项目

U0649571

人民邮电出版社

北京

图书在版编目（CIP）数据

现代商务礼仪 / 姚伟，张东红主编. -- 北京：人民邮电出版社，2011.4（2013.8 重印）
21世纪高等职业教育财经类规划教材. 基础课系列
ISBN 978-7-115-25016-2

Ⅰ. ①现… Ⅱ. ①姚… ②张… Ⅲ. ①商务－礼仪－高等职业教育－教材 Ⅳ. ①F718

中国版本图书馆CIP数据核字(2011)第038864号

内 容 提 要

本书系统、全面地介绍商务活动中所涉及的礼仪，分为商务礼仪概述、商务人员基本形象设计、商务交往礼仪、商务活动礼仪及涉外商务礼仪 5 个项目，每个项目下设若干模块（总计 15 个模块）。每个模块作为一个礼仪活动训练单元，由"应知导航"、"案例引入"、"课堂任务"、"开阔眼界"、"实践任务"、"模块小结"和"综合练习" 7 个部分构成。全书内容新颖，语言简洁流畅，教师可以通过"课堂任务"和"实践任务"中的实训，让学生在做中学，在学中练，提高学生实践操作能力。

本书涉及面广、实用性强，既可作为高职高专院校教学用书，也可作为高等专科学校、成人高校、本科院校的技术学院、继续教育学院和各类培训机构的教材或参考用书，还可作为现代人在日常工作和生活中学习礼仪规范的参考用书。

21 世纪高等职业教育财经类规划教材·基础课系列

现代商务礼仪

♦ 主　编　姚　伟　张东红
　　副主编　张双庆　张爱群　郑成宏
　　责任编辑　刘　琦

♦ 人民邮电出版社出版发行　　北京市崇文区夕照寺街 14 号
　　邮编　100061　　电子邮件　315@ptpress.com.cn
　　网址　http://www.ptpress.com.cn
　　大厂聚鑫印刷有限责任公司印刷

♦ 开本　700×1000　　1/16
　　印张：15.25　　　　　　　　2011 年 4 月第 1 版
　　字数：333 千字　　　　　　2013 年 8 月河北第 4 次印刷

ISBN 978-7-115-25016-2
定价：27.00 元
读者服务热线：**(010)67170985**　印装质量热线：**(010)67129223**
反盗版热线：**(010)67171154**
广告经营许可证：京崇工商广字第 0021 号

近 30 年来，我国取得巨大的进步，靠的是改革开放带来的经济腾飞。经济的发展使得财经类学科一时成为显学，财经类专业也成为了大中专院校的热门专业。

当前，企业对财经类人才的需求又开始呈现增长的态势，但同时企业对财经类人才的要求与以往相比也越来越高。因此，能够培养出数量充足，而且素质和技能较高、能够充分适应和满足企业需求的财经类人才，已成为未来高职高专院校亟待探索和解决的问题。

何谓高层次的财经人才，首先，应该有科学、完整、宽厚、扎实的专业知识，现在市场细分，岗位细分，越是细分，对人才的要求就越综合，越需要具备综合知识，以做好细分后的工作；其次，需要有较强的实践能力，能够高质量地承担第一线工作，并且能够在实践中不断地发展自己。要培养出这样一支高素质、高技能的应用型、技术性人才队伍，就要摸索出一套有效的人才培养模式，做好高校人才培养工作。

教材建设在高校人才培养中占有重要的地位。基于这一点，人民邮电出版社在广泛征求全国高职高专财经类专家、学者和教师意见的基础上，组建了 21 世纪高等职业教育财经类规划教材编写委员会，以课题研究的形式，组织全国多所知名财经院校教师，召开了多次教材建设研讨会，从而确立了系列规划教材的编写思路和编写体例，并对系列规划教材的大纲和内容进行了深入研讨和论证，几易其稿，终能付梓。

本系列规划教材涉及财务会计、财政金融、市场营销、工商管理、经济贸易、物流管理、电子商务等多个方向，其内容既体现教育部发布的 16 号文件精神，又与高职高专院校教学实践相结合，具有鲜明的编写特色。

1. 整体策划，项目推进。本系列规划教材注重专业整体规划，从分析专业工作岗位入手，获得专业核心技能和岗位核心技能，进而来组织教材选题，安排教材结构和内容。同时，本系列教材采用项目研究、整体推进的形式，可以有效保证各专业教材内部之间的衔接性和系统性。

2. 定位准确，紧扣改革。本系列规划教材紧扣教学改革的最新趋势，体现教育部发布的《关于全面提高高等职业教育教学质量的若干意见》的文件精神，专业核心课程以应用知识为主，重点是培养学生解决实际问题的能力，满足培养应用型人才的教学需求。

3. 理论够用，突出技能。本系列规划教材遵循"以就业为导向，工学结合"的原则，以实用为基础，根据企业的岗位需求进行课程体系设置和教材内容选取，理论知识以"够用"为度，突出工作过程导向，突出技能的培养。在编写体例上将案例教学方式和项目教学方式与不同的课程合理结合，以期能够更贴近教学实际。

为了提升教学效果和满足学生的学习需求，本系列规划教材大部分还建设了配套的立体化教学辅助资源，包括多媒体课件、电子教案、实训资料、习题及答案、生动的教学案例及案例分析，部分教材还配有图片、动画和视频等教学资源。

期望通过本系列规划教材的推出，能够为推动财经类专业职业教育教学模式、课程体系和教学方法的改革贡献一份力量。同时，我们也希望能有更多的专家和老师参与到本系列规划教材的建设中来，对教材提出宝贵的意见和建议。

孔子曰："不学礼，无以立。"荀子曰："人无礼则不生，事无礼则不成，国无礼则不宁。"中国素有"礼仪之邦"的美称，崇尚礼仪、学习礼仪、实践礼仪是我们继承和发扬中华传统美德的具体体现。随着中国向国际化迈进步伐的加快，不论是对于企业还是个人，规范的礼仪都将是顺应时代进步、提高自身竞争力的前提。讲求和注重礼仪不但体现在它的文化价值、社会价值上，而且越来越多地体现在它的经济价值上。学习、运用现代商务礼仪在业务往来中树立良好的形象，在纷杂的环境下更好地处理人际关系，已成为提高企业竞争力和个人良好素质的基本要求，更是建立人与人之间相互尊重、信任、宽容、友善的良好合作关系的重要手段。

本书以现代商务礼仪为主线，努力做到深入浅出、翔实具体，融理论性、实践性、知识性和可操作性于一体，在对商务礼仪的功能与原则、特点及作用等方面进行系统阐述的基础上，重点对商务人员基本形象设计、商务交往礼仪、商务活动礼仪及涉外商务礼仪的重要方面进行阐述。为了帮助读者掌握并在实践中更好地应用商务礼仪知识，每一节后面还编排了"课堂任务"，每个模块后面都给出了"实践任务"和"综合练习"，让学生在练习中提高实践能力。本书根据高等职业教育市场营销专业教学与现代社会工作和生活的实际需要，有针对性地选取素材进行编写，使本书具有如下特点。

一是体例新。考虑到商务礼仪教学的特殊性，在编写体例上，每个模块前增设了"案例引入"和"应知导航"。在每个模块的后面安排了"实践任务"和"综合练习"，同时特别增加了"课堂任务"，让学生每节所学的知识都能得到强化。

二是指导性强。本书具有很强的指导性，不仅体现在对学生的指导，还体现在对教师在教学安排上予以指导。任课教师可以根据"课堂任务"的内容安排商务礼仪训练。

三是实用性强。本书在内容的安排上既考虑礼仪学科的基础性、理论性，又更多地强调实用性。不论是学生还是商务从业人员，本书都可以作为现用现查的礼仪实用手册。

在本书的编写过程中，参阅了大量文献、报刊和网上资料，吸收了国内外学者新的研究成果，由于书目甚多，恕不一一列举，在此谨表谢忱。

尽管编者在写作时本着谨慎、严肃、认真的工作态度，但由于能力和时间有限，书中难免存在错误和疏漏，恳请广大读者批评指正。

编 者
2011 年 1 月

目　录

商务礼仪概述

模块一　礼仪概述

应知导航

学习本模块要了解礼仪的构成要素；了解礼仪的起源；了解礼仪的功能；掌握礼仪的内容和特征；掌握礼仪的演变过程；重点掌握礼仪的分类，它是贯穿整个商务礼仪知识点的纲领；把礼仪的原则作为行为规范。

案例引入

修养是第一课

有一批应届毕业生22个人，实习时跟随导师到国家某重点实验室参观。全体学生坐在会议室里等待领导的到来，这时有工作人员给大家倒水，同学们表情木然地看着她忙活，其中一个人还问了句："有绿茶吗？天太热了。"工作人员回答说："抱歉，刚刚用完了。"轮到林晖同学时，他轻声说："谢谢，大热天的，辛苦了。"工作人员抬头看了他一眼，满含着惊奇，虽然这是很普通的客气话，却是她今天听到的唯一一句感射的话。

门开了，领导走进来和大家打招呼，会议室里却静悄悄的，没有一个人回应。林晖同学左右看了看，犹犹豫豫地鼓了几下掌，同学们这才稀稀落落地跟着拍手，由于掌声不齐，越发显得零乱起来。领导挥了挥手："欢迎同学们到这里来参观。"领导看同学们好像都没有带笔记本,吩咐工作人员去拿一些部里印的纪念手册,送给同学们作纪念。接下来,更尴尬的事情发生了,大家都坐在那里,很随意地用一只手接过领导双手递过来的手册。领导来到林晖面前时,林晖礼貌地站起来,身体微倾,双手接过领导递过来的手册,恭敬地说了一声:"谢谢您!"领导闻听此言,不觉眼前一亮,伸手拍了拍林晖的肩膀:"你叫什么名字?"林晖照实作答,领导微笑点头,回到自己的座位上。汗颜的导师看到此景,微微松了一口气。

两个月后,毕业分配表上,林晖的去向栏里赫然写着国家某重点实验室。有几位颇感不满的同学找到导师:"林晖的学习成绩最多算是中等,凭什么选他而没选我们?"导师看了看这几张尚属稚嫩的脸,笑道:"是人家点名来要的。其实你们的机会是完全一样的,你们的成绩甚至比林晖还要好,但是除了学习之外,你们需要学的东西太多了,修养是第一课。"

中国素有"文明古国"、"礼仪之邦"的美称,纵观中国五千年的灿烂历史,"礼"是中国文化的根本特征和标志,是中国古代文化的核心。中国传统文化的核心人物,儒家学说的创始人孔子说:"不学礼,无以立。"儒家另一代表人物荀子也说过:"人无礼则不生,事无礼则不成,国无礼则不宁。"就连法国的启蒙学者孟德斯鸠也说:"中国人的生活完全以礼为指南。"[1]

今天,礼仪在人们的生活和工作中的作用同样重大,礼仪可以使人与人相互尊重、沟通感情、以礼相待、调节关系、加深友谊、促进文明。

一、礼仪及其特征

(一)礼仪概述

1. 礼仪的含义

要真正了解礼仪,有必要先来明确礼仪的基本含义。在一般人的表述中,与"礼"相关的词最常见的有3个,即礼仪、礼节、礼貌。在大多数情况下,它们是被视为一体,混合使用的。其实,从内涵上来看,三者不可简单地混为一谈。它们之间既有区别,又有联系。

---

[1] 孟德斯鸠. 论法的精神(上册).

礼貌，一般是指在人际交往中，通过言语、动作向交往对象表示谦虚和恭敬。它侧重于表现人的品质与素养。礼节，通常是指人们在交际场合，相互表示尊重、友好的惯用形式。它实际上是礼貌的具体表现方式。礼节与礼貌之间的相互关系是：没有礼节，就无所谓礼貌；有了礼貌，就必然伴有具体的礼节。礼仪，则是对礼节、仪式的统称。它是指在人际交往中，自始至终地以一定的、约定俗成的程序、方式来表现的律己、敬人的完整行为。显而易见，礼貌是礼仪的基础，礼节是礼仪的基本组成部分。换言之，礼仪在层次上要高于礼貌、礼节，其内涵更深、更广。礼仪实际上是由一系列的、具体的、表现礼貌的礼节所构成的。它不像礼节一样只是一种做法，而是一个表示礼貌的系统、完整的过程。不过从本质上讲，三者所表现的都是待人的尊敬、友好。

有鉴于此，为了更完整、更准确地理解"礼"，采用礼仪这一概念来对此加以表述，是最为可行的。

站在不同的角度上，往往还可以对礼仪这一概念做出种种殊途同归的解释。

从个人修养的角度来看，礼仪可以说是一个人的内在修养和素质的外在表现。也就是说，礼仪即教养，素质体现于对礼仪的认知和应用。从道德的角度来看，礼仪可以被界定为为人处世的行为规范，或称为标准做法、行为准则。从交际的角度来看，礼仪可以说是人际交往中适用的一种艺术，也可以说是一种交际方式或交际方法。从民俗的角度来看，礼仪既可以说是在人际交往中必须遵行的律己敬人的习惯形式，也可以说是在人际交往中约定俗成的示人以尊重、友好的习惯做法。简而言之，礼仪是待人接物的一种惯例。从传播的角度来看，礼仪可以说是一种在人际交往中进行相互沟通的技巧。从审美的角度来看，礼仪可以说是一种形式美，它是人的心灵美的必然的外化。

了解上述各种对礼仪的诠释，可以进一步地加深对礼仪的理解，并且更为准确地对礼仪进行把握。

2. 礼仪的内容

从内容上讲，礼仪是由礼仪的主体、礼仪的客体、礼仪的媒体和礼仪的环境 4 项基本要素所构成的。

礼仪的主体：指的是礼仪活动的操作者和实施者。它既可以是个人，也可以是组织。当礼仪活动规模较小、较为简单时，其主体通常是个人。当礼仪活动规模较大、较为复杂时，其主体通常是组织。没有礼仪主体，礼仪活动就不可能进行，礼仪也就无从谈起。

礼仪的客体：又叫礼仪的对象，它指的是礼仪活动的指向者和承受者。从外延上讲，它可以是人，也可以是物；可以是物质的，也可以是精神的；可以是具体的，也可以是抽象的；可以是有形的，也可以是无形的。没有礼仪客体，礼仪就失去了对象，就不成其为礼仪。礼仪的客体与礼仪的主体二者之间既对立，又依存，而且在一定条件下相互转化。

礼仪的媒体：指的是礼仪活动所依托的一定的媒介，它实际上是礼仪内容与礼仪形式的统一。任何礼仪都必须使用礼仪媒体，不使用礼仪媒体的礼仪不可能存在。礼仪的媒体，具体是由人体礼仪媒体、物体礼仪媒体、事体礼仪媒体等构成的。在具体操作礼仪时，这些不同的礼仪媒体往往是交叉、配合使用的。

礼仪的环境：指的是礼仪活动得以进行的特定的时空条件。大体说来，它可以分为礼仪的自然环境与礼仪的社会环境。礼仪的环境，经常制约着礼仪的实施。不仅实施何种礼仪由其所决定，而且具体礼仪的实施方法也由其所决定。

由上述四项基本要素所构成的礼仪，依据其适用对象、适用范围的不同，可以分为政务礼仪、商务礼仪、服务礼仪、社交礼仪和涉外礼仪五大分支。

政务礼仪：亦称国家公务员礼仪。它所指的是国家公务员在执行国家公务时所应当遵守的礼仪。

商务礼仪：它所指的主要是公司、企业的从业人员以及其他一切从事经济活动的人士，在经济往来中所应当遵守的礼仪。

服务礼仪：它所指的是各类服务行业的从业人员，在自己的工作岗位上所应当遵守的礼仪。

社交礼仪：亦称交际礼仪。它所指的是社会各界人士，在一般性的交际应酬之中所应当遵守的礼仪。

涉外礼仪：亦称国际礼仪。它所指的是人们在国际交往中，在同外国人打交道时所应当遵守的礼仪。

在上述礼仪的五个分支中，政务礼仪、商务礼仪、服务礼仪主要是按照行业划分的，并且是人们在工作岗位上所应遵守的，故可称之为行业礼仪或职业礼仪。而社交礼仪、涉外礼仪的划分，则主要以交往范围为依据，所以二者均可以称为交往礼仪。

（二）礼仪的特征

与其他学科相比，礼仪具有一些自身独具的特征。这主要表现在其规范性、限定性、可操作性、传承性和变动性五个方面。

第一，规范性。礼仪指的就是人们在交际场合待人接物时必须遵守的行为规范。这种规范性，不仅约束着人们在一切交际场合的言谈话语、行为举止，使之合乎礼仪，而且也是人们在一切交际场合必须采用的一种"通用语言"，是衡量他人、判断自己是否自律、敬人的一种尺度。总之，礼仪是约定俗成的一种自尊、敬人的惯用形式。因此，任何人要想在交际场合表现得合乎礼仪，彬彬有礼，都必须对礼仪无条件地加以遵守。如果只遵守个人适应的部分，而不遵守不适应自己的部分，都难以为交往对象所接受和理解。

第二，限定性。礼仪主要适用于交际场合，适用于普通情况之下的、一般的人际交往与应酬。在这个特定范围之内，礼仪肯定行之有效。离开了这个特定的范围，礼仪则未必适用。这就是礼仪的限定性特点。必须明确，当所处场合不同，所具有的身份不同时，所要应用的礼仪也不同。一般适合应用礼仪的，主要是初次交往、因公交往、对外交往等三种交际场合。

第三，可操作性。切实有效，实用可行，规则简明，易学易会，便于操作，是礼仪的一大特征。它既有总体上的礼仪原则、礼仪规范，又在具体的细节上有一系列的方式、方法，要仔细周详地对礼仪原则、礼仪规范加以贯彻，把它们落到实处。礼仪的易记易行，能够为其广觅知音，使其被人们广泛地运用于交际实践，并受到广大公众的认可，反过来，又进一步地促使礼仪以简便易行、容易操作为第一要旨。

第四，传承性。任何国家的礼仪都具有自己鲜明的民族特色，任何国家的当代礼仪都是在本国古代礼仪的基础上继承、发展起来的。离开了对本国、本民族既往礼仪成果的传承、扬弃，就不可能形成当代礼仪。这就是礼仪传承性的特定含义。对于既往的礼仪遗产，正确的态度不应当是食古不化，全盘沿用，而应当是有扬弃，有继承，更有发展。

第五，变动性。从本质上讲，礼仪可以说是一种社会历史发展的产物，并具有鲜明的时代特点。一方面，它是在人类长期的交际活动实践中形成、发展、完善起来的，绝不可能凭空杜撰，一蹴而就，完全脱离特定的历史背景。另一方面，社会的发展，历史的进步，由此而引起的众多社交活动的新特点、新问题的出现，又要求礼仪有所变化，有所进步，推陈出新，与时代同步，以适应新形势下新的要求。与此同时，随着世界经济的国际化倾向日益明显，各个国家、各个地区、各个民族之间的交往日益密切，礼仪随之也不断地相互影响，相互渗透，相互取长补短，不断地被赋予新的内容。这就使礼仪具有相对的变动性。了解了这一点，就不会把礼仪看做成不变的东西，而能够更好地以发展、变化的眼光去对待它。

课堂任务

试列举哪些礼仪是中国所特有的，这其中有哪些应该发扬，哪些应该摒弃。

二、礼仪的功能与原则

（一）礼仪的功能

礼仪之所以被提倡，之所以受到社会各界的普遍重视，主要是因为它既有利于个人，又有利于社会。

1. 礼仪有助于提高人们的自身修养

在人际交往中，礼仪往往是衡量一个人文明程度的准绳。它不仅反映了一个人的交际技巧与应变能力，而且还反映了一个人的气质风度、阅历见识、道德情操和精神风貌。因此，在这个意义上，完全可以说礼仪即教养，而一个人有道德才能高尚，有教养才能文明。这也就是说，通过一个人对礼仪运用的程度，可以观察其教养的高低、文明的程度和道德的水准。由此可见，学习礼仪，运用礼仪，有助于提高个人的修养，真正提高个人的文明程度。

2. 礼仪有助于人们美化自身，美化生活

个人形象是一个人仪容、表情、举止、服饰、谈吐、教养的集合，而礼仪在上述

诸方面都有自己详尽的规范，因此，学习礼仪，运用礼仪，有益于人们更好地、更规范地设计个人形象、维护个人形象，更好地、更充分地展示个人的良好教养与优雅的风度。当个人重视了美化自身，人人以礼相待时，人际关系将会更和睦，生活将变得更加温馨，这时，美化自身便会发展为美化生活。这也是礼仪的运用所发挥的作用。

3. 礼仪有助于促进人们的社会交往，改善人们的人际关系

古人认为："世事洞明皆学问，人情练达即文章。"这句话讲的其实就是交际的重要性。一个人只要同其他人打交道，就不能不讲礼仪。运用礼仪，除了可以使个人在交际活动中充满自信，胸有成竹，处变不惊之外，其最大的好处就在于，它能够帮助人们规范彼此的交际活动，更好地向交往对象表达自己的尊重、敬佩、友好与善意，增进大家彼此之间的了解与信任。假如人皆如此，长此以往，必将促进社会交往的进一步发展，帮助人们更好地取得交际成功，进而造就和谐、完美的人际关系，取得事业的成功。

4. 礼仪有助于净化社会风气，推进社会主义精神文明的建设

一般而言，人们的教养反映其素质，而素质又体现于细节。反映个人教养的礼仪，是人类文明的标志之一。一个人、一个单位、一个国家的礼仪水准如何，往往反映着这个人、这个单位、这个国家的文明水平，整体素质，整体教养。在日常交往之中，诚如英国大哲学家约翰·洛克所言："没有良好的礼仪，其余的一切成就都会被人看成骄傲、自负、无用和愚蠢。"当前，我国正在大力推进社会主义精神文明建设。其中的一项重要内容，就是要求全体社会成员讲文明、讲礼貌、讲卫生、讲秩序、讲道德，心灵美、语言美、行为美、环境美。这些内容，与礼仪完全吻合。因此可以说，提倡礼仪的学习、运用，与推进社会主义精神文明建设是殊途同归、相互配合、相互促进的。这种社会主义的礼治，对于我国的现代化建设，是不可或缺的。

（二）礼仪的原则

在日常生活之中，学习、应用礼仪，有必要在宏观上掌握一些具有普遍性、共同性、指导性的礼仪规律。这些礼仪规律，即礼仪的原则。

1. 遵守的原则

在交际应酬中，每一位参与者都必须自觉、自愿地遵守礼仪，以礼仪去规范自己在交际活动中的一言一行、一举一动。对于礼仪，不仅要学习、了解，更重要的是学了就要用，要将其付诸个人社交实践。任何人，不论身份高低、职位大小、财富多寡，都有自觉遵守、应用礼仪的义务，否则，就会受到公众的指责，交际就难以成功，这就是遵守的原则。没有这一条，就谈不上礼仪的应用和推广。

2. 自律的原则

从总体上来看，礼仪规范由对待个人的要求与对待他人的做法这两大部分所构成。对待个人的要求，是礼仪的基础和出发点。学习、应用礼仪，最重要的就是要自我要求、自我约束、自我控制、自我对照、自我反省、自我检点，这就是所谓自律的原则。古语云："己所不欲，勿施于人。"若是没有对自己的首先要求，人前人后不一

样，只要求别人，不要求自己，遵守礼仪就无从谈起，就是一种蒙骗他人的大话、假话、空话。

3. 敬人的原则

孔子曾经对礼仪的核心思想有过一次高度的概括，他说："礼者，敬人也"。所谓敬人的原则，就是要求人们在交际活动中，与交往对象既要互谦互让，互尊互敬，友好相待，和睦共处，更要将对交往对象的重视、恭敬、友好放在第一位。在礼仪的两大构成部分中，有关对待他人的做法这一部分，比对待个人的要求更为重要，这一部分实际上是礼仪的重点与核心。而对待他人的诸多做法之中最要紧的一条，就是要敬人之心常存，处处不可失敬于人，不可伤害他人的个人尊严，更不能侮辱对方的人格。掌握了这一点，就等于掌握了礼仪的灵魂。在人际交往中，只要无失敬人之意，哪怕具体做法一时失当，也不能算是失礼。

4. 宽容的原则

宽容的原则其基本含义，是要求人们在交际活动中运用礼仪时，既要严于律己，更要宽以待人。要多容忍他人，多体谅他人，多理解他人，而不要求全责备，斤斤计较，过分苛求，咄咄逼人。在人际交往中，要容许其他人有个人行动和独立进行自我判断的自由。对不同于己、不同于众的行为耐心容忍，不必要求其他人处处与自己完全保持一致，这实际上也是尊重对方的一个主要表现。

5. 平等的原则

在具体运用礼仪时，允许因人而异，根据不同的交往对象，采取不同的具体方法。但必须强调：在礼仪的核心点，即尊重交往对象、以礼相待这一点上，对任何交往对象都必须一视同仁，给予同等程度的礼遇。不允许因为交往对象彼此之间在年龄、性别、种族、文化、职业、身份、地位、财富以及与自己的关系亲疏远近等方面有所不同，就厚此薄彼，区别对待，给予不同待遇。这便是社交礼仪中平等原则的基本要求。

6. 从俗的原则

由于国情、民族、文化背景的不同，在人际交往中，实际上存在着"十里不同风，百里不同俗"的局面。对这一客观现实要有正确的认识，不要自高自大，唯我独尊，简单否定其他人不同于自己的做法。必要时，必须坚持入乡随俗，与绝大多数人的习惯做法保持一致，切勿目中无人，自以为是，指手画脚，随意批评，否定其他人的习惯性做法。遵守从俗的原则的这些规定，将使礼仪的应用更加得心应手，更加有助于人际交往。

7. 真诚的原则

礼仪上所讲的真诚的原则，就是要求在人际交往中运用礼仪时，务必待人以诚，诚心诚意，诚实无欺，言行一致，表里如一。只有如此，自己在运用礼仪时所表达的对交往对象的尊敬与友好，才会更好地被对方所理解，所接受。与此相反，倘若仅把运用礼仪作为一种道具和伪装，在具体操作礼仪规范时口是心非，言行不一，弄虚作假，投机取巧，或是当时一个样，事后一个样，有求于人时一个样，被人所求时另外一个样，则有悖礼仪的基本宗旨。将礼仪等同于"厚黑学"，肯定是

7

行不通的。

8. 适度的原则

适度原则的含义，是要求应用礼仪时，为了保证取得成效，必须注意技巧，合乎规范，特别要注意把握分寸。这是因为凡事过犹不及，运用礼仪时，假如做得过了头，或者做得不到位，都不能正确地表达自己的自律、敬人之意。当然，运用礼仪要真正做到恰到好处，恰如其分，只有勤学多练，积极实践。

课堂任务

1. 运用所学的礼仪原则判断下列说法做法正确与否。

（1）一位外国女士，看到中国古代的落地钟非常漂亮，认为他的中国朋友一定会喜欢，就买了一台送给他的客户。

（2）求职电话什么时候打都可以。

（3）电视电话会议只要看电视或只要打个电话就可以了。

（4）脱下的大衣应放在椅背上。

（5）当别人夸奖自己时越谦虚越好。

（6）当进行正式宴会时，一定要在主人宣布开饭之后再动手吃饭。

（7）拒绝邀请只说声对不起而不交代理由是不礼貌的。

（8）年轻人穿西服可以搭配休闲鞋。

2. 阅读下面的小案例回答问题。

一位年轻人到一家公司应聘，公司办公室负责人问："你怎么知道我们这里正好有空缺的职位啊？"年轻人想把气氛搞得轻松活跃些，就故作神秘的说："昨晚，我在梦里听到有人对我说的。"说完自己先笑起来，结果他没有被录用。

（1）这位年轻人为什么没有被录用？

（2）分组讨论他违背了哪些礼仪原则。

三、中国礼仪的形成与发展

（一）中国礼仪的形成

中国礼仪文化历史悠久，源远流长。关于礼仪的起源，说法不一。归纳起来有五种起源说：一是天神生礼仪；二是礼为天地人的统一体；三是礼产生于人的自然本性；四是礼为人性和环境矛盾的产物；五是礼生于理，起源于俗。人们普遍认为礼源于俗。

根据现代人类学、考古学的研究成果，礼仪起源于人类最原始的两种信仰，一是天地信仰，二是祖先信仰。天地信仰和祖先信仰的产生是源于人类初期对自然界变幻莫测的敬畏和无助，由于当时人们认识水平的局限，认为上有天神，下有地神，所以才有了天神与地神控制的日月星辰、电闪雷鸣、地震洪水等。他们对自然现象充满了神秘感，充满了敬畏和恐惧，由此产生了各种祭祀活动，拜天地、祭神明，祈求神明和祖先保佑风调雨顺，祈祷上苍降福免灾。随着人类社会的发展，人们表达敬畏的祭祀活动日益频繁，逐步形成了各种固定的模式，并终于成为相应的礼仪规范。

（二）中国礼仪的发展

礼仪在其传承沿袭的过程中不断发生着变革。从历史发展的角度来看，其演变过程可以分为四个阶段。

1. 礼仪的起源时期：夏朝以前（公元前21世纪前）

礼仪起源于原始社会，在原始社会中、晚期（约旧石器时代）出现了早期礼仪的萌芽。整个原始社会是礼仪的萌芽时期，礼仪较为简单和虔诚，还不具有阶级性。原始社会礼仪的内容包括：制定了明确血缘关系的婚嫁礼仪；区别部族内部尊卑等级的礼制；为祭天敬神而确定的一些祭典仪式；制定一些在人们的相互交往中表示礼节和表示恭敬的动作。

2. 礼仪的形成时期：夏、商、西周三代（公元前21世纪～前771年）

从夏朝建立起，中国社会进入了奴隶制社会。由于大规模地利用奴隶劳动，使生产力比原始社会有了更大的发展，与之相适应，社会文化也得到了较大的发展。在这一阶段，奴隶主阶级为了维护本阶级的利益，巩固自己的统治地位，修定了比较完整的国家礼仪和制度，提出了极为重要的礼仪概念，如"五礼"等，确定了崇古重礼的传统。

在西周，出现了中国历史上第一部记载"礼"的书籍，这就是《周礼》。人们通常认为，传世的《周礼》和《仪礼》是周公的遗典，它们与其释文《礼记》一起，统称"三礼"，是关于各种礼制的百科全书。其中，《周礼》偏重政治制度，《仪礼》偏重行为规范，《礼记》偏重对礼的各个分支做出符合统治阶级需要的理论说明。由这"三礼"所涉及的各种礼制的总和，涵盖了中国古代"礼"的主要内容。

3. 礼仪的变革时期：春秋战国时期（公元前771～前221年）

这一时期，三代之礼在许多场合废而不行。一些新兴利益集团开始创造符合自己利益和巩固其社会地位的新礼。这一时期，学术界百家争鸣。以孔子、孟子、荀子为代表的思想家系统地阐述了礼的起源、本质、功能等问题，第一次从理论上全面而深刻地阐述了社会等级秩序的划分及其意义，以及与之相适应的礼仪规范、通用义务。

孔子站在奴隶主阶级的立场，将奴隶制开始崩溃，封建制开始兴起的春秋时代，看做是"礼坏乐崩"、"邪说暴行"不断发生的大乱局面。远在公元前的四百多年的周朝时，孔子就"制礼作乐"，他提出的六艺，包括礼（礼仪规范）、乐（音乐）、射（武功、射箭）、御（武功、乘马）、书（书法）和数（数学）。孔子把六艺作为六种科目，要求统治者的接班人，必须学习六艺，"养国之道，乃教之以六艺"。至此开始，礼就成为儒家学说中的重要内容。作为儒家学说创始人的孔子，对礼仪非常重视，他曾明确要求他的弟子们努力做到："非礼勿视，非礼勿听，非礼勿言，非礼勿动"。（《颜渊第十二》）孔子之所以这样重视"礼"，是因"礼"代表了孔子理想中的一种政治局面。这种政治局面其一就是"和"，孔子反对往来征战、相互杀伐，主张以仁爱之心待人，"和为贵"，因而仁爱和"和"成为周礼的重要内容。孔子的门生们进一步解释了"和"具有的两个意思，和——相应也，互相适应，如一唱一和就是表达这个意思。同时"和"的含义中有"刚柔得道"的意思，也就是刚柔得体，恰恰合适。总之，"礼"要求人

9

们行为得体，彼此协调有序。孔子理想的政治局面的第二个方面的要求就是"让"，即"互相谦让"，不要争，要安分守己，"己所不欲，勿施于人"，这也是孔子制礼的第二个方面的要求。孔子理想的政治局面的第三个方面就是"序"，即"秩序"、"顺序"，孔子强调在人们的相互关系中，在人际关系中，必须要"有序"，即遵守"君君臣臣，父父子子"，"贵贱有等，亲疏有体，长幼有序"。

总之，从孔子制定六艺开始，礼作为六艺的重要内容，它包含了孔子的政治理想和追求，并以之作为一种工具，去维护统治阶级的利益。孔子的六艺学说和理论，随着社会历史的发展和变迁，也有着调整和变迁的过程。到了汉代，儒家再讲六经、六艺，已明确为"诗、书、易、礼、乐、春秋"。这里，礼、乐，依然作为六经、六艺的重要内容而保存和发展下来。

从孔子制礼作乐之后，礼仪作为一种规范，由于它对社会生活的调节作用，以及对人际关系的调节作用，于是出现了"礼治"的主张和实践。中国几千年的文明历史中，礼治的主张日益得到统治者的赞同，也日益繁杂和完备。形成了包容极其广泛的社会行为规范，中国社会也由此以具有数千年悠久文明传统的礼仪之邦而著称于世。

4. 封建礼仪的形成、强化和衰落阶段：秦汉到清末（公元前221～公元1911年）

在我国长达2 000多年的封建社会里，尽管在不同的朝代礼仪文化具有不同的社会政治、经济、文化特征，但却有一个共同点，就是一直为统治阶级所利用，礼仪是维护封建社会的等级秩序的工具。这一时期礼仪的重要特点是尊君抑臣、尊夫抑妇、尊父抑子、尊神抑人。在漫长的历史演变过程中，它逐渐成为妨碍人类个性自由发展，阻挠人类平等交往，窒息思想自由的精神枷锁。

纵观封建社会的礼仪，内容大致有涉及国家政治的礼制和家庭伦理两类。这一时期的礼仪构成中华传统礼仪的主体。

5. 现代礼仪的发展

辛亥革命以后，受西方资产阶级"自由、平等、民主、博爱"等思想的影响，中国的传统礼仪规范、制度受到强烈冲击。五四新文化运动对腐朽、落后的礼教进行了清算，符合时代要求的礼仪被继承、完善、流传，那些繁文缛节逐渐被抛弃，同时接受了一些国际上通用的礼仪形式。新的礼仪标准、价值观念得到推广和传播。

新中国成立后，逐渐确立以平等相处、友好往来、相互帮助、团结友爱为主要原则的具有中国特色的新型社会关系和人际关系。改革开放以来，随着中国与世界的交往日趋频繁，西方一些先进的礼仪、礼节陆续传入我国，同我国的传统礼仪一道融入社会生活的各个方面，构成了社会主义礼仪的基本框架。许多礼仪从内容到形式都在不断变革，现代礼仪的发展进入了全新的发展时期。大量的礼仪书籍相继出版，各行各业的礼仪规范纷纷出台，礼仪讲座、礼仪培训日趋火红。人们学习礼仪知识的热情空前高涨。讲文明、讲礼貌蔚然成风。今后，随着社会的进步、科技的发展和国际交往的增多，礼仪必将得到新的完善和发展。

课堂任务

搜集一至二则中国古代有关文明礼貌的佳话，并向周围的人宣讲。

开阔眼界

名人讲究礼仪的佳话

1912 年 1 月 1 日，孙中山在南京就任临时大总统，举行了盛大的就任典礼后，他亲自把代表送到大堂阶沿。代表们请孙中山先生留步，他却说："我是人民的公仆，诸位是人民的代表，所以就是主人，我应当送你们到堂阶下。"

《林肯传》中有这样一件事：一天，林肯总统与一位南方的绅士乘坐马车外出，途遇一老年黑人深深地向他鞠躬，林肯点头微笑并也摘帽还礼。同行的绅士问道："为什么你要向黑鬼摘帽？"林肯回答说："因为我不愿意在礼貌上不如任何人。"可见林肯深受美国人民的热爱是有其原因的。1982 年美国举行民意测验，要求人们在美国历届 40 位总统中挑选一位"最佳总统"时，名列前茅的就是林肯。

实践任务

实训项目一

【实训目标】

通过实训，熟悉银行、商务、宾馆、旅游、民航、商场、政务等行业从业人员在工作中的基本礼仪要求。

【实训要求】

按照服务岗位规范手册，分组模拟扮演角色。

【实训口号】

不学礼，无以立。

【实训内容】

1. 请学生到各行业去实地观察其工作人员的言行举止，反馈信息并相互进行交流，对照各行业的礼仪标准，加深对各行业礼仪规范要求的了解。

2. 通过观看各行业人员的工作录像，重点学习其各行业的礼貌文明用语，并反复学习和练习，以锻炼其语言表达力和规范性。

3. 开展形式多样的模拟情景训练，可通过多人组合自创情景模拟训练，即兴式情景模拟训练，或根据教师指定题目进行模拟训练。设置各行业的各种场合，如银行柜台、宾馆前台、商场柜台等，从表情、服饰、姿态、礼貌用语、热情接待服务等多面考察和训练，并分组互相点评，教师点评，纠正其不足之处并演示正确做法，以区别错误和不规范的做法，进一步感受行业气氛，熟悉其礼仪规范。

4. 组织开展行业礼仪比赛，以调动学生的积极性和发挥他们的创造性，并在竞争和娱乐中更加熟练地掌握各行业的礼仪要求，以向更多的同学展示自己的风采，宣传其行业礼仪的重要性。

【模拟演练】

以自己的亲身经历谈谈礼仪在生活中的作用。

模块小结

1. 礼仪是由礼仪的主体、礼仪的客体、礼仪的媒体和礼仪的环境四项基本要素所构成的。依据其适用对象、适用范围的不同，大致上可以被分为政务礼仪、商务礼仪、服务礼仪、社交礼仪、涉外礼仪等几大分支。礼仪具有规范性、限定性、可操作性、传承性和变动性五个方面的特征。

2. 礼仪的功能：礼仪有助于提高人们的自身修养；礼仪有助于人们美化自身，美化生活；礼仪有助于促进人们的社会交往，改善人们的人际关系；礼仪有助于净化社会风气，推进社会主义精神文明的建设。

3. 礼仪的原则：遵守的原则；自律的原则；敬人的原则；宽容的原则；平等的原则；从俗的原则；真诚的原则；适度的原则。

4. 礼仪五种起源说：一是天神生礼仪；二是礼为天地人的统一体；三是礼产生于人的自然本性；四是礼为人性和环境矛盾的产物；五是礼生于理，起源于俗。

5. 从历史发展的角度来看，礼仪演变过程可以分四个阶段。

（1）礼仪的起源时期：夏朝以前（公元前 21 世纪前）。

（2）礼仪的形成时期：夏、商、西周三代（公元前 21 世纪~前 771 年）。

（3）礼仪的变革时期：春秋战国时期（公元前 771~前 221 年）。

（4）封建礼仪的形成、强化和衰落阶段：秦汉到清末（公元前 221~公元 1911 年）。

综合练习

1. 礼仪的构成要素有哪些？礼仪可分为哪几类？

2. 礼仪有何特征？礼仪有哪些功能？

3. 结合实际谈谈如何坚持礼仪的八项原则。

4. 向大家介绍一段你周围的人继承中华民族礼节礼仪传统美德的故事。

模块二 商务礼仪概述

应知导航

学习本模块要了解商务礼仪的特点；了解礼仪修养的内涵；掌握商务礼仪的作用；掌握商务礼仪修养的准则。其中，商务礼仪修养的准则是学习的重点。

➤ 案例引入

失去良机

行政助理向一位刚刚进门的应聘者伸出了手，这位应聘者不仅没有伸出自己的手，而且还说："我从不跟女士握手。"

这位助理把应聘者的档案交给她的老板时，把刚才的事情告诉了他。应聘者没有得到这份需要经常与人打交道的工作。第二天应聘者打来电话，为自己的行为道歉，可惜为时已晚。

机场里的洋相

一位销售代表去机场迎接负责这个地区业务的经理。他的车停在很远的停车场，而他也没有主动帮忙拿一下行李。经理上车后，看到车里又脏又乱。更糟的是，这位销售代表的领带上还有一块污渍。结果，他没有被列入提升职员的名单。

贪杯的人

某财会公司有一位实习生参加公司组织的一次郊游活动，地点是一个乡村俱乐部。他把这次郊游当作是一次社交活动，喝了很多酒，酒后大喊大叫，最后他没有得到这家公司的聘书。

当今社会，商务活动种类繁多，形式各异，人际交往更加复杂。为了达到交际双方希望的最佳效果，商务礼仪起着至关重要的作用。商务礼仪涉及双方的可信度、相似性、场所和时机的选择等众多因素，是多种变量相互作用的复杂过程，是一门科学，也是一门艺术。

一、商务礼仪的特点及作用

（一）商务礼仪的特点

随着知识经济和信息技术的快速发展，经济全球化趋势不断增强，现代商务环境的变化越来越大，商务交流的手段和方法越来越多，商务礼仪也出现了一些不同于以往的新特点。掌握这些新特点，可为商务活动提供正确的理念和规范。

1. 不断地发展变化是现代商务礼仪的一个重要特色

不管是商界新手，还是老练的商务领导，都会感到商务礼仪的变化速度很快。旧的不适应时代发展需要的礼仪规范不断被淘汰，新的规范不断出现。其原因是由于社会、政治、经济和科学文化的发展引发的。因此，一个人就需要通晓如何避免出现性别歧视、种族歧视以及其他歧视他人行为的礼仪。如果仍然看不到这样的变化和不能规避类似的问题，则会引来不必要的麻烦。

2. 商务礼仪有自身的特点和规律

商务礼仪与一般的社会礼仪有其一致的地方，但有些一般的礼仪并不适用于现代的商业环境。例如，在一些国家女士被人引见时需行屈膝礼，这在商务工作环境中显然是不适用的。又如，在一般的社会礼仪中，当年长的客人走进客厅，主人应起身相迎。但在商务活动中却未必合适。这是为什么呢？原因是商务礼仪有其自身的规律。商务礼仪的前提是不论职位高低，人们要互相帮助，互相尊重，充分体现人与人之间的平等。

3. 商务礼仪的发展趋势是越来越实用化

正在开会的男士看到女士进来需不需要起身迎接呢？答案是并不需要起身。这在过去是不可以的，但是在现代商务会议中却是可以的。再如，过去开门、拉门等规则都要基于性别和地位的差别，如今，进出门的规则更趋向实用化。女士如果走在前面，就由女士来开门，无须后面的男士跑过来帮她开门。这说明，随着商务活动节奏的加快与交际的实用性，需要商务礼仪放弃某些基于性别、等级等传统文化形成的礼仪规范，而更加趋向于实用化、高效率，更利于商务交际。怎样省时，怎样显得更合情合理，商务礼仪就怎样发展。伴随着实用化的趋势就是简约化，这成为商务礼仪发展的另一个重要特征。怎样简单，怎样方便，怎样有效，已成为现代商务礼仪追求的境界，使商务礼仪向着自然主义的方向发展。

4. 商务礼仪逐渐向着趋同化方向发展

尽管世界上各个国家的礼仪规范不尽相同，但是随着世界经济一体化趋势的发展，为了沟通的方便，促使世界各国的礼仪规范向逐渐趋同化方向发展。

跨国公司的建立、涉外交往的增加加速了礼仪的趋同化发展，这也就要求有一套大家公认的国际礼仪规范，使各国各商业团体之间关系协调，避免因文化、价值观念和礼仪规范的差异造成冲突，减少这些差异带来的矛盾和阻力，加快业务发展的步伐。

5. 商务礼仪具有严肃性和规范性

在开业典礼要制造喜气洋洋的气氛，这是约定俗成的，不能随意更改。什么时候谈判，什么时候举行交接仪式，其手续和过程都有严格的规定。宴请、开会等程序也都有着严格的规定，这些都是商业领域特有的约定俗成的规范。另外，商业信函的写作格式、电子商务的保密问题还与法律问题紧密地结合在一起，所以商务礼仪是一个将道德问题与法律问题联系在一起的边缘问题。

（二）商务礼仪的作用

礼，就是尊重别人；仪，就是通过一定的规范形式将尊重表达出来。商务礼仪是指商务人员在从事商务活动的过程中（即履行以买卖方式使商品流通或提供某种服务获取报酬职能的过程中）应使用的礼仪规范。在今天的商业社会里，由于竞争的加剧，行业内部以及相近行业间在产品和服务方面趋同性不断增强，使公司与公司之间所提供的产品和服务并无太大差别，这样就使服务态度和商务礼仪成为影响客户选择产品和服务的至关重要的因素。同时，礼仪也体现了企业文化的氛围及员工的素质状况，是企业形象的重要内容。具体地说，商务礼仪具有以下作用。

1. 沟通作用

商务活动是一种双向交往活动，交往的成功与否，首先取决于沟通的效果如何。商务交往是一个复杂过程，交往对象的文化背景、思想、情感、观点和态度都不同，这就使交往双方的沟通有时变得不那么容易，甚至会产生误解。若交往达不到沟通的效果，不仅交往的目的不能实现，而且会给交往双方所代表的组织造成严重的负面影响。在当今这个繁忙而又竞争激烈的商业环境里，彬彬有礼的谈吐和举止可以使商务活动更容易被交易方所接受，从而尽可能避免误解和冲突的发生。

2. 形象作用

礼仪的基本目的就是树立和塑造个人及企业的良好形象。所谓个人形象就是个人在公众观念中的总体反映和评价。作为从事商务活动的人员应该从我做起，积极地学习和掌握现代商界共同遵守的礼仪规范，在每一件小事上都注重礼仪修养，做到礼仪无小事，从而树立良好的个人形象。所谓企业形象，是指在激烈的商务竞争环境中，通过得体而诚挚的商务接待、拜访、谈判、宴请、通信、社交等活动，树立高效、讲信誉、易于交往、善待商业伙伴的形象。例如，麦当劳以清洁、快速的服务领先于其他的快餐行业。戴尔电脑以它良好的售后服务而闻名。

一个商务人员要注意自己的个人形象，从其形象的好与坏往往能够推断出公司的实力情况和信誉状况，如果形象良好无疑为企业传递了无声的商业信息，宣传了组织的形象，会给组织带来有形和无形的财富。

3. 协调作用

在商务活动过程中，有时会碰到购销不畅、谈判不顺利等问题；有时也会碰到对你有敌意的客户等棘手问题，对这些问题处理不当，就会激化矛盾或将小事变成大事，影响企业的形象。而通过商务礼仪的巧妙应用，则可能化解矛盾，消除分歧，相互理解，达成谅解，缓和人与人之间的紧张关系，使之趋于和谐，从而妥善地解决纠纷，广交朋友。

商务礼仪能在尊重别人的前提下，既协调了人际关系，又为自己的工作发展带来了机会，它不是仅靠工作努力就能达到的，而是要掌握商务礼仪的妙诀，既尊重人，又维护自己的自尊和地位，还能在适当的时候表现自己的道德、修养和才华，让人更容易接近你、了解你。

4. 恰当的礼仪可以赢得更多的机会

一个人的言谈举止影响着别人对他的看法，而这些看法可能会影响一个人的人际关系，甚至会影响个人的发展和提升。对于一个管理者来说，良好的行为举止可以使管理工作更有效，使自己的人际关系更加和谐，更加容易得到上级的赏识和下级的理解与支持；对于一个员工来说，则可以让自己赢得更多的学习、工作的机会，更容易与一个集体融洽地相处，使领导更赏识自己，也更容易得到升迁的机会；对于一个集体来说，有着良好的礼仪规范就意味着这个集体有着更强的凝聚力和更多的生存和发展机会，更容易做到全员公关，从而树立组织的良好形象。

课堂任务

结合下列案例，讨论商务礼仪的作用。

有一次，美国商人在与中国商人谈完一笔生意后不禁称赞中国人的老练："You are an old dog"，直译就是你是一条老狗。在西方，狗被看成是人类的朋友，所以有很多与狗有关的褒义词，但是中国人听起来却不是滋味。这说明语言和文化的差异往往会给商务沟通带来障碍，只有通过商务礼仪的学习和掌握，才可以消除差异，使双方相互接近，达到感情沟通，使商务事务顺利进行。

年轻的部门经理张力是员工小娜的上司，张力经常当面斥责小娜，为了缓和这种不协调的上下级关系，一次，借周末休闲之机，小娜邀请张力与自己共进晚餐。美酒佳肴下肚之后，小娜开始对张力掏出肺腑之言："你对我经常加以指责，使我常常在同事面前下不了台，又生气又难堪，心情很不好，其实，有什么话好好说，效果可能更好，也更能体现你作为领导的涵养与风度。"这番话让张力很感动。小娜这番话可谓一箭双雕，既提醒了张力，又为自己的处境解脱，而且架设了两人的友谊之桥，从此，小娜不但再也听不到张力的斥责声，而且还受到了张力的重用。

一位美国经理，被派往法国的高露洁分公司当经理，这位经理看到法国的同事就直呼其名，甚至拍他们的肩膀，也不愿花力气学法语，所以，在开会时翻译和速记员就成了他的左膀右臂。两年以后，公司的经营状况十分惨淡，于是总公司让一位法国人取代了他的位置。这位经理被免职的原因是，在美国同事见面后可以直呼其名，拍打对方的肩膀，但在法国只有非常熟悉的和关系非常好的人才直呼其名和拍打对方的肩膀。而且法国人也有坚持用法语的礼仪要求，而这位经理到了法国仍然坚持用英语沟通，这是伤害法国人的民族感情的，是对他们极不礼貌的行为。

二、商务礼仪的修养

（一）礼仪修养的内涵

修养是一个人在某一方面所具备的品质和能力，它是通过长期的学习、磨炼和环境的陶冶而逐步形成的。礼仪是人与人之间相处的规范，是伦理道德的组成部分，是个人行为的准则，礼仪修养属于道德体系中社会公德的内容。

礼仪修养是指人们为了达到社交目的，按照一定的礼仪规范要求，结合自己的实际情况，在礼仪品质和礼仪意识、礼仪实践等方面所进行的自我锻炼和自我改造。礼仪修养包括礼仪意识、礼仪品质和礼仪实践三个方面的内涵。礼仪不是简单的学习效仿，也不是一种讲究形式的例行公事，礼仪体现了个人的道德情操和文化修养，有助于个体的自我完善和修身养性。礼仪是道德的表现形式，道德是礼仪的基础。

礼仪修养的目的是指礼仪主体通过修养，使自己的言行在社会交往中，与自己的身份、地位、社会角色相适应，易被人理解和接受。在社会交往中，每一个人均有多种社会角色，社会角色不同，所遵循的礼仪要求也不相同。即使是同一角色在不同场合，礼仪要求也不相同。在商务交往中认清自己的社会角色，把自己的角色扮演得恰到好处，处处得体、事事有礼，这是一件很不容易的事。因此，每一个人都要增强自己的角色意识，明确自己的社交定位，加强自身的礼仪修养，以适应多种社会角色对不同礼仪的要求。

（二）商务人员礼仪修养的提高

1. 加强个人道德修养

道德是礼仪的基础，是礼仪的内在灵魂；礼仪是道德的表现形式，是道德的外在表现。礼仪与道德是互为表里、相得益彰的辩证统一关系，礼仪与道德二者具体地统一在一个人的思想和行为之中。商务人员礼仪修养的提高首先要加强个人道德修养。个人道德修养包括道德认识、道德情感、道德意志、道德信念、道德行为和习惯等，主要是道德意识修养和道德行为修养。道德意识修养是指通过道德知识学习，形成正确的道德观念，要遵守社会公德，创造良好的社会秩序，同时加强对职业道德、社会公德和良好家庭伦理道德的修养。道德行为修养要从小事做起，"勿以恶小而为之，勿以善小而不为"，要能够识大体，顾大局，坚持原则，不为一时一己之利而放弃原则。要善于关心、尊重别人，乐于助人，在职场中表现出敬人、诚信、友善。因此，只有加强道德知识的学习和实践，才能真正提升个人的道德修养。

2. 提高个人礼仪修养

个人礼仪修养源于良好的文化修养和内涵，因此，提高个人礼仪修养，首先，要加强科学文化知识的学习。良好的文化教养是人精神活动的基础，丰富的文化知识会在人际交往中展示出良好的礼仪礼节素养，显现出个人的魅力。其次，要加强礼仪知识的学习，通过全面系统地学习礼仪知识和礼仪规范，能够准确把握在不同场合、与不同交往对象应该遵循的礼仪规范和形式，不仅要掌握日常交往礼仪，尤其应该学习商务礼仪知识。再次，要加强礼仪实践，知礼、懂礼，还需熟练运用不同礼仪，商务人员要有意识地训练各种礼仪动作，掌握礼仪运用的技巧，能够在不同场合娴熟自然地展示自己的礼仪行为，使各种礼仪行为成为一种习惯做法。最后，应具备良好的心理素养，商务从业人员所从事的工作往往具有开放性、挑战性、创造性和不确定性，这就要求商务人员具有坚强的意志力、自信心、追求卓越的心理，具有乐观、开朗、大方的性格，为人热情诚恳、善解人意、兴趣广泛、宽宏大量，既乐于了解接受别人，又善于被别人所接受，且具有强烈的进取心，这样的心理品质易为大多数交往对象所接受，易产生较大的社交吸引力。礼仪修养的提高非一朝一夕就能完成，需要潜心修养、长期坚持。

英国学者大卫·罗宾逊（David Robinson）概括出了从事商务活动的黄金准则。这些准则也可以看做是商务人员必备的礼仪修养，具体表述可以用"IMPACT"来概括，即 Integrity（正直），Manner（礼貌），Personality（个性），Appearance（仪表），Consideration（善解人意），Tact（机智）。

（1）Integrity。Integrity（正直）指通过言行表现出诚实、可靠、值得信赖的品质。当个人或公司被迫或被诱惑做不够诚实之事时，其品质就值得怀疑了。良好的商务举止的一条黄金规则就是：你的正直应是毋庸置疑的，不正直是多少谎言也掩饰不了的。

（2）Manner。Manner（礼貌）指人的举止模式。在与他人进行商务交往时，你的风度可以向对方表明自己是否可靠，行事是否正确、公正。粗鲁、自私、散漫是不可能让双方的交往继续发展的。

（3）Personality。Personality（个性）是指在商务活动中表现出来的独到之处。例如，你可以对商务活动充满激情，但不能感情用事；你可以不谦虚，但不能不忠诚；你可以逗人发笑，但不能轻率轻浮；你可以才华横溢，但不能惹人厌烦。

（4）Appearance。Appearance（仪表）是指人们常常下意识地对交往者以貌取人。由此可见，衣着整洁得体，举止落落大方，是留给商务伙伴良好印象的至关重要的因素。

（5）Consideration。Consideration（善解人意）是良好的商务举止中的又一黄金规则。人们如果事先已预想过交谈、写信或电话联系对方可能有的反应，就能更谨慎、更敏锐地与对方打交道。

（6）Tact。Tact（机智）是指面对某些挑衅，虽然要立即做出反应，但不可凭一时冲动行事，而应利用某些显而易见的优势来妥善处理。不过本条黄金规则更深刻的内涵是：有疑虑时，保持沉默。

课堂任务

自 测 修 养

你是不是有修养，可通过下面的题进行自我测验。每一个问题，只要用"是"或"不是"来加以回答。

（1）你对待店里的售货员或饭店的女服务员是不是跟你对待朋友那样很有礼貌呢？

（2）你是不是很容易就生气？

（3）如果有人赞美你，你是不是会向他说"谢谢"呢？

（4）有人尴尬不堪时，你是不是觉得很有趣？

（5）你是不是很容易展露出笑容，甚至是在陌生人的面前？

（6）你是不是会关心别人的幸福和舒适？

（7）在你的谈话和信中，你是不是时常提到自己？

（8）你是不是认为礼貌对一个男子汉无足轻重？

（9）跟别人谈话时，你是不是一直很注意对方的反应？

【答案】

（1）是。一个富有修养的人，不论是对什么样身份的人，始终都应彬彬有礼。

（2）不是。动不动就生气的人，修养不会很好。

（3）是。善于接受他人赞美是一种做人的艺术。

（4）不是。幸灾乐祸显出你的修养较差。

（5）是。微笑始终是自己或其他人通往快乐的最好的入场券。

（6）是。关心体贴别人是一个人成熟和有魅力的第一个条件。

（7）不是。那些经常大谈他自己的人很少会受到别人的欢迎。

（8）不是。良好的风度和礼貌，是做人所必需而且应该具有的自然的反应。

（9）是。尊重别人才能使别人尊重你。

开阔眼界

礼仪修养的效应

曼谷的东方宾馆坐落在泰国首都曼谷风光秀丽的湄南河畔，最近被美国权威的《公共事业投资者》杂志评为"世界最佳饭店宾馆"。东方宾馆具有120多年的历史，宾馆经理认为："最佳宾馆是由最佳员工创造的，而最佳员工则是靠严格的培训产生的。"该酒店有员工2980人，年培训费高达11万美元，酒店的新员工在上岗前均须经过为期半年的与业务技能相关的礼仪训练。以后每隔一段时间还要进修。酒店规定，员工不能与客人争吵，否则将立即被解雇。东方酒店员工训练有素的优质服务为酒店赢得了声誉，同时树立了良好的形象，致使许多客人慕名而来。

实践任务

实训项目二　商务礼仪

【实训目标】

通过实训，了解商务礼仪的基本技能和基本规范要求，提高学生商务礼仪素养和基本的文明素质。

【实训要求】

5个人一组，选出组长；每组选一个题目，不能与其他组重复，并严格按照小组拟定题目操作；每人独立完成小组中分配的任务；进行实训参观，写实训总结。

【实训口号】

礼仪是成功的钥匙。

【实训内容】

1. 教师给定题目：如商务活动中所涉及的商务仪容仪表礼仪、着装礼仪、商务往来礼仪、商务沟通礼仪、商务会谈、开业庆典礼仪等。

2. 各小组选定题目后，和市内的宾馆、酒店、商场等联系后参观。

3. 各小组写出商务礼仪实训总结，并在班上宣讲。

【模拟演练】

假如你即将毕业，请为你自己就参加工作时的礼仪设计一个方案（内容包括外表着装、谈吐及个人修养等事项）。

模块小结

1. 商务礼仪的五大特点：不断地发展变化，有其自身的特点和规律，实用化是其发展趋势，逐渐走向趋同化，具有严肃性和规范性。

2. 商务礼仪的作用：沟通作用，形象作用，协调作用，赢得更多的机会。

3. 礼仪修养是指人们为了达到社交目的，按照一定的礼仪规范要求，结合自己的实际情况，在礼仪品质、礼仪意识、礼仪实践等方面所进行的自我锻炼和自我改造。礼仪修养包括礼仪意识、礼仪品质和礼仪实践三个方面的内涵。

4. 商务人员必备的礼仪修养（IMPACT）：Integrity（正直），Manner（礼貌），Personality（个性），Appearance（仪表），Consideration（善解人意），Tact（机智）。

综合练习

1. 商务礼仪的特点有哪些？
2. 简述商务礼仪的作用。
3. 简述礼仪修养的含义及其包含的内容。
4. 商务人员应该具备的礼仪修养有哪些？
5. 结合自身的情况，谈谈养成良好礼仪修养要通过哪些途径？

商务人员基本形象设计

模块三　仪容礼仪

应知导航

学习本模块要了解仪表与仪容的含义，理解仪表修饰的原则和仪容修饰的基本要求，并根据个人特点掌握仪容的具体修饰方法。

案例引入

服务员的仪容

某报社记者吴先生为作一次重要采访，住到了北京某饭店。经过连续几口的辛苦采访，终于圆满完成任务。吴先生与两位同事准备庆祝一下，于是他们来到餐厅。接待他们的是一位五官清秀的服务员，接待服务工作做得很好，可是她面无血色显得无精打采。吴先生一看到她就觉得没了刚才的好心情，仔细留意才发现，原来这位服务员没有化工作淡妆，在餐厅昏黄的灯光下显得病态十足。

当开始上菜时，吴先生看到传菜员涂的指甲油缺了一块，当下吴先生第一个反应就是"不知是不是掉入我的菜里了？"为了不惊扰其他客人用餐，吴先生没有将他的怀疑说出来。用餐后，吴先生请服务员结账，而服务员却一直对着反光玻璃墙面化妆，没有注意到客人的需求。吴先生对该餐厅的服务十分不满。

所以说，服务员不注重自己的仪容、仪表，或过于注重自己的仪容、仪表都会影响服务的质量。

一、仪表与仪容

（一）仪表、仪容的概念

1. 仪表

仪表是指个人的外表，包括仪容、服饰、仪态与风度等。一个人只要与人交往，他的音容笑貌、行为举止、着装打扮以至气质修养，都会在社交活动中留给人们某种印象。为了向别人展示良好的个人形象，必须重视仪表美。

2. 仪容

仪容是指容貌上的美化和修饰，包括美容与美发。对于社交中的女性来说，得体适度的化妆，既是自尊自信的表现，又体现了对他人的尊重。因此，商务交际中切不可忽视仪容。

（二）仪表修饰的原则

仪表能够反映出一个人的精神状态和礼仪素养，是人们交往中的"第一形象"。人们可以通过化妆修饰、发式造型、着装佩饰等手段，弥补和掩盖在容貌、形体等方面的不足，并在视觉上把自身较美的方面展露、衬托和强调出来，使形象得以美化。成功的仪表修饰一般应遵循以下原则。

（1）适体性原则：要求仪表修饰与个体自身的性别、年龄、容貌、肤色、身材、体型、个性、气质及职业身份等相适宜、相协调。

（2）时间（Time）、地点（Place）、场合（Occasion）原则：简称 TPO 原则，即要求仪表修饰因时间、地点、场合的变化而相应变化，使仪表与时间、环境氛围、特定场合相协调。

（3）整体性原则：要求仪表修饰先着眼于人的整体，再考虑各个局部的修饰，促成修饰与人自身的诸多因素之间协调一致，使之浑然一体，营造出整体风采。

（4）适度性原则：要求仪表修饰无论是修饰程度，还是在饰品数量和修饰技巧上，都应把握分寸，自然适度。追求刻意雕琢而又不露痕迹的效果。

（三）仪容的基本要求

1. 美观

漂亮、美丽、端庄的仪容是形成优美良好的社交形象的基本要素之一。要使仪容达到美观的效果，首先必须了解自己的脸形及脸的各部位特点，其次要清楚怎样化妆、美发才能扬长避短，最后要在把握脸部个性特征和正确审美观的指导下进行修饰。

2. 自然

自然是美化仪容的最高境界，它使人看起来真实而生动。有位化妆师说过："最高明的化妆，是经过非常考究的化妆，让人家看起来好像没有化过妆一样，并且这化出来的妆与本人的身份相匹配，能自然地表现出自己的个性与气质。次级的化妆是把人突显出来，让人醒目，引起众人的注意。拙劣的化妆是一站出来别人就会发现她化了很浓的妆，而这层妆是为了掩盖自己的缺点或年龄的。最坏的一种化妆，是化妆后扭曲了自己的个性，失去了五官的谐调，如小眼睛的人化了浓眉，大脸蛋的人化了白脸，阔嘴的人化了红唇……"可见化妆的最高境界是无妆，是自然。

3. 协调

美化仪容的协调包括以下几个方面。

第一，妆面协调。指化妆部位色彩搭配、浓淡协调，所化的妆针对脸部个性特点，整体设计协调。

第二，全身协调。指脸部化妆、发型与服饰协调，力求取得完美的整体效果。

第三，角色协调，指针对自己在社交中扮演的不同角色，采用不同的化妆手法和化妆品。例如，作为职业人员。应注意化妆后体现端庄、稳重的气质；作为专门从事公关、礼仪、接待、服务的人员，出头露面的机会多，要表现出一定的人际吸引魅力就应浓淡相宜，青春妩媚，适合人们共同的爱美之心。

第四，场合协调。指化妆、发型要与所去的场合气氛要求一致。例如，日常办公可略施淡妆，出入舞会、宴会可浓妆扮之。

> **课堂任务**
>
> 几个同学为一组，互相检查彼此的仪容仪表是否符合本节所讲的关于仪容仪表的要求，如果不符合，请根据所学知识进行具体分析。

二、仪容的修饰

个人的仪容，人体上受到两大因素的影响，一是本人的先天条件，二是本人的修饰、维护。每个人的先天条件固然重要，但并非意味着一个在仪容方面先天条件优越的人，便可以过分地自恃其长，而不去进行任何后天的修饰或维护。事实上，修饰与维护对于仪容的优劣而言往往起着一定的作用。因此，在平时必须对自己的仪容进行必要的修饰和整理，做到"内正其心，外正其容"。

（一）干净整洁

要做到仪容干净整洁，需要进行以下仪容细节的修饰工作。

（1）坚持洗澡、洗头、洗脸。洗澡可以除去身上的尘土、油垢和汗味，并且使人精神焕发。经常洗头，可确保头发不粘连，不板结，无头屑。若脸上常有灰尘、污垢、泪痕，难免会让人觉得此人又懒又脏。所以除了早上起床后、晚上睡觉前洗脸之外，只要有必要，随时都要洗脸净面。

（2）去除分泌物。包括去除眼角分泌物，去除鼻孔分泌物，去除耳朵的分泌物，去除口部的多余物。

（3）定时剃须。除因宗教信仰与风俗习惯要求之外，男性礼仪人员不宜蓄留胡须。

（4）保持手部卫生。手是与外界进行直接接触最多的一个部位，它最容易沾染脏东西，所以必须勤洗手，还要经常剪指甲，手指甲的长度以不长过手指指尖为宜。

（5）注意口腔卫生。坚持每天刷牙，消除口腔异味，维护口腔卫生。

（6）保持发部整洁。除了经常洗头以外，还要定期修剪头发。

（二）化妆适度

在职业活动中，适当化妆，不仅是职业工作的需要，同时也是对他人尊重的一种表现。

化妆大体上分为打粉底、画眼线、施眼影、描眉形、上腮红、涂唇膏、喷香水等步骤。

（1）打粉底，又叫敷底粉或打底，它是以调整面部皮肤颜色为目的的一种基础化妆。在打粉底时，有四点应特别注意。一是事先要清洗好面部，并且拍上适量的化妆水、乳液。二是选择粉底霜时要选择的色彩最好与自己的肤色相接近。三是打粉底时一定要借助于海绵，而且要做到取用适量、涂抹细致、薄厚均匀。四是切勿忘记脖颈部位，在那里打上一点儿粉底，才不会使面部与颈部"泾渭分明"。

（2）画眼线。画眼线的最大好处是可以让化妆者的一双眼睛生动而精神，并且更富有光泽。画上眼线时，应当从内眼角朝外眼角方向画；画下眼线时，则应当从外眼角朝内眼角画，并且在距内眼角约1/3处收笔。应重点强调的是，在画外眼线时，特别要重视笔法。最好是先粗后细，由浓而淡，要注意避免眼线画得呆板、锐利。画完之后的上下眼线，一般在外眼角处不应当交合。上眼线看上去要稍长一些，这样才会使双眼显得大而充满活力。

（3）施眼影的主要目的是强化面部的立体感，以凹眼反衬隆鼻，并且使化妆者的双眼显得更为明亮传神。施眼影时，有两个问题应当注意。一是眼影的颜色。过分鲜艳的眼影，一般仅适用于晚妆，而不适用于工作妆。对中国人来说，化工作妆时选用浅咖啡色的眼影，往往收效较好。二是要施出眼影的层次感。施眼影时，最忌没有厚薄深浅之分。若注意使之由浅而深，层次分明，将有助于强化化妆者眼部的轮廓。

（4）描眉形。一个人眉毛的浓淡与形状，对其容貌发挥着重要的烘托作用。任何有经验的化妆者，都会将描眉视为其化妆时的重中之重。在描眉时，有四点需要注意。一是先要进行修眉，以专用的镊子拔除那些杂乱无序的眉毛。二是描眉所要描出的整个眉形，必须要兼顾本人的性别、年龄与脸型。三是在具体描眉形时，要对逐根眉毛进行细描，而忌讳一画而过。四是描眉之后应使眉形具有立体感，所以在描眉时通常都要在具体手法上注意两头淡，中间浓；上边浅，下边深。

（5）上腮红是指化妆时在面颊处涂上适量的胭脂。上腮红的好处是可以使化妆者的面颊更加红润，面部轮廓更加优美，并且显示出健康与活力。在化工作妆时上腮红需要注意四点。一是选择优质的腮红，若其质地不佳，便难有好的化妆效果。二是使腮红与唇膏或眼影属于同一色系，以体现妆面的和谐之美。三是使腮红与面部肤色过渡自然。正确的做法是，以小刷蘸取腮红，先上在颧骨下方，即高不及眼睛、低不过嘴角、长不到眼长的 1/2 处，然后才略作延展晕染。四是扑粉进行定妆。在上好腮红后，即应以定妆粉定妆，以便吸收汗粉、皮脂，并避免脱妆。扑粉时不要用量过多，并且不要忘记在颈部也要扑上一些。

（6）涂唇膏。化妆时，唇部的地位仅次于眼部。涂唇彩既可改变不理想的唇形，又可使双唇更加娇媚迷人。涂唇膏要注意三点。一是先以唇线笔描好唇线，确定好理想的唇形。唇线笔的颜色要略深于唇膏的颜色。描唇形时，嘴应自然放松张开，先描上唇，后描下唇。在描唇形时，应从左右两侧分别沿着唇部的轮廓线向中间画。上唇嘴角要描细，下唇嘴角则要略去。二是要涂好唇膏。以唇线笔描好唇形后，才能涂唇膏。选择唇膏时，既可以选彩色的，也可以选无色的。但要求其安全无害，并要避免选用鲜艳古怪的颜色。女性一般宜选棕色、橙色或紫色，男性则宜选无色唇膏。涂唇膏时，应从两侧涂向中间，并要使之均匀而又不超出早先以唇线笔画定的唇形。三是要仔细检查。用纸巾吸去多余的唇膏，并细心检查一下牙齿上有无唇膏的痕迹。

（7）喷香水主要是为了掩饰不雅的体味，而不是为了使自己香气袭人。喷香水要注意四点。一是不应使之影响本职工作，或是有碍于人。二是宜选气味淡雅清新的香水，并应使之与自己同时使用的其他化妆品香型大体上一致。三是切勿使用过量，产生适得其反的效果。四是应当将其喷在或涂抹于适当之处，如腕部、耳后、颌下、膝后等，而不要将它直接喷在衣物上、头发上或身上其他易于出汗之处。

化妆不但要掌握一定的方法，还要掌握化妆的礼节。化妆的浓淡视时间而定，白天工作场合化淡妆，夜晚化浓妆、淡妆都适宜。注意，不能在公共场所里化妆，在众目睽睽之下化妆是非常失礼的。而且不要借用他人的化妆品，这样做既不卫生又不礼貌。

（三）发型美观

发型是构成仪容美的重要内容。美观的发型能给人一种整洁、庄重、洒脱、文雅、活泼的感觉。根据不同人的发质、服装、身材、脸型等选择合适的发型，就可以扬长避短，和谐统一，增加人体的整体美。

1. 发式与发质、服装

一般来说，直而硬的头发容易修剪得整齐，故设计发型时应尽量避免花样复杂，应以修剪技巧为主，做成简单而又高雅大方的发型。例如，梳理成披肩长发，会给人一种飘逸秀美的悬垂美感；用大号发卷梳理成略带波浪的发型或梳成发髻等，会给人一种雍容、典雅的高贵气质。

细而柔软的头发，比较服帖、容易整理成型，可塑性强，适合做小卷曲的波浪式发型，显得蓬松自然；也可以梳成俏丽的短发，能充分体现你的个性美。

一个人的发式与服装有着十分密切的关系。什么样的服装应当有什么样的发式相配，这样才显得谐调大方。例如，男士穿上笔挺的西服，再梳整齐头发，就会显得风度翩翩。在婚礼上，新娘穿上婚礼服再配上波纹自然的秀发，就显得高雅华贵、格外动人。假如一个高贵典雅的发髻配上一套牛仔服系列就显得不伦不类，因此，只有和谐统一才能体现美。

2. 发式与身材

身材高大者，应选择显示大方、洒脱的发式，以避免给人大而粗、呆板生硬的印象。高大身材的女士，一般留简单的短发为好，切忌花样复杂。烫发时，不应卷小卷，以免造成与高大身材的不协调。

身材瘦高的女士，适合留长发，并且可适当增加些装饰。例如，卷曲的波浪式发型，瘦高身材的人留比较协调。但瘦高身材者不宜盘高发髻，或将头发剪得太短，以免给人一种更加瘦长的感觉。

身材矮小者，适宜留短发或盘发，因为露出脖子可以使身材显得高，并可以根据自己的喜爱，将发式做得精巧、别致。但矮小身材者不宜留长发或粗犷、蓬松的发型，那样会使身材显得更矮。

身材较胖者，适宜梳淡雅舒展、轻盈俏丽的发式，尤其应注意将整体发势向上，将两侧束紧，使脖子露出，这样会使人产生瘦的视觉。但若留长波浪，两侧蓬松，则会显得更胖。

另外，如果你的上身比下身长，或上下身等长，可选择长发以遮盖上身；如肩宽臀窄，就应选择披肩发或下部头发蓬松的发式，以发盖肩，分散肩部宽大的视角；若颈部细长，可选择长发的发式，不适宜采用短发式，以免使脖颈显得更长；若颈部短粗，则适宜选择中长发式或短发式，以分散颈粗的感觉。

3. 发式与脸型

椭圆型脸：任何发式都可与其配合，但若采用中分头路，左右均衡、顶部略蓬松的发式，会更贴切，以显示脸型之美。

圆脸型：这种脸型的人双颊较宽，因此应选择头前部或顶部略半隆的发式。发式两侧则要略向后梳，将两颊及两耳稍微露出，这样，既可以在视觉上冲淡脸圆的感觉，又显得端庄大方。圆脸型的人尤其适合梳纵向线条的垂直向下的发型或是盘发，使人显得挺拔而秀气。

长脸型：长脸型的人端庄凝重，但给人一种老成感，因此，应选择优雅可爱的发式来冲淡这种感觉。发式顶发不宜太丰隆，前额部的头发可适当向下梳，两颊部位的头发适当蓬松些，可以留长发，也可以齐耳，发尾要松散流畅，以发型的宽度来缩短脸的视觉长度。若将头发做成自然成型的柔曲状，则会更理想。

方脸型：前额较宽，两腮突出，显得脸型短阔。这种脸型的人适宜选择自然的大波纹状发式，使整个头发柔和地将脸孔包起来，用略显蓬松的两颊头发遮住脸的宽部，使圆润的线条冲淡方脸型给人造成的方正直线条的印象。

"由"字型脸：应选择宜表现额角宽度的发型，如选择中长发型，可使顶部的头发梳得松软蓬松些，两颊侧的头发宜向外蓬出以遮住腮，在人的视觉上减弱腮部的宽阔感。

"甲"字型脸：宜选择能遮盖宽前额的发型，一般来说两颊及后发应蓬松而饱满，额部有些"刘海"，顶部头发不宜丰隆，以遮住过宽的额头。此脸型人适宜烫波浪型的长发。

（四）护肤得法

护肤是仪容美的关键，尤其是对面部皮肤的护理和保养，是实现仪容美的首要前提。

正常健康的人皮肤具有光泽，且柔软、细腻、富有弹性；而当人处于病态或衰老的时候，其皮肤就会失去光泽和弹性，出现皱纹或色斑。对皮肤进行经常性的护理和保养有助于保持皮肤的青春活力。

皮肤一般分三种类型，即干性皮肤、中性皮肤和油性皮肤。对于不同类型的皮肤需用不同的方法加以护理和保养。

干性皮肤红白细嫩，油脂分泌较少，经不起风吹日晒，对外界的刺激十分敏感，极易出现色素沉淀和皱纹。对于这种皮肤，每天在洗脸的时候，可以在水中加入少许蜂蜜，湿润整个面部后用手拍干。坚持一段时间，就能改善面部肌肤，使其光滑细腻。

中性皮肤比较润泽细嫩，对外界的刺激不太敏感。这种皮肤比较易于护理，可以在晚上用水洗脸后，再用热水捂脸片刻，然后轻轻抹干。

油性皮肤肤色较深，毛孔粗大，油光满面，易得痤疮等皮脂性皮肤病，但这类皮肤适应性强，不易产生皱纹。洗脸时可在热水中加入少许白醋，以便有效地去除皮肤上过多的皮脂、皮屑和尘埃，使皮肤富有光泽和弹性。

┃ 课堂任务 ┃

选择若干学生上台展示自己的发型，并说明其选择某种发型的理由。由台下的学生进行点评并提出具体的发型设计建议。

⬤ **开阔眼界**

护肤的错觉

在皮肤护理的过程中，很容易产生心理错觉，努力克服这些错觉，才有助于拥有

27

良好的仪容。这些护肤的错觉包括如下几个方面。

——任何香皂都会刺激皮肤。目前市场上香皂种类很多，其中大多数都含有滋润成分，不像过去那样会令肌肤干燥，许多品牌的浴皂性质温和，也可以用于清洁脸部。

——你的护肤品应出自同一系列。选择护肤产品的关键看是否合适你的肌肤，不必拘泥于同种品牌的同一系列。

——如果不化妆，只需要用水来清洁皮肤。事实上，水能使肌肤变得清新滋润，但不能洁净皮肤，油污会黏附在洗脸用的毛巾上，因此需要用一些能化脂去污的洁面产品。

——皮肤脱屑不是病。油性皮肤的人过分地清洗或使用收缩修复水会导致皮肤的表层干燥，看上去有剥落现象。无论是哪种类型的皮肤，如果沿发际脱屑可能是皮炎，而鼻翼两侧脱屑可能是湿疹。如果肌肤持续出现这种干燥、脱屑情况，建议你去咨询医生。

——抗皱霜能去除皱纹。抗皱霜能真正做到的只是营养皮肤，暂时令肌肤柔滑和平复细纹。皱纹的生成除了受时间的影响最大之外，紫外线也是致命的杀手，所以要延缓衰老，全面防晒是上策。

——皮肤总是不够干净。很多人都认为，脸洗得越勤、水温越热，对皮肤越有帮助，这样做的结果只会使肌肤变得干燥而敏感。事实上，早晚各洗一次脸已经足够了。

——油性皮肤不需要使用润肤露。油性肌肤也会遇到干燥的问题，尤其是在空调房间里，因此也需适当加以滋润。现在有许多清爽型的润肤霜，特别适合油性肌肤使用。

——天然系列的护肤品最适合敏感性肌肤。利用植物、草药提炼而成的护肤品的确很好，但以为它们最适合敏感性肌肤可就错了。因为，对某一化学产品过敏，也完全有可能对植物花粉过敏。

——25岁以后才需要使用眼霜。即使是20岁的年轻人也有可能需要眼霜，因为眼睛周围的皮肤非常薄，是最先出现皱纹的地方之一。这里的油脂腺很少，如不加以滋润，极易干燥，而使用一般的润肤霜则会过于油腻，使眼睛浮肿，产生脂肪粒。

——染发会严重伤害头发。事实上，只要方法正确，染发不会对头发造成重大损伤，染发会使头发看上去更丰润亮泽。

——护发素可修护开叉的头发。头发分叉后，使用护发素是不可能愈合的，唯一的补救方法是剪去开叉的部分。

——定期在美容院做皮肤护理能增进皮肤的健康。脸部护理旨在深层洁肤，促进血液循环，令你放松并得到心理满足，如果你以为皮肤会因此得到显著医疗改善恐怕会失望。

——人人都应使用修复水。修复水对去除洁肤后的残留物效果很好，但如果你不化妆，或使用极易漂洗干净的洁面乳，就无须使用修复水。

——润肤霜涂抹得越多越好。肌肤对于润肤霜是需要多少吸收多少，抹多了，只会阻塞毛孔，并导致粉刺和眼睛浮肿。

——低过敏就是不会有过敏反应。所谓低过敏是指产品中不含一些特别容易引起过敏反应的成分，如香料，但仍然可能会对其中的其他成分过敏。

——修颜液可关闭毛孔。不要以为毛孔是扇门，可以随意开关。修颜液或收缩水只是使皮肤略微收缩一下，使毛孔看上去细小。这个效果维持时间不会太久，肌肤就会恢复原样。

实践任务

实训项目三　仪容

【实训目标】

通过实训，掌握简答的化妆技巧，学会简单的化妆。

【实训要求】

准备镜面、洗脸盆、毛巾、棉球、粉底霜、胭脂、眼影、眉笔、唇彩等必要的化妆品，两个人一组化妆。

【实训口号】

淡雅无痕，美丽动人。

【实训内容】

一、化淡妆的程序

1. 清洁皮肤、润肤：用温水清洗皮肤，然后用护肤霜或乳液润肤，这是为了给皮肤补充水分或是收缩毛孔。

2. 涂营养面霜与防晒隔离霜：涂营养面霜是给皮肤补充营养，防晒隔离霜是隔离空气中的粉尘、污垢和紫外线的照射，起到保护皮肤的作用。

3. 打粉底（让皮肤显得细腻）：选择比自己肤色暗一点的，或是与自己肤色相等的粉底，这样的妆会显得透明，没有假的感觉。

4. 画眼线、施眼影：眼线是从眼睛的上方三分二处开始画，下方画二分之一，也有人不画下眼线的，视眼睛标准程度而定。施眼影是从外眼角开始，外深内浅，眉下方处要用亮色，要选择与衣服相配的眼影。

5. 涂睫毛膏、夹睫毛：涂睫毛膏先要上下涂，然后是"之"字型涂，让睫毛看起来更长、更浓。夹睫毛的顺序是先根部，后中部，最后夹睫毛尖。

6. 画眉：眉头要淡，眉坡要深，眉峰要高，眉尾要清淅。

7. 打腮红：可选择粉色和橘色的腮红，粉色显得可爱甜美，橘色显得成熟妩媚。

8. 唇彩：唇彩的颜色要与自己的衣服及整个妆面相配，亮色的唇色效果一定要用唇冻刷上去。

二、彩妆的一般程序

第 1 步　底妆

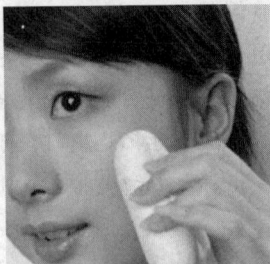

完美的妆容最关键的是底妆。在时间允许的情况下，可先敷保湿面膜令皮肤更晶莹亮泽，选择跟肤色同色号的粉底液，再利用粉刷在脸上均匀刷上粉底液，来回轻扫，避免留下刷痕，就像是在脸上打上无数的小"×"的感觉，然后再用海绵块轻轻按压脸部，这样能使粉底分布得更均匀，也让整体妆效更加自然通透。

第 2 步　定妆

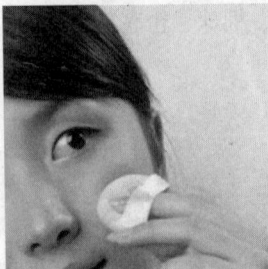

先用干沾扑沾取适量的蜜粉对折揉匀，用手指弹去多余的粉末，均匀的按压在肌肤上，再用大号化妆刷刷去多余的粉末，千万不可遗忘眼角、鼻翼、嘴角这些油脂茂盛区域。好的蜜粉不仅仅是起到一个定妆吸走油光的效果，更重要的是起到二次修饰作用。

第 3 步　眼线

将镜子放在距身体 20 厘米处，眼睛向下看，用无名指把眼皮轻轻向上拉。贴着睫毛根部，由眼尾向眼角分段描画。外眼角拉长，用眼线刷，从眼角至眼尾将眼线推匀，使线条自然清晰。

第 4 步 眼影

用中型的眼影刷沾取白色或浅肤色高光，从内眼角向外眼角大面积扫满整个上眼皮，强调结构。用小型的眼影刷在眼线上处反复轻扫几次咖啡色，控制咖啡色的面积，只做小范围使用，这样可以使整个眼部看上去更立体。晕染时要注意层次的过渡，避免涂抹不匀造成污浊感。

第 5 步 睫毛膏

睫毛膏是调整眼睛很重要的一个步骤，先用睫毛夹从睫毛根部到睫毛尖部夹紧睫毛，然后从眼睑内侧开始涂睫毛膏，这样的睫毛又自然又卷翘。以"之"字型的手法涂睫毛膏时，不能涂得太多，否则睫毛会因为太重而翘不起来了。

第 6 步 下眼线

用眼线笔顺着睫毛根部，由眼尾向眼角分段描画，然后选择易上色的黑色眼线笔勾画眼尾处，强调眼睛的力度。在内眼睑上下眼线外 2/3 处，用小眼影刷轻轻晕开眼

线，注意眼线的深浅层次。最后用白色眼影画在内眼睑和眼头处，这样眼睛的轮廓会变得更大、更明亮。

第7步 腮红

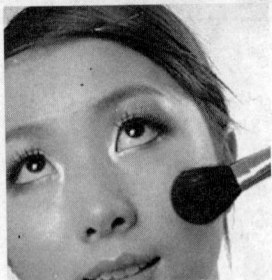

在整个妆容里，眼影是视觉重心，所以腮红和唇色都要淡淡的处理。

第8步 唇彩

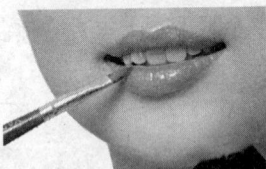

选择淡淡的粉色亮片唇彩将双唇涂满即可。

【模拟演练】

1. 组织一次商务人员"仪容仪表"展示会，学生自己化妆，自己选择适合自己职业身份的服装。

2. 根据自己的发质、服装、身材、脸型等要素，为自己设计一个合适的发型。

模块小结

1. 仪表是指个人的外表，它包括仪容、服饰、仪态与风度等；仪容是指容貌上的美化和修饰，包括美容与美发。

2. 仪表修饰的原则：适体性原则，TPO原则，整体性原则，适度性原则。

3. 仪容的基本要求：美观，自然，协调。

4. 仪容的修饰：干净整洁，化妆适度，发型美观，护肤得法。

综合练习

1. 仪表修饰的原则有哪些？

2. 简述商务人员仪容的基本要求。

3. 仪容干净整洁体现在哪些方面？

4. 发型美化的要点是什么？

5. 化妆的步骤和方法是什么？

6. 皮肤一般可以分为哪几类？

模块四　服饰礼仪

应知导航

学习本模块要了解服饰美在交际中的作用；了解服饰色彩的象征性内涵；掌握商务人员服饰打扮的原则；掌握男士西服与女士服装的选择与穿着；掌握饰物佩戴的基本要求。

案例引入

着装的分寸

东华公司办公室的小沈能讲一口漂亮的法语，小陈很喜欢打扮。公司明天要与法国某公司谈判，古总经理叮嘱担任翻译的小沈和做会议记录兼会议服务的小陈要好好准备。小沈和小陈除了在文本、资料等方面作了准备，还化了一番工夫进行了打扮。

正式会谈这天，只见坐在古总经理一旁的小沈衣着鲜艳，金耳环、大颗宝石戒指闪闪发光，使得古总经理身上的那套价值万元的名牌西服也黯然失色。

古总经理与法国客商在接待室内寒暄时，小陈拿来了托盘准备茶水，只见她花枝招展，一对大耳环晃来晃去，五颜六色的手镯碰桌有声，高跟鞋叮叮作响。看着古总经理和客商是如此地"关注"自己，小陈心里颇有几分得意。她从茶叶筒中拈了一撮茶叶放入杯中……这一切引起了古总经理和客商的不同反应。客商面带不悦之色，把自己的茶杯推得远远的，古总经理也觉得尴尬。谈判中讨价还价时，古总经理一时性起，双方争执起来，小沈站在古总经理一边，指责客商，客商拂袖而去。古总经理望着远去的客商背影，冲着小沈说："托你的福，好端端一笔生意，让你给毁掉了，无能！"

小沈并不知道自己有什么过错，为自己辩解："我，我怎么啦！客商是你自己得罪的，与我有什么关系？"

一、服饰礼仪的原则

所谓服饰，包括服装和饰品两部分。服饰是社会风尚的象征，是个性美的展现。因此，透过服饰的选择，能够体现出人与服饰、精神与形体的和谐，体现出人的性格特点、文化修养、审美能力和情感需求，也体现出人的地位、财富及职业特征。商务人员的服饰应体现职业化特征，体现公司的形象和个人的职业特征。

（一）服饰与交际

在交际场合，人与人第一次见面的潇洒"亮相"首先离不开仪容与服饰。尤其是服饰，它反映了人的气质、风度、学识、审美能力等多个方面。优雅的服饰、得体的装束，能弥补自身的缺陷，增添感染力和魅力，帮助你在社交、公关、事业上取得成功。美国的推销员训练手册上曾写道："一套好西服，一双好皮鞋，是商场上成功交易的桥梁。"可见服饰美在与人交往中无论是对个人还是对组织而言，都是至关重要的。

1. 服饰美能增强自信与自尊

当人们穿上自认为美观的服饰时，往往相信自己此时很美，这种自我心理对自我着装效果的认同，会使自我产生良好感觉，从而使精神振作，焕发光彩。许多人虽貌不惊人，甚至有点"丑"，但整洁、得体的服饰弥补了他的先天不足，会使其面貌顿然生辉，从而赢得对方的好感与尊敬。同样，对一个组织来说，衣冠楚楚的职员能烘托组织的气氛，给外人以管理严谨、富有朝气的感觉，充分体现了组织的实力。

2. 服饰能反映出文化素养

穿着打扮本身，不仅反映了人的容貌、气质和风度，而且还反映了一个人的素质和审美观。服饰能向人们展示个人的个性、审美情趣、为人处世的态度以及文化素养。穿着漂亮、得体，不仅显示出个人的能力与自信，也充分表现出个人的品位与风格。对社会组织而言，特别是有创意、形象意识较强的组织，为了突出自身的独特性或不同流俗的品位，对职员着装会有所引导或倡议，使职员的形象在某种程度上反映出组织的品位追求。

3. 服饰美能树立良好形象

初次与人见面，得体美好的服饰打扮，可以使人产生较好的第一印象，日常生活中衣冠整洁得体，会赢得别人的好感与尊敬。人们选择服饰的过程，实际上就是给自己设计一个形象的过程，即形象定位。是保守传统一点，还是奔放潇洒一些；是成熟沉稳，还是青春活泼；是大家闺秀，还是小家碧玉，一旦形象定位完毕，就可以有意识有目的地装扮自我，以丰富、完善形象。

（二）商务人员服饰打扮的原则

1. 正式和整洁的原则

商务人员在上班的时候要穿得非常正式，正式的着装主要是制服或西服。整洁的原则也是服饰打扮最根本的原则，一个穿着整洁的人总能给人一种积极向上的感觉，而一个衣衫褴褛肮脏的人，给人的感觉总是消极颓废的。所以，在穿制服时也要注意服装的整洁。

2. 个性原则

不同的人由于年龄、性格、职业和文化素养的不同，自然会有不同的气质，因此服饰的选择既要符合个性气质，又要能通过服饰突现个性气质。例如，航空小姐穿着以蓝色调为主的服饰，谈判人员穿着体现成熟的深色套装，这些都体现了职业化的特点。

3. 和谐原则

美的最高法则即是和谐。对于服饰打扮应包含两层含义，一是指服饰应与自己的社会属性（即职业、社会地位、文化修养等）相和谐，二是指服饰应与自己的自然属性（即年龄、体型、肤色、发型、相貌特征、性格特征等）相和谐。服饰打扮首先应考虑自己的社会形象。例如，超短裙穿在青春少女身上，显得靓丽活泼，而穿在女教师身上，则会引起非议，并有损教师的形象。一般情况下，穿着保守一些肯定会有利于塑造个人和组织的良好形象。例如，IBM 公司强制实行着一套颇为严格的服装守则，尤其是对推销员，其中一条主要的训令是必须穿标准的白色衬衫。这对 IBM 公司在竞争中取得惊人的成功帮助很大，因为 IBM 的服装体现出一种积极的道德特征，取得了公众的信任。

4. 着装的TPO原则

TPO 原则是国际上公认的穿衣原则。TPO 是英文 Time（时间）、Place（地点）、Object（目的）3 个单词的缩写。T 原则，指服饰打扮应考虑时代的变化、四季的变化及一天各时段的变化。服饰应顺应时代发展的主流和节奏，不可太超前或太滞后；服饰打扮还应考虑四季气候的变化，夏季应轻松凉爽，冬季应保暖舒适，春秋两季应注意及时增减衣服；服饰还应根据一天中早中晚气温的变化而调整。否则，不管你穿得多么华贵，人们也不会注意你的服装质量，反而将注意力都集中到你的不合时宜上。在商业活动中，着装传递的信息应是职业化的。P 原则，指服饰打扮要与场所、地点、环境相适应。在工作场所应穿职业服，回到家里应穿居家服，不同的时空应选择不同的服饰。O 原则，指服饰打扮要考虑此行的目的。例如，你是到日本去参加谈判，最好穿得老成一些，因为日本人认为年纪大的谈判者有经验，比较成熟，相应会对你更加尊重。总之，TPO 原则的三要素是互相联系、相辅成成的。人们总是在一定的时间、地点、为某种目的进行活动，因此，服饰打扮一定要合乎礼仪要求，它是工作、事业及社交成功的开端。

▍课堂任务▍

　　想想你最近看到的一些商务人员，他们的着装是否符合本节所讲的商务人员服饰打扮的原则，如果不符合，请具体指出来。

二、服饰的运用

根据适用的场合不同，服装一般可分为功能与特点都不相同的两大类别，即在正式场合中穿着的礼服、职业装等正式服装和在非正式场合穿着的家居服、休闲服等便装。便装较注重自我感觉，要求方便、舒适、轻松，而正式服装较注重社会评价，要求严谨、规范、适宜。在社交活动中，人们更多穿着的是正式服装，下面介绍正式服装的选择与穿着以及服饰的色彩。

（一）男士西服的选择与穿着

西服是男士最常见的办公服，也是现代交际中男子最得体的着装。国外很多机构，包括一些大企业，规定工作人员不能穿西服短裤和运动服上班，要求男士必须穿西服、打领带。

1. 男士西服的选择

（1）选择合适的款式。西服的款式可分为英国、美国、欧洲三大流派。尽管西服在款式上有流派之分，但是各流派之间的差异并不很大，只是在后开叉的部位、扣是单排还是双排、领子的宽窄等方面有所不同。不过，在胸围、腰围和肩的宽窄上还是有所变化的。因此，在选择西服时，要充分考虑到自己的身高、体形，如身材较胖的人最好不要选择瘦型短西服，身材较矮者也不要穿上衣较长、肩较宽的双排扣西服。

（2）选择合适的面料和颜色。西服的面料要挺括一些。作正式礼服用的西服可采用深色，如黑色、深蓝、深灰等颜色的全毛面料制作。日常穿的西服颜色可以有所变化，面料也可以不必讲究，但必须熨烫挺括。

（3）选择合适的衬衣。穿西服时一定要穿带领的衬衣；花衬衣配单色的西服效果比较好，单色的衬衣配条纹或带格西服比较合适；方格衬衣不应配条纹西服，条纹衬衣也不要配方格西服。

（4）选择合适的领带。在交际场合穿西服必须要打领带，领带的颜色、花纹和款式要与所穿的西服相协调。领带的面料以真丝为最优。在领带颜色的选择上，杂色西服应配单色领带，单色西服应配花纹领带，驼色西服应配金茶色领带，褐色西服则需配黑色领带等。

2. 男士西服的穿着

（1）穿长袖衬衣。穿西服必须要穿长袖衬衣，衬衣最好不要过旧，领头一定要硬扎、挺括，外露的部分一定要平整干净。衬衣下摆要掖在裤子里，领子不要翻在西服外，衬衣的袖口应长于西服袖口一至两厘米。

（2）内衣不可过多。穿西服切忌穿过多内衣。衬衣内除了背心之外，最好不要再穿其他内衣，如果确实需要穿内衣的话，内衣的领圈和袖口一定不要露出来。如果天气较冷，衬衣外面还可以穿上一件毛衣或毛背心，但毛衣一定要紧身，不要过于宽松，以免穿上显得过于臃肿，影响穿西服的效果。

（3）系好领带。在比较正式的社交场合，穿西服应系好领带。领带有简易打法和复杂打法之分。领带的长度要适当，以达到皮带扣处为宜。如果穿毛衣或毛背心，应将领带下部放在衣服领口内。系领带时，衬衣领口的纽扣要扣好，如果佩戴领带夹，一般应在衬衣领口下第三个和第四个纽扣之间。

（4）鞋袜整齐。穿西服一定要穿皮鞋，而不能穿布鞋或旅游鞋。皮鞋的颜色要与西服相配套。皮鞋应擦亮，不要蒙满灰尘。穿皮鞋还要配上合适的袜子，袜子的颜色要比西服稍深一些，使它在皮鞋与西服之间显示一种过渡。

（5）扣好扣子。单排扣的西服上衣可以敞开穿，而双排扣西服上衣一般不要敞开穿。穿双排扣西服，扣子要全部扣上；穿单排两个扣子的西服，一般只扣第一个扣子；穿单排三个扣子的西服，只扣中间一个扣子。西服裤兜内不宜放沉东西。

（二）女士服装的穿着

女士服装应讲究配套，款式较简洁，色彩较单纯，以充分表现出女士的精明强干、落落大方。

1. 女士西服

女士西服式样较多，它的领型有"V"字领、青果领、披肩领等；款式有单排扣、双排扣；衣长也有变化，或短至齐腰处，或长至大腿；造型上有宽松的、束腰的，还可有各种图案的镶拼组合。女士西服有衣裤相配的套装，也有衣裙相配的套裙。在社交场合，西服套装或西服套裙的款式都宜简洁大方，避免过分花哨和夸张。

女士西服套装给人以精明干练，富有权威的感觉，显得比较严肃，更适合成熟的女士或职位较高的女领导工作时穿用。西服套装已成为社交中女士普遍适用的服装。

西服套裙的上装是西服，下装是腰裙，如西服裙、喇叭裙、百褶裙等。西服套裙应选择高档面料，如夏季用丝绸，华贵柔美；春秋用各类毛料，考究挺括；冬季用羊绒或毛呢织物，高贵典雅。西服套裙的色彩应呈中性，也可偏暗，单色的面料较适宜，各种条子、格子、点子面料也常用。西服套裙上下一色显得端庄，有成熟感；色彩上浅下深或上深下浅，式样上简下繁或上繁下简，花色或上轻下杂或上杂下轻，可以搭配出动感和活力，适合女士在不同场合穿出不同的风貌。

2. 连衣裙

连衣裙是上衣和裙子的结合体，它不但能尽显女士特有的恬静和妩媚，而且穿着便捷、舒适。连衣裙也可与西服外套等组合搭配，提高服装的使用率。连衣裙的造型丰富多彩，有前开襟、后开襟、全开襟和半开襟的；有紧身的、宽松的、喇叭形、三角形、倒三角形的；有无领的、有领的；有方领的、尖领的、圆领的；有超短的、过膝的、拖地的等各种样式，为各种身材的女士在不同场合使用提供了大量的选择余地。

在交际场合连衣裙应以大方典雅为宜。单色连衣裙在大多数场合效果都很好，点、条、格等面料的连衣裙图案也要力求简洁。穿连衣裙要注意，不要穿着过低的领口、过紧的衣裙和过透的面料。

3. 旗袍

旗袍被公认是最能体现女性曲线美的一种服装，因而旗袍也可作为社交中礼服。旗袍作为礼服，一般采用紧扣的高领、贴身、身长过膝、两旁开叉、斜式开襟、袖口至手腕上方或肘关节上端的款式，面料以高级呢绒绸缎为主，配以高跟鞋或半高跟鞋。

4. 职业女性的着装风格

（1）庄重大方型。适合从事教育、文化、咨询、信息、医疗卫生等工作的职业女性。职业女性的着装外形正变得飘逸柔软，渐渐走出"女强人"的模式。衬衫款式以简单为宜，与套装配衬，可以选择白色、淡粉色、格子、线条等变化款式的衬衫。着装整体色彩上，可以考虑灰色、深蓝、黑色、米色等较沉稳的色系，给人留下干练朝气、充满亲和力与感染力的印象。此外，也可选择白色。考虑到职业女性一天近 8 小时面对公众，必须始终保持衣服形态整洁的缘故。因而，应当尽量选用那些经过处理、不易起皱的丝、棉、麻以及水洗丝等面料。

（2）成熟含蓄型。适合从事保险、证券、律师、公司主管、公共事业、政府机关公务员等工作的职业女性。许多职业女性着装的原则是专业形象第一，女性气质其次，在专业及女性两种角色里取得平衡。不同质地和款式的西服套装，能穿出不同的感觉，

37

使人显得成熟稳重，帅气潇洒，自由豪迈。连衣裙适合身材窈窕的女性，常见的连衣裙款式类似套裙，长度或长或短，没有太多的限制。神秘的黑色适合成熟含蓄的女性，这样的服装可以出现的场合比较多。

（3）素雅端庄型。适合从事科研、银行、商业、贸易、医药、房地产等工作的职业女性。职业女性的穿着除了因地制宜、符合身份、清洁、舒适外，还要以不影响工作效率为原则，适当地展现女性的气质与风度。职业女性的上班服应注重配合流行但不损及专业形象。原则是"在流行中略带保守"，是保守中的流行。太薄或太轻的衣料，会有不踏实、不庄重之感。衣服样式宜素雅，花色衣服则应挑选规则的图案或花纹，如格子、条纹、人字形纹等。

（4）简约休闲型。适合从事新闻、广告、平面设计、动画制作、形象造形等工作的职业女性。这类职业女性的着装是简单中的优雅，舒适中的休闲，但简单的服饰可造就不简单的女人。

（5）清纯秀丽型。适合从事网络、计算机、公关、记者、娱乐等工作的职业女性。女人聪明的天性以及对美丽的极度敏感，使她们能够轻而易举地将流行元素融进枯燥沉闷的上班服饰中。时尚无须复杂，一双华丽斑斓的凉鞋、一只绣有花朵的书包，都可将职业装穿出流行感觉的点睛之作，职业形象也能带出甜蜜的感觉。

（三）服饰色彩

色彩，是服装留给人们记忆最深的印象之一，而且在很大程度上也是服装穿着成败的关键所在。色彩对他人的刺激最快速、最强烈、最深刻，所以被称为"服装之第一可视物"。

一般来讲，不同色彩的服饰在不同的场合所产生的效果是不同的，为此，需要对色彩的象征性有一定的了解。

黑色：象征神秘、悲哀、静寂、死亡，或者刚强、坚定、冷峻。

白色：象征纯洁、明亮、朴素、神圣、高雅、恬淡，或者空虚、无望。

黄色：象征炽热、光明、庄严、明丽、希望、高贵、权威。

大红：象征活力、热烈、激情、奔放、喜庆、福禄、爱情、革命。

粉红：象征柔和、温馨、温情。

紫色：象征谦和、平静、沉稳、亲切。

绿色：象征生命、新鲜、青春、新生、自然、朝气。

浅蓝：象征纯洁、清爽、文静、梦幻。

深蓝：象征自信、沉静、平静、深邃。

灰色：是中间色，象征中立、和气、文雅。

人们在穿着服装时，在色彩的选择上既要考虑个性、爱好、季节，又要兼顾他人的观感和所处的场合。所以明代卫泳在《缘饰》中说春服宜清，夏服宜爽，秋服宜雅，冬服宜艳；见客宜重装；远行宜淡服；花下宜素服；对雪宜丽服。古人对服饰的讲究的确值得我们借鉴。

对一般人而言，在服装的色彩上要想获得成功，最重要的是掌握色彩的特性、色彩的搭配以及正装色彩的选择这三个方面。

1. 色彩的特性

色彩具有冷暖、轻重、缩扩等特性。

（1）色彩的冷暖。使人产生温暖、热烈、兴奋之感的色彩为暖色，如红色、黄色，使人有寒冷、抑制、平静之感的色彩为冷色，如蓝色、黑色、绿色。

（2）色彩的轻重。色彩明暗变化的程度，被称为明度。不同明度的色彩往往给人以轻重不同的感觉。色彩越浅，明度越强，它使人有上升之感，即轻感。色彩越深，明度越弱，它使人有下垂之感，即重感。人们平日的着装，通常讲究上浅下深。

（3）色彩的缩扩。色彩的波长不同给人收缩或扩张的感觉有所不同。一般来讲，冷色、深色属收缩色，暖色、浅色则为扩张色。运用到服装上，前者使人苗条，后者使人丰满，二者皆可使人在形体方面避短扬长。

2. 色彩的搭配

色彩的搭配主要有统一法、对比法和呼应法。

（1）统一法。在配色时尽量采用同一色系之中各种明度不同的色彩，按照深浅不同的程度搭配，以便创造出和谐感。例如，穿西服按照统一法，如果采用灰色色系，可以由外向内逐渐变浅，深灰色西服——浅灰底花纹的领带——白色衬衫。这种方法适用于工作场合或庄重的社交场合的着装配色。

（2）对比法。在配色时运用冷色、暖色，明暗两种特性相反的色彩进行组合，可以使着装在色彩上反差强烈，静中求动，突出个性。但有一点要注意，运用对比法时忌讳上下二分之一对比，否则给人以拦腰一刀的感觉，要找到黄金分割点，即身高的三分之一点上（即穿衬衣从上往下第四个和第五个扣子之间），这样才有美感。

（3）呼应法。在配色时，在某些相关部位刻意采用同一色彩，以便使其遥相呼应，产生美感。例如，在社交场合穿西服的男士讲究"三一律"。所谓"三一律"就是男士在正式场合时应使公文包、腰带和皮鞋的色彩相同，即为此法的运用。

3. 正装的色彩

正式场合穿的服装，总体上要求色彩以少为宜，最好将其控制在三种色彩之内。这样有助于保持正装保守的总体风格，显得简洁、和谐。正装若超过三种色彩则给人以繁杂、低俗之感。正装色彩，一般应为单色、深色并且无图案。最标准的正装色彩是蓝色、灰色、棕色、黑色。衬衣的色彩最好为白色，皮鞋、袜子、公文包的色彩宜为深色（黑色最为常见）。

此外肤色也关系到着装的色彩，皮肤白净的人，穿什么颜色的衣服都合适，尤其是穿不加配色的黑色衣裤，则会显得更加动人。皮肤较黑的人，要尽量避免穿深色服装，特别是深褐色、黑紫色的服装。一般来说，这类肤色的人选择红色、黄色的服装比较合适。肤色呈病黄或苍白的人，最好不要穿紫红色的服装，以免使其脸色呈现出黄绿色，加重病态感。皮肤黑中透红的人，则应避免穿红色、浅绿色的服装，而应穿浅黄色、白色的服装。

课堂任务

选择 5 位同学，让他们分别上台展示自己上衣、裤子和鞋袜的搭配，并简要说明搭配的理由，其他同学可以点评。

三、饰物的佩戴

饰物的佩戴要注意与个人的风格、服装的质地与整体形象等相一致。

1. 帽子与围巾

帽子可以遮阳，可以御寒，同时也给人的仪表增添各种不同的情趣美。帽子有许多种，如法式帽、西班牙式帽、宽檐帽、鸭舌帽、滑雪帽、水手帽、棒球帽等，选择帽子要注意与发型、脸型及服装的式样、颜色相配，还要注意与围巾相呼应。例如，简单优雅、线条流畅的圆形滚边帽下散落一头长发，最能表现出不造作的个性；而棕色的豹纹丝绒圆帽及围巾，既流行又不失沉稳，表现出酷劲十足。单单一条围巾也可为服装增添色彩，如一条丝巾的随意变化，或围在肩上，或挂在脖子上下垂，或在头上改变发型都会起到意想不到的效果。冬季的一条长围巾披在一边的肩膀上，也会有意想不到的美感。

2. 眼镜

眼镜不仅是实用的日常用品，也可以看成是"眼睛的服饰"，眼镜的选择要适合人的脸型。正方形脸可选用稍圆或有弧度的镜片，这样可与方型脸互补，镜框顶端的位置必须凸起，远远高于下巴；长方形脸由于脸型过长，镜框必须尽可能遮住脸部中央以修短脸型，因此适合佩戴镜框较大的眼镜；圆形脸为减弱圆形的感觉，可选择有直线或有角度的镜框，黑色、咖啡色等较深色系也有改变脸型的效果；三角形脸由于前额宽、脸颊较尖，选择有细边和垂直线的镜框以平衡脸的下方。此外，个性也是考虑因素之一，如鼻子较大要选择较大镜框来平衡，鼻子较小要戴浅色和较高鼻梁的眼镜，可使鼻子看起来较长。

3. 包

无论是男士的公文包还是女士的坤包都应与所穿服装相协调，要保持包的清洁和美观。如果包中没有分隔夹层，可用几个小袋子将包中的东西分类，如女士的皮包中可放一些化妆品、钱、钥匙、纸巾、笔等用品，将其分类装入不同的小袋。正式社交场合，皮包最好拿在手上，而不是背在肩上。

4. 鞋

社交中男士一般都穿皮鞋，穿民族服装和中山装也可以穿布鞋。男士的皮鞋以黑色最为通用，样子以保守一点为宜。女士的皮鞋一般为敞口鞋或冬季的短靴，布鞋、凉鞋或长筒马靴一般不适于正式社交场合及办公场所。女士鞋的颜色也以黑色为通用，也可与服装颜色协调一致。皮鞋要求线条简洁，无过多的装饰和亮物。女士穿高跟鞋的高度一般以三至四厘米为宜，最高不超过六厘米，此外，高跟鞋的鞋跟也不宜太细。

5. 袜子

社交中男士应穿深色的袜子，最好是服装与鞋的过渡色。有的人在穿西服时穿白色袜子，破坏了整体的稳重感，把人的视线吸引到了脚上。女士穿西服套装搭配袜子也遵循同样的道理。女士穿裙子时最好穿连裤长袜，它适合各种款式的裙子，尤其是在穿一步裙、中间或两旁开衩的裙子时，以免穿半截袜露出大腿不雅。即使穿长筒袜，也要使用吊袜带以免袜子松松垮垮或滑下。长袜以肉色最为通用。

6. 首饰

对于服饰而言，首饰起着辅助、烘托、陪衬、美化的作用。从审美的角度来看，它与服装、化妆一道被列为人们用以装饰、美化自身的三大方法之一。

佩戴首饰要注意以下几个问题。

① 在数量上不要超过三种，除耳环、手镯外，同类首饰不要超过一件。

② 在色彩上要力求同色。若同时佩戴两件或两件以上的首饰时，应使其色彩一致；戴镶嵌首饰时应使其与主色调保持一致，同时还要注意首饰的色彩应与服装的色彩协调。

③ 佩戴首饰应与自己的性别、年龄、职业和工作环境保持大体一致，如有的行业不允许戴首饰，这是由于行业特点决定的，该行业的人员应无条件地遵守。

④ 戒指的佩戴方法。戒指带在不同的手指上有不同的寓意，戴在食指上表示未婚，戴在中指上表示在热恋中，戴在无名指上表示已婚，戴在小指上表示主观上自愿独身。

⑤ 项链的佩戴方法。从长度上分，项链可分为四种：短项链约 40 厘米，适合搭配低领上衣；中长项链约 50 厘米，可广泛使用；长项链约 60 厘米，适合在社交场合使用；特长项链约 70 厘米，适合隆重的社交场合。

⑥ 胸针要注意别的部位。穿西服应别在左侧领上，穿无领上衣时应别在左侧胸前。发型偏左时胸针应当居右，发行偏右时胸针应当偏左，其高度应从上往下数第一个和第二个纽扣之间。

在具体的商务服装选配上，可参考专家建议的如下方案。

	女	男	男女适用
西服套装	黑色、灰色	普通蓝、蓝色带细暗纹	深蓝、深灰、灰
长袖衬衣	浅粉衬衣	细条纹～衬衣	白、浅蓝（纯白）
裤子	哔叽色	藏青色	黑灰、深灰
西服、外套、上衣	黑	深蓝	
鞋	蓝	深棕	黑色，与裙子、裤子同色或类似
腰带	蓝	黑	黑色，与皮鞋同色
皮箱、手提文件箱			深棕或黑
领带		酱红、蓝、深蓝、深灰，可带白、黄、银黄等简单花纹或者纯色	
手表	镶钻超薄	不易磨损钨金	表盘薄，皮表带或银白、金色的金属带
风衣、大衣			哔叽、布或毛与化纤合成

课堂任务

选择三位同学，让他们分别上台展示自己所佩戴的饰物，其他同学根据本节所学内容加以分析，看看这三位同学佩戴的饰物是否得体。

开阔眼界

深蓝色西服和白衬衫的搭配

值得注意的是，无论是对男士还是女士来讲，似乎"深蓝色西服＋白衬衫"的服装搭配是放之四海而皆准的、走遍全世界不出错的商业标准装，这是为什么呢？这里面有个小故事。在20世纪60年代，有一个专门负责替法院挑选陪审团的美国专家米尔斯·福斯特曾做一个调查，他发现陪审团成员倾向于相信那些着装得体，看上去像有教养、有权威的，可以引起人们信任的人。即使是恶魔般的被告人，如果能精心展示给陪审团成员一个可信、可敬的形象，他甚至会被认为是轻罪或无罪。当然这只是一种假说。因而律师们不但自己努力利用穿着以赢得法官和陪审团的信任，也劝被告辩护人的律师和证人以可信的形象出庭。福斯特的调查发现，深蓝色西服配以白衬衣，被认为是最可信的搭配。时至今日，蓝色、白色依然是企业和公司制服的首选服装色和衬衣色。

实践任务

实训项目四　服饰

【实训目标】

通过实训，熟悉服装与整体形象的关系，掌握男士领带的基本系法。

【实训要求】

准备男士西服、衬衫、领带、领带夹、皮鞋、女士套装等服饰，两个人一组进行着装练习。

【实训口号】

穿出品位来！

【实训内容】

一、男士西服

1. 西服的规范穿着要求

男性职业装的颜色最好是深蓝色、带条纹的，或者是深灰色、浅灰色和黑色。款式没有什么太多的选择，越经典越好。西服要熨烫平整，西服口袋内应不装或少装东西，同时要注意纽扣的扣法。

2. 衬衫的规范穿着要求

正装衬衫与西服配套，应选择单色无任何图案为宜，白色最佳；穿着衬衫时衣扣要系上，袖长要适度，袖口长于西服一至三厘米，下摆要掖入裤腰内，衬衫大小要合身。

3. 领带的规范佩戴

领带的颜色要注意与西服、衬衫的颜色搭配，尤其是应与衬衫统一色系，如暖色的衬衫配暖色的领带，冷色的衬衫配冷色的领带。衬衫上有条纹或格子，领带上就不要有条纹或格子，或仅有含蓄的条纹与格子。另外，选择丝质的领带。

注意领带的打法，打结要求挺括、端正，外观呈倒三角形，领带的长度以到皮带扣处为宜。一般来说，常见的领带打法有以下几种。

（1）平结（四手结）。平结为男士选用最多的领结之一，是所有领结中最简单易学的，适用于各种款式的衬衫及各种材质的领带。

平结打法要诀：领结下方所形成的凹洞要两边均匀且对称。

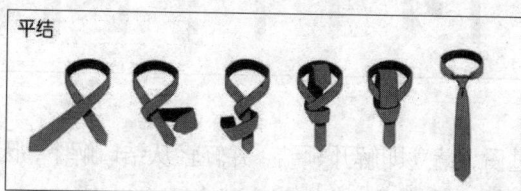

平结

（2）交叉结。单色、素雅且材质较薄的领带适合选用交叉结。对于喜欢展现流行感的男士不妨多加使用"交叉结"。

交叉结

（3）双环结（亚伯特王子结）。双环结适合用于浪漫扣领及尖领系列衬衫，搭配浪漫质料柔软的细款领带。一条质地细致的领带再搭配上双环结能够营造出时尚感，适合年轻的上班族选用。

双环结打法要诀：在宽边先预留较长的空间，并在绕第二圈时尽量贴合在一起，双环结完成的特色就是第一圈会稍露出于第二圈之外，注意不要刻意将其盖住。

双环结

（4）温莎结。温莎结适合于宽领型的衬衫，该领结应多往横向发展。该种领结应避免使用材质过厚的领带，领结也勿打得过大。

温莎结

（5）双交叉结（半温莎结）。双交叉结十分优雅及罕见，其打法也比较复杂，使用细款丝质领带较容易上手。此款领带结很容易给人留下高雅且隆重的感觉，最适合搭配浪漫的尖领及标准式领口系列衬衫，适合正式活动场合选用。

双交叉结

4. 领带的保养

（1）使用领带过后，请立即解开领结，并轻轻从结口解下，因为用力拉扯表布及内衬，极易使纤维断裂，并造成永久性的褶皱。

（2）解开结口后，请将领带对折平放或用领带架吊挂起来，并留意置放处是否平滑，以避免刮伤领带。

（3）开车系上安全带时，勿将领带绑于安全带内，以避免产生褶皱。

（4）同一条领带戴完一次，请隔几天再戴，并先将领带置于潮湿温暖的场所或喷少许水，使其摺皱处恢复原状后，再收至干燥处平放或吊挂。

（5）领带沾染污垢时，请立即干洗。

（6）处理结口皱纹，可用蒸汽爽斗低温烫平，水洗及高温熨烫容易造成变形而受损。

5. 鞋袜的规范穿着要求

与西服相配只能是皮鞋，并且最好为黑色的牛皮鞋。袜子应选纯棉或棉毛混纺的深色袜子。

二、女士套裙

1. 套裙的规范穿着要求

职业女性在选择套裙时最好选择比较保守、经典的款式，而不要过于时尚，重要的是面料要好、做工精细、剪裁合体。同时，套裙适当地搭配一些饰物，如丝巾、胸针、领花等也可以收到很好的效果。

2. 鞋袜的规范穿着要求

穿套裙一般搭配黑色的皮鞋或与套裙颜色相近的皮鞋为宜，不要有图案或装饰不宜过多。袜子以单色的肉色最佳，高筒袜和连裤袜为标准搭配。穿鞋袜应当注意大小适宜，完好无损，不可当众脱鞋，袜口不可暴露在外，丝袜要无褶皱，无脱丝。

【模拟演练】

1. 根据所学内容并结合自身特点，如肤色、高矮、胖瘦、个人气质等为自己设计服装搭配。

2. 假设你现在的身份为酒店餐厅服务员、旅行社的接待员、商场的服务员，请分别选择恰当合适的服饰进行穿戴。

模块小结

1. 服饰美在交际中的作用：服饰美能增强自信与自尊，服饰能反映出文化素养，服饰美能树立良好形象。

2. 商务人员服饰打扮的原则：正式和整洁的原则，个性原则，和谐原则，着装的 TPO 原则。

3. 男士西服的选择：首先要选择合适的款式，其次要选择合适的面料和颜色，再次要选择合适的衬衣，最后要选择合适的领带。

4. 男士西服的穿着：一要穿好衬衣，二要注意内衣不可过多，三要打好领带，四要鞋袜整齐，五要扣好扣子。

5. 职业女性的着装风格：庄重大方型，成熟含蓄型，素雅端庄型，简约休闲型，清纯秀丽型。

6. 饰物包括帽子与围巾、眼镜、包、鞋、袜子和首饰。

综合练习

1. 简述商务人员服饰打扮的原则。
2. 男士如何选择适合自己的西服？穿西服有哪些要求？
3. 如何进行服装色彩的搭配？
4. 针对不同的脸型，如何佩戴眼镜比较合适？
5. 佩戴首饰应注意哪些问题？

模块五 仪态礼仪

应知导航

学习本模块要了解仪态的含义；了解手势的类型以及常见的几种手势；熟练掌握标准站姿、坐姿、行姿、蹲姿的具体要求；学会运用眼神和微笑来传递感情。

案例引入

十二次微笑

飞机起飞前，一位乘客请空姐给他倒一杯水吃药，空姐很有礼貌地说："先生，为了您的安全，请稍等片刻，等飞机进入平衡飞行后，我会立刻把水给您送过来，好吗？"

15 分钟后，飞机早已进入平衡飞行状态。突然，乘客服务铃急促地响了起来，空姐猛然意识到：糟了，由于太忙，她忘记给那位乘客倒水了。当空姐来到客舱，看见按响服务铃的果然是刚才那位乘客，她小心翼翼地把水送到那位乘客眼前，微笑着说："先生，实在对不起，由于我的疏忽，延误了您吃药的时间，我感到非常抱歉。"这位乘客抬起左手，指着手表说道："怎么回事，有你这样服务的吗？你看看，都过了多久了？"空姐手里端着水，心里感到很委屈，但是，无论她怎么解释，这位挑剔的乘客都不肯原谅她的疏忽。

接下来的飞行中，为了弥补自己的过失，每次去客舱给乘客服务时，空姐都会特意走到那位乘客面前，面带微笑地询问他是否需要水，或者别的什么帮助。然而，那位乘客余怒未消，摆出不合作的样子，并不理会空姐。

临到目的地前，那位乘客要求空姐把留言本给他送过去，很显然，他要投诉这名空姐。此时空姐心里很委屈，但是仍然非常有礼貌，而且面带微笑地说道："先生，请允许我再次向您表示真诚的歉意，无论您提出什么意见，我都会欣然接受您的批评！"那位乘客脸色一变，准备说什么，可是没有开口，他接过留言本，开始在本子上写了起来。

空姐本以为这下完了，没想到，等到飞机安全降落，所有的乘客陆续离开，她打开留言本后，却惊奇地发现，那位乘客在本子上写下的并不是投诉信，相反，这是一封热情洋溢的表扬信。

是什么使得这位挑剔的乘客最终放弃了投诉呢？在信中，空姐读到这样一句话："在整个过程中，你表现出真诚的歉意，特别是你的十二次微笑深深打动了我，使我最终决定将投诉信写成表扬信！你的服务质量很高，下次如果有机会，我还将乘坐你们的这趟航班。"

仪态，又称"体态"，是指一个人的身体姿态和风度。姿态是指一个人的身体所显现出来的样子，如站立、行走、弓身、就座等。而所谓风度，则是指一个人内在气质的外在表现。人的内在气质包括许多内容，如道德品质、学识修养、社会阅历、专业素质与才干、个人情趣与爱好、专长等。它主要是通过人的言谈举止、动作表情、站姿、坐姿、行姿、眼神、服饰装扮等来体现的。

仪态属于人的行为美学范畴。在人际沟通与交往过程中，它用一种无声的体态语言向人们展示出一个人的道德品质、礼貌修养、人文学识、文化品位等方面的素质与能力。

一、站姿

站姿是人的静态造型，是人体动态造型的起点。站姿是人体最基本的姿势，也是其他姿势的基础。在公共场合，站姿不仅体现个人的修养、品质、风度，而且还代表组织的形象。

（一）标准站姿

标准的站姿，从正面看，全身笔直，精神饱满，两眼正视，两肩平齐，两臂自然下垂，两脚跟并拢，两脚尖张开60度，身体中心落于两腿正中；从侧面看，两眼平视，下颌微收，挺胸收腹，腰背挺直，手的中指贴裤缝，整个身体庄重挺拔。

（二）不同场合的站姿

（1）在升国旗、奏国歌、接受奖品、接受接见、致悼词等庄严的仪式场合，应采取严格的标准站姿，而且神情要严肃。

（2）在发表演说、新闻发言、作报告宣传时，为了减少身体对腿的压力，减轻由于较长时间站立双腿的疲倦，可以用双手支撑在讲台上，两腿轮流放松。

（3）主持文艺活动、联欢会时，可以将双腿并得很拢站立，女士可以站成"丁"字步，让站立姿势更加优美。站"丁"字步时，上体前倾，腰背挺直，臀微翘，双腿叠合。

（4）门口迎宾人员往往站的时间很长，双腿可以平分站立，双腿分开距离不宜超过肩宽。双手可以交叉或前握垂放于腹前；也可以背后交叉，右手放到左手的掌心上，但要注意收腹。

（5）礼仪小姐的站姿，要比门迎、侍应更趋于艺术化，一般可采取立正的姿势或"丁"字步。如双手端执物品时，上手臂应靠近身体两侧，但不必夹紧，下颌微收，面含微笑，给人以优美亲切的感觉。

（三）站姿的训练与纠正

人的一切姿势从站立开始，站姿训练要掌握要领：一是平，即头平正、双肩平、两眼平视。二是直，即腰直、腿直，后脑勺、背、臀、脚后跟成一条直线。三是高，即重心上拔，看起来显得高。站姿是否正确可自我测试。正确的站姿：靠墙而立，从镜中留意脊椎骨是否呈 S 形：头部及腰部内弯，上背及臀部突出，而颈部及腰部的背面应与墙壁留有狭小空间。错误的站姿：脊椎前凸，这种不良姿势最常见于女士，因为穿高跟鞋会使身体或重心前移，导致腰部加深向后弯以平衡身体。纠正错误站姿的方法，一是背靠墙，膝微曲，双腿距离墙 15～20 厘米，腰背尽量贴墙，但肌肉保持松弛，并做深呼吸。二是膝部慢慢伸直，脊椎骨沿门边向上推，腹部肌肉要收紧。脊椎骨上部应有提升感。维持数秒，并重复数次。三是注意平常的小动作，如蹲立时，注意背部伸直，只有膝盖弯曲，身体徐徐下降，这就是标准姿势。从蹲立到恢复站立，也是同样的要领，背部必须挺直。

男性的站姿要有男性的气质，要表现出男性的刚健、威风之貌，给人一种"劲"的壮美感。女性的站姿要有女性的特点，要表现出女性的娴静、典雅之姿，给人一种"静"的优美感。

48

课堂任务

站姿的训练

1. 实训准备

准备一间形体训练室，四面墙安装长度及地的镜子，能从头到脚照到训练人员。

实训学时	2 课时
实训目的	为各项礼仪工作打下基础
实训要求	掌握规范的站姿，能自纠错误直至形成习惯

2. 操作规范

实训内容	操作标准	基本要求
侧立式站姿	1. 抬头起，面朝正前方，双眼平视，下颚微微内收，颈部挺直，双肩放松，呼吸自然，腰部直立 2. 脚掌分开呈"V"字形，脚跟靠拢双膝并紧，双手放在腿部两侧，手指稍弯曲，呈半握拳状	站的端正、自然、亲切、稳重，既要做到"立如松"
前腹式站姿	1. 同"侧立式站姿"操作标准第 1 条 2. 脚掌分开呈"V"字形，脚跟靠拢双膝并紧，双手相交轻握放在小腹处	

续表

实 训 内 容	操 作 标 准	基 本 要 求
后背式立姿	1. 同"侧立式站姿"操作标准第1条 2. 两腿分开，两脚平行，比肩宽略窄些，双手在后背轻握放在腰处	站的端正、自然、亲切、稳重，既要做到"立如松"
丁字式站姿	1. 同"侧立式站姿"操作标准第1条 2. 一脚在前，将脚尖向外略展开，行成斜写的一个"丁"字，双手在腹前相交，身体重心在两脚上，此站姿限于女性使用	
站得太累时自行调节	两腿微微分开，将身体重心移向左脚或右脚	

3. 站姿训练的方法

（1）按照标准训练站姿，可以靠墙训练，后脑勺、双肩、臀部、小腿及脚后跟都紧贴墙壁；也可两人一组，背靠背站立。

（2）配上轻音乐，训练4种站姿。

二、坐姿

坐姿是指坐的姿势。俗话说"坐有坐相"，坐姿也是体态美的重要特征之一。基本的坐姿是上身挺直，两肩自然放松，胸部挺起，双膝并拢，双手自然放在膝上或椅子扶手上，头平稳，目光平视，身体重心落在椅子上。女子若穿裙子，应将裙子后片向前轻拢一下，然后就坐。

（一）标准坐姿

首先全身保持站立的标准姿态，两腿平行于椅子前面，弯曲双膝，挺直腰背坐下。落座时声音要轻，动作要缓。落座过程中，腰、腿肌肉要稍有紧张感。

入座后，上身正直而稍向前倾，头、肩平正，两臂贴身下垂，两手可随意地放在大腿上，两腿外沿间距与肩宽大致相等，两脚平行自然着地。

人在坐着时，由臀部支撑上身，减少了两腿的承受力。由于身体重心下降，上身适当放松，可减轻心脏的负担。因此，坐姿是一种可以维持较长时间的姿势。它既是一种主要的白昼休息姿势，也是一般的工作、劳动、学习姿势，还是社交、娱乐的常见姿势。正因为这个缘故，坐姿要求端正、大方、舒展。

（二）不同场合的坐姿

（1）谈判、会谈时，场合一般比较严肃，适合正襟危坐，但不要过于僵硬。要求上身正直，端坐于椅子中部，注意不要使全身的重量只落于臀部，双手放在桌上、腿上均可。双脚为标准坐姿的摆放。

（2）倾听他人教导、知识、传授、指点时，对方是长者、尊者、贵客，坐姿除了要端正外，还应坐在坐椅、沙发的前半部或边缘，身体稍向前倾，表现出一种谦虚、

49

迎合、重视对方的态度。

（3）在比较轻松、随便的非正式场合，可以坐得轻松、自然一些。全身肌肉可适当放松，可不时变换坐姿，以作休息。

（三）坐姿应注意的问题

欲保持优美而有礼貌的坐姿，首先应保持身体的正直，这是最基本的前提，同时还应注意以下几点。

（1）若想交叠双腿而坐，应将右腿放在左腿上，而不应左腿放在右腿上。在正规的场合，尽量不要采用这一坐姿。因为这一坐姿通常会给对方留下你在显示自身地位，有优越感的印象。当然，采用这一坐姿也不算失礼行为，但绝不可跷起二郎腿，更不可用手拢住右腿，这是失礼行为，更是目中无人、傲慢无礼的表现。

（2）注意脚尖不要并拢，不要采用脚跟分开或内八字姿势。

（3）双脚交叉，会给人留下懒散厌倦的印象。

（4）与人交谈时，切勿将上身前倾或用手支着下巴，更不可抓耳挠腮，左顾右盼。

（5）无论在何种场合，就座时，都不可将脚搭在另外的椅子上或物体上，这是不懂礼貌的表现。

（6）女性就座时，尽量不要跷腿，更不可把衬裙露出，有失体面。

（7）就座时间长，感到累时，可换一种姿势。正面相对而坐时间长时，可倾身就座，以免使对方感到压抑和拘束。

┏ **课堂任务** ┃

坐姿的训练

1. 实训安排

实 训 时 间	2 课时
实训目的	为各项服务工作打下基础
实训要求	掌握规范的坐姿，自纠错误，直至形成习惯

2. 实训准备

准备一间形体训练室，四面墙安装长度及地的镜子，能从头到脚照到训练人员。

3. 操作规范

实 训 内 容	操 作 标 准	基 本 要 求
基本坐姿	1. 入座时，要轻而缓，走到座位前面转身，右脚后退半步，左脚跟上，然后轻轻地坐下 2. 女性穿裙装入座时，应要用手将裙装向前拢一下 3. 坐下后，上身正直，头正目平嘴巴微闭，脸带微笑，腰背稍靠椅背，两手相交放在腹部或两腿上，两脚平落在地面。男子两膝间的距离以一拳为宜，女子则以不分开为好	坐姿的基本要求是"坐如钟"。具体要求是：坐姿端正、稳重、自然、亲切，给人一种舒适感

续表

实 训 内 容	操 作 标 准	基 本 要 求
两手摆法	1. 有扶手时，双手轻搭或一搭一放 2. 无扶手时两手相交或轻握放于腹部；左手放在左腿上，右手搭在左手背上，两手呈八字形放于腿上	坐姿的基本要求是"坐如钟"。具体要求是：坐姿端正、稳重、自然、亲切，给人一种舒适感
两腿摆法	1. 凳高适中时，两腿相靠或稍分，但不能超过肩宽 2. 凳面低时，两腿并拢，自然倾斜于一方 3. 凳面高时，一腿叠放于另一腿上，脚尖向下	
两脚摆放	1. 脚跟与脚尖全靠或一靠一分 2. 也可一前一后或右脚放在左脚外侧	
"S"形坐姿	上身与腿同时转向一侧，面向对方，形成一个优美的"S"形坐姿	
叠膝式坐姿	1. 两腿膝部交叉，一腿内收与前腿膝下交叉，两脚一前一后着地，双手稍微交叉于腿上 2. 起立时，右脚向后收半步，然后站起 3. 离开时，向前走一步，自然转身退出房间	

　　4. 坐姿训练的方法

　　（1）对所学的几种坐姿，每次训练坚持 20 分钟左右，配上轻松优美的音乐，以减轻疲劳。

　　（2）在日常生活中训练，如在乘车时、在上课时、在伏案看书采用坐姿时，都可以按照以上标准坐姿要求进行训练，久而久之，优美的坐姿便形成了习惯。

三、行姿

　　行姿是指走路时的姿势，它最能体现出人的精神状态，显示出人的动态美。行姿以自然、轻松、稳健为美，它不像站姿和坐姿那样有着严格的礼仪规范。

（一）行姿的规范要求

　　（1）上身挺直，双肩平稳，目光平视，下颌微收，面带微笑。

　　（2）挺胸、收腹，使身体略微上提。

　　（3）手臂伸直放松，手指自然弯曲，双臂自然摆动。摆动时，以肩关节为轴，上臂带动前臂，双臂前后摆动时，以 30 度～35 度为宜，肘关节略微弯曲，前臂不要向上甩动。

　　（4）步幅不要太大，跨步时两脚间的距离适中，以一个脚长为宜，速度保持相对稳定，既不要太快，也不能太慢。

　　（5）女士行走时，走直线交叉步，上身不要晃动，尽量保持双肩水平。

（二）职业装的行姿规范要求

1. 穿西服的行姿要求

　　穿着西服走路时应以走直线为主，应当走出穿着者挺拔、优雅的风度。穿西服时，后背保持平正，两脚立直，走路的步幅可略大些，手臂放松伸直摆动，手势简洁大方。

行走时男士不要晃动，女士不要左右摆胯。

2. 西服套裙的行姿要求

西服套裙多以半长筒裙与西服上衣搭配，所以着装时应尽量表现出职业装干练、洒脱的风格特点。穿着西服套裙走路时，要求步履轻盈、敏捷、活泼，步幅不宜过大，可用稍快的节奏步伐，以使行姿活泼灵巧。

3. 穿旗袍的行姿要求

着旗袍装，最重要的是要表现出东方女性温柔、含蓄的柔美风韵，以及身材的曲线美。所以穿旗袍时要求身体挺拔，胸微含，下颌微收。

旗袍必须搭配高跟或中跟皮鞋才走得出这款服装的韵味。行走时，走交叉步直线，步幅适中，步子要稳，双手自然摆动，胯部可随着身体重心的转移，稍有摆动，但上身决不可跟着晃动。总之，穿旗袍应尽力表现出一种柔和、妩媚、含蓄、典雅的东方女性美。

4. 穿高跟鞋的行姿要求

女士在正式场合经常穿着黑色高跟鞋，行走时要保持身体平衡。具体做法是：直膝立腰、收腹收臀、挺胸抬头。

为避免膝关节前屈导致臀部向后撅的不雅姿态，行走时一定要把踝关节、膝关节、髋关节挺直，只有这样才能保持挺拔向上的形体。行走时步幅不宜过大，每一步要走实、走稳，这样的步态才会有弹性并富有美感。

（三）行姿的注意事项

1. 切忌身体摇摆

行走时切忌晃肩摇头，上体左右摆动，否则会给人以庸俗、无知和轻薄的印象。脚尖不要向内或向外，或者弯腰弓背、低头无神、步履蹒跚，给人以压抑、疲倦、老态龙钟的感觉。

2. 双手不可乱放

无论男女走路的时候，不可把手插在衣服口袋里，尤其不可插在裤袋里，也不要叉腰或倒背着手，因为这样不美观。走路时，两臂应前后随步伐匀速摆动。

3. 目光注视前方

走路时眼睛注视前方，不要左顾右盼，不要回头张望，不要老是盯住行人乱打量，更不要一边走路，一边指指点点地对别人评头论足，这不仅有伤大雅，而且不礼貌。

4. 脚步干净利索

走路时脚步要干净利索，有鲜明的节奏感，如果拖泥带水，抬不起脚来，则显得没有朝气。

5. 有急事莫奔跑

如果碰到有急事，可以加快脚步，但切忌奔跑。

6. 同行不要排成行

几个人在一起走路时，不要勾肩搭背，不要拍拍打打。多人在一起走时，不要排成行。

7. 走路要用腰力

走路时腰部松懈，会有吃重的感觉，不美观，拖着脚走路，更显得难看。走路的美感产生于下肢的频繁运动与上体稳定之间所形成的对比和谐，以及身体的平衡对称。要做到出步和落地时脚尖都正对前方，抬头挺胸，迈步向前。穿裙子时要走成一条直线，使裙子下摆与脚的动作显出优美的韵律感。

课堂任务

行姿的训练

1. 实训安排

实 训 时 间	2 课时
实训目的	为各项服务工作打下基础
实训要求	掌握规范的行姿，自纠错误，直至形成习惯

2. 实训准备

准备一间形体训练室，四面墙安装长度及地的镜子，能从头到脚照到训练人员。

3. 操作规范

实 训 内 容	操 作 标 准	基 本 要 求
一般行姿	1. 方向明确。在行走时，必须保持明确的行进方向，尽可能地使自己犹如在直线上行走，不突然转向，更忌讳突然大转身 2. 步幅适中。就一般而言，行进时迈出的步幅与本人一只脚的长度相近，即男子每步约40厘米，女子每步约36厘米 3. 速度均匀。在正常情况下，男子行走速度为每分钟108～118步，不突然加速或减速 4. 重心放准。行进时的身体向前微倾，重心落在前脚掌上 5. 身体协调。走路时要以脚跟首先着地，膝盖在脚步落地时应当伸直，腰部要成为重心移动的轴线，双臂在身体两侧一前一后地自然摆动 6. 体态优美。行走时昂首挺胸，步伐轻松而矫健，两眼平视前方，挺胸收腹，直起腰背	"行如风"即走起来像风一样轻盈。方向明确、抬头、不晃肩，两臂摆动自然，两腿直而不僵，步伐从容，步态平衡，步幅适中均匀，两脚落地成两条直线
陪同客人的行姿	1. 同"一般行姿" 2. 引领客人时，位于客人侧前2～3步，按客人的速度行进，不时用手势指引方向，招呼客人	
与客人反向而行的行姿	1. 同"一般行姿" 2. 接近客人时，应放慢速度，与客人交会时，应暂停行走，不时用手势指引方向，招呼客人	

53

续表

实训内容	操作标准	基本要求
与客人同向而行的行姿	1. 同"一般行姿" 2. 尽量不超过客人，必须超过时，要先道歉后超越	
与服务人员同行的行姿	1. 同"一般行姿" 2. 不可并肩同行，不可嬉戏打闹，不可闲聊	

4. 行姿训练的方法

（1）在地面上画一条直线，行走时手部插腰，上身正直，双脚内侧踩在线上，行走时按要求走出相应的步位与步幅。可以纠正行走时摆胯、送臀、扭腰以及"八字步态"、步幅过大过小的毛病。

（2）头顶书本行走，进行整体平衡练习。重点纠正行走时低头看脚、摇头晃脑、东张西望、脖颈不正、弯腰弓背的毛病。

（3）进行原地摆臂训练。站立，两脚不动，原地晃动双臂，前后自然摆动，手腕进行配合，掌心要朝内，以肩带臂，以臂带腕，以腕带手，纠正双臂横摆、同向摆动、单臂摆动、双臂摆幅不等的现象。

54

四、蹲姿

蹲姿在工作和生活中用得相对不多，但最容易出错。人们在拿取低处的物品或捡起落在地上的东西时，不妨使用下蹲和屈膝的动作，这样可以避免弯曲上身和撅起臀部，尤其是着裙装的女士下蹲时，稍不注意就会露出内衣，很不雅观。

（一）基本蹲姿要求

（1）下蹲拾物时，应自然、得体、大方，不遮遮掩掩。

（2）下蹲时，两腿合力支撑身体，避免滑倒。

（3）下蹲时，应使头、胸和膝关节在一个角度上，使蹲姿优美。

（4）女士无论采用哪种蹲姿，都要将腿靠紧，臀部向下。

（二）四种蹲姿方式

1. 高低式蹲姿

男性在选用这一方式时往往更为方便，女士也可选用这种蹲姿。

这种蹲姿的要求是：下蹲时，双腿不并排在一起，而是左脚在前，右脚稍后。左脚应完全着地，小腿基本上垂直于地面；右脚则应脚掌着地，脚跟提起。此刻右膝低于左膝，右膝内侧可靠于左小腿的内侧，形成左膝高右膝低的姿态。臀部向下，基本上用右腿支撑身体。

2. 交叉式蹲姿

交叉式蹲姿通常适用于女性，尤其是穿短裙的女性，它的特点是造型优美典雅。基本特征是蹲下后以腿交叉在一起。

这种蹲姿的要求是：下蹲时，右脚在前，左脚在后，右小腿垂直于地面，全脚着地右腿在上，左腿在下，二者交叉重叠；左膝由后下方伸向右侧，左脚跟抬起，并且脚掌着地；两脚前后靠近，合力支撑身体；上身略向前倾，臀部朝下。

3. 半蹲式蹲姿

这种姿式一般在行走时临时采用。它的正式程度不及前两种蹲姿，但在应急时也可采用。它的基本特征是身体半立半蹲，并要求在下蹲时，上身稍稍弯下，但不要和下肢构成直角或锐角；臀部务必向下，而不是撅起；双膝略为弯曲，角度一般为钝角；身体的重心应放在一条腿上；两腿之间不要分开过大。

4. 半跪式蹲姿

这种姿式又叫做单跪式蹲姿。它也是一种非正式蹲姿，多用在下蹲时间较长，或为了用力方便时，双腿一蹲一跪。这种姿式要求在下蹲后，一腿单膝点地，臀部坐在脚跟上，以脚尖着地；另外一条腿应当全脚着地，小腿垂直于地面；双膝应同时向外，双腿应尽力靠拢。

（三）蹲姿注意事项

（1）不要突然下蹲。蹲下来的时候，不要速度过快。当自己在行进中需要下蹲时，要特别注意这一点。

（2）不要离人太近。在下蹲时，应和身边的人保持一定距离。和他人同时下蹲时，更不能忽略双方的距离，以防彼此"迎头相撞"或发生其他误会。

（3）不要方位失当。在他人身边下蹲时，最好是和他人侧身相向。正面他人，或者背对他人下蹲，通常都是不礼貌的。

（4）不要毫无遮掩。在大庭广众面前，尤其是身着裙装的女士，一定要避免下身毫无遮掩的情况，特别是要防止大腿叉开。

（5）不要蹲在凳子或椅子上。有些人有蹲在凳子或椅子上的生活习惯，但是在公共场合这么做，是不能被接受的。

总之，下蹲时一定不要有弯腰、臀部向后撅起的动作；切忌两腿叉开、两腿展开平衡下蹲，以及下蹲时，露出内衣裤等不雅的动作。当要捡起落在地上的东西或拿取低处物品的时候，首先走到要捡起或拿取的东西旁边，再利用正确的蹲姿，将东西拿起。

课堂任务

蹲姿的训练

1. 实训安排

实 训 时 间	2 课时
实训目的	为各项服务工作打下基础
实训要求	掌握规范的蹲姿，自纠错误，直至形成习惯

2. 实训准备

准备一间形体训练室，四面墙安装长度及地的镜子，能从头到脚照到训练人员。

3. 操作规范

实训内容	操作标准	基本要求
高低式蹲姿	下蹲时，应左脚在前，右脚完全着地，右脚跟提起，右膝低于左膝，右腿左侧可靠于左小腿内侧，形成左膝高右膝低的姿势；臀部向下，上身微前倾，基本上用左腿支撑身体。采用此蹲姿时，女性应并紧双腿	1. 在服务行业，一般只有在以下情况下，才允许服务人员在其工作中酌情采用蹲姿 ① 整理工作环境 ② 给予客人帮助 ③ 提供必要的服务 ④ 捡拾地面物品 ⑤ 自己照顾自己等几种比较特殊的情况 2.采用蹲姿时要注意 ① 不要突然下蹲 ② 不要离太近 ③ 不要方位失当
交叉式蹲姿	交叉式蹲姿主要适用于女士，尤其适合身穿短裙的女性在公共场合采用，它虽然造型优美，但操作难度较大，这种蹲姿要求在下蹲时，右脚在前，左脚在后，右小腿垂直于地面，全脚着地；右脚往上，左腿在下交叉重叠；左膝从后下方伸向右侧，左脚跟抬起脚尖着地。两腿前后靠紧，合力支撑身体；上体微向前倾，臀部向下	
半蹲式蹲姿	半蹲式蹲姿多为人们在行走中临时采用。它的基本特征是身体半立半蹲，主要要求在蹲下时，上身稍许弯下，但不宜与下肢构成直角或锐角，臀部务必向下，双膝可微微弯曲，其角度可根据实际需要有所变化，但一般应为钝角。身体的重心应放在一条腿上，双腿之间都不宜分开过大	
半跪式蹲姿	半蹲式蹲姿又叫单跪式蹲姿，多用在下蹲时间较长或为了用力方便之时。它的基本特征是：双腿一蹲一跪，其主要要求是下蹲以后，改用一腿单膝点地，以其脚尖着地。而令臀部坐在脚跟上；另外一条腿应当全脚着地，小腿垂直于地面；双膝必须同时向外，双腿则应尽力靠拢	

五、手姿

手是人体上最富灵性的器官，如果说"眼睛是心灵的窗户"，那么手就是心灵的触角，是人的第二双眼睛。手姿又叫手势，它在传递信息、表达意图和情感方面发挥着重要作用。

在社会交往中，手姿有着不可低估的作用，生动形象的有声语言再配合准确、精彩的手势动作，必然能使交往更富有感染力、说服力和影响力。

（一）手姿的区域

手姿活动的范围，有上、中、下三个区域。此外，还有内区和外区之分。肩部以上称为上区，多用来表示理想、希望、宏大、激昂等情感，表达积极肯定的意思；肩部至腰部称为中区，多表示比较平静的思想，一般不带有浓厚的感情色彩；腰部以下称为下区，多表示不屑、厌烦、反对、失望等，表达消极否定的意思。

（二）手姿的类型

手姿一般可分为以下四种。

第一，情意性手姿。主要用于带有强烈感情色彩的内容，其表现方式极为丰富，感染力极强。比如说"我非常爱她"时，用双手捧胸，以表示真诚之情。

第二，象征性手姿。主要用来表示一些比较复杂的感情和抽象的概念，从而引起对方的思考和联想。例如，把大军乘胜追击的场面，用右手五指并齐，并用手臂前伸这个手势来形容，象征着奋勇进发的大军，就能引起听众的联想。

第三，指示性手姿。主要用于指示具体事物或数量，其特点是动作简单，表达专一，一般不带感情色彩。例如，当讲到自己时，用手指向自己；谈到对方时，用手指向对方。

第四，形象性手姿。其主要作用是摹拟事物的形状，以引起对方的联想，给人一种具体明确的印象。例如，说到高山，手向上伸；讲到大海，手平伸外展。

（三）手姿的原则

手姿能反映出人复杂的内心世界，但运用不当，便会适得其反。因此，在运用手姿时要注意几个原则。一要简约明快，不可过于繁多，以免喧宾夺主；二要文雅自然，因为拘束低劣的手姿，会有损于交际者的形象；三要协调一致，即手姿与全身协调，手姿与情感协调，手姿与口语协调；四要因人而宜，不可能千篇一律地要求每个人都做几个统一的手姿动作。

（四）常见的手姿

1. 引领的手姿

在各种交往场合都离不开引领动作，如请客人进门，请客人坐下，为客人开门等，都需要运用手与臂的协调动作，同时，由于这是一种礼仪，还必须注入真情实感，调动全身活力，使心与形体形成高度统一，才能做出色彩和美感。引领动作主要有以下几个表现形式。

第一，横摆式。以右手为例：将五指伸直并拢，手心不要凹陷，手与地面呈45度角，手心向斜上方。腕关节微屈，腕关节要低于肘关节。动作时，手从腹前抬起，至横膈膜处，然后，以肘关节为轴向右摆动，到身体右侧稍前的地方停住。同时，双脚形成右丁字步，左手下垂，目视来宾，面带微笑。这是在门的入口处常用的谦让礼的姿势。

第二，曲臂式。当一只手拿着东西，扶着电梯门或房门，同时要做出"请"的手势时，可采用曲臂手势。以右手为例：五指伸直并拢，从身体的侧前方，向上抬起，至上臂离开身体的高度，然后以肘关节为轴，手臂由体侧向体前摆动，摆到手与身体相距20厘米处停止，面向右侧，目视来宾。

第三，斜下式。请来宾入座时，手势要斜向下方。首先用双手将椅子向后拉开，然后，一只手曲臂由前抬起，再以肘关节为轴，前臂由上向下摆动，使手臂向下成一斜线，并微笑点头示意来宾。

2. "OK"的手姿

拇指和食指合成一个圆圈，其余三指自然伸张。这种手势在西方某些国家比较常见，但应注意在不同国家其语义有所不同。例如，在美国表示"赞扬"、"允许"、"了不起"、"顺利"、"好"；在法国表示"零"或"无"；在印度表示"正确"；在中国表示"零"、或"三"两个数字；在日本、缅甸、韩国则表示"金钱"。

3. 伸大拇指手姿

大拇指向上，在说英语的国家多表示"OK"之意或是打车之意；若用力挺直，则含有骂人之意；若大拇指向下，多表示坏、下等人之意。在我国，伸出大拇指这一动作基本上是向上伸表示赞同、一流、好等，向下伸表示蔑视、不好等之意。

4. "V"字型手姿

伸出食指或中指，掌心向外，其语义主要表示胜利（英文Victory的第一个字母）。

5. 伸出食指手姿

在我国以及亚洲一些国家表示"一"、"一个"、"一次"等；在法国、缅甸等国家则表示"请求"、"拜托"之意。在使用这一手姿时，一定要注意不要用手指指人，更不能在面对面时用手指着对方的面部和鼻子，这是一种不礼貌的动作，且容易激怒对方。

6. 捻指作响手姿

就是用手的拇指和食指弹出声响，其语义或表示高兴、或表示赞同、或是无聊之举，有轻浮之感。应尽量少用或不用这一手姿，因为其声响有时会令他人反感或觉得没有教养，尤其是不能对异性运用此手姿，这是带有挑衅、轻浮之举。

> **课堂任务**
>
> 手姿训练：两人一组进行手姿练习，包括请、招呼他人、挥手道别、指引方向、递接物品剪子、文件）、鼓掌、展示物品等手姿，并互相纠正。

六、表情

美国心理学家登布在其《推销员如何了解顾客心理》一文中说："假如顾客的眼睛朝下看，脸转向一边，表示你被拒绝了；假如他的嘴唇放松，笑容自然，下颚向前，则可能会考虑你的提议；假如他对你的眼睛注视几秒钟，嘴角以至鼻翼部位都显出微笑，笑得很轻松，而且很热情，这项买卖就做成了。"由此可见，面部表情在传情达意方面有着重要的作用。面部表情作为丰富且复杂的体态语的一个重要方面，它包括脸色的变化、肌肉的收展以及眉、鼻、嘴等的动作。下面主要介绍眼神和微笑。

（一）眼神

俗话说："眼睛是心灵的窗户"，眼睛是人体传递信息最有效的器官，而且能表达最细微、最精妙的差异，显示出人类最明显、最准确的交际信号。正如著名印度诗人泰戈尔所说："在眼睛里，思想敞开或是关闭，放出光芒或是没入黑暗，静悬着如同落月，或者像忽闪的电光照亮了广阔的天空。那些自有生以来除了嘴唇的颤动之外没有语言的人，学会了眼睛的语言，这在表情上是无穷无尽的，像海一般的深沉，天空一般的清澈，黎明和黄昏，光明与阴影，都在自由嬉戏。"据研究，在人的视觉、听觉、味觉、嗅觉和触觉感受中，唯独视觉感受最为敏感，人由视觉感受的信息占总信息的 83%。在汉语中用来描述眉目表情的成语就有几十个，如"眉飞色舞"、"眉目传情"、"愁眉不展"、"暗送秋波"、"眉开眼笑"、"瞠目结舌"、"怒目而视"……这些成语都是通过眼神来反映人们的喜、怒、哀、乐等情感，人的七情六欲都能从眼睛这个神秘的器官内显现出来。

眼神主要由注视的时间、视线的位置和瞳孔的变化 3 个方面组成。

1. 注视的时间

据有人调查研究，人们在交谈时，视线接触对方脸部的时间约占全部谈话时间的 30%～60%，超过这一平均值，可认为对谈话者本人比谈话内容更感兴趣；低于平均值，则表示对谈话内容和谈话者本人都不怎么感兴趣。不难想象，如果谈话时心不在焉、东张西望，或只是由于紧张、羞怯不敢正视对方，目光注视的时间不到谈话的 1/3，这样的谈话，必然难以被人接受和信任。当然，必须考虑到文化背景，如南欧人注视对方可能会造成冒犯。

2. 视线的位置

人们在社会交往中，不同的场合和对象，目光所及之处也是有差别的。有的人在与比较陌生的人打交道时，往往因为不知把目光怎样安置而窘迫不安；已被人注视而将视线移开的人，大多怀有相形见绌之感；仰视对方，一般体现"尊敬、信任"的语义；频繁而又急速地转眼，是一种反常的举动，常被用作掩饰的一种手段。当然，如果死死地盯着对方是极不礼貌，而东张西望则显得漫不经心。

3. 瞳孔的变化

瞳孔的变化是指视觉接触时瞳孔的放大或缩小。心理学家往往用瞳孔变化大小的规律，来测定一个人对不同事物的兴趣、爱好、动机等。兴奋时，人的瞳孔会扩张到平常的 4 倍大；相反，生气或悲哀时，消极的心情会使瞳孔收缩到很小，眼神必然无光。所谓"脉脉含情"、"怒目而视"等都多与瞳孔的变化有关。所说，古时候的珠宝商人已注意到这种现象，他们能窥视顾客的瞳孔变化而猜测对方是否对珠宝感兴趣，从而决定是抬高价钱还是跌价。

在社交过程中，与朋友会面或被介绍认识时，可凝视对方稍久一些，这即表示自信，也表示对对方的尊重。双方交谈时，应注视对方的眼鼻之间，表示重视对方及对其发言感兴趣。当双方缄默不语时，就不要再看着对方，以免加剧因无话题本来就显得冷漠、不安的尴尬局面。当别人说了错话或显得拘谨时，请马上转移视线，以免对方把自己的眼光误认为是对其的嘲笑和讽刺。如果你希望在争辩中获胜，那就千万不要移开目光，直到对方眼神转移为止。送客时，要等客人走出一段路，不再回头张望时，才能转移目送客人的视线，以示尊重。

在谈判中也很讲究眼神的运用。一方让眼镜滑落到鼻尖上，眼睛从眼睛上面的缝隙中窥探，就是对对方鄙视和不敬的情感表露。一方在不停地转眼珠，就要提防他在打什么新主意。双目生辉、炯炯有神，是心情愉快、充满信心的反映，这种眼神在谈判中有助于获得对方的信任并达成合作。相反，双眉紧锁、目光无神或不敢正视对方，都会被对方认为无能，可能导致对自己不利的结果。

眼神还可传递其他信息，无法将视线集中在对方身上或很快收回视线的人，多半属于内向型性格。视线活动多且有规则，表明其在用心思考。听别人讲话，一面点头，一面却不将视线集中在谈话人身上，表明其对此话题不感兴趣。说话时对方将视线集中在你身上的人，表明他渴望得到你的理解和支持。游离不定的目光传递出来的信息是心神不宁或心不在焉。

眼神能够表达出异常丰富的信息，但微妙的眼神时是只可意会，难以言传，只能靠自己在社会实践中用心体察、积累经验、努力把握，方能在社交中灵活运用眼神。

（二）微笑

著名画家达·芬奇的杰作《蒙娜丽莎》是文艺复兴时期最出色的肖像作品之一。画中女士的微笑给人以美的享受，使人们充满对真善美的渴望，至今让人回味无穷。

微笑，是一种特殊的语言——情绪语言。它可以和有声语言及行动相配合，起到"互补"的作用，从而沟通人们的心灵，给人以美好的享受。人们的工作和生活中离不开微笑，社交中更需要微笑。

微笑是世界通用的体态语，它超越了民族和文化的差异。微笑是人人都喜爱的体态语，正因为如此，无论是个人和组织，都充分重视微笑及其作用。

美国有一个城市被称为微笑之都，它就是爱达荷州的波卡特洛市，该市通过一项法令，规定全体市民不得愁眉苦脸或拉长面孔，否则违者将被送到"欢容遣送站"去学习微笑，直到学会微笑为止。波卡特洛市每年都举办一次"微笑节"，可以想象，"微笑之都"的市民的微笑决不比"蒙娜丽莎"逊色。

世界著名的希尔顿饭店的总经理希尔顿，每当遇到员工时，都要询问这样一句话："你今天对顾客微笑了没有？"他指出："饭店里第一流的设备重要，而第一流服务员的微笑更重要，如果缺少服务员的美好微笑，好比花园里失去了春日的太阳和春风。

假如我是顾客，我宁愿住进虽然只有破旧地毯，却处处可见到微笑的饭店，而不愿走进只有一流设备而不见微笑的地方。"正是因为希尔顿深谙微笑的魅力，才使希尔顿饭店誉满全球。

近年来，日本许多公司员工都在业余时间参加"笑"的培训，他们认为这样可以增强企业内部凝聚力，改善对外服务，提高企业效益。根据日本传统，无论男人和女人，遇到高兴、悲伤或愤怒时，都必须学会控制情绪，以保持集体和睦。因为日本人认为藏而不露是一种美德。但自从日本经济进入衰退期后，生意越来越难做，商家竞争日趋激烈。于是乎，为招揽顾客，日本商家，特别是零售业和服务业，新招迭出。其中之一就是让员工笑脸迎客。在今日的日本，数以百计的"微笑学校"应运而生。日本一些公司的员工一般在下班后去学校接受培训，时间为 90 分钟，连续受训一个星期。据称，经过微笑培训，日本不少公司的销售额"直线上升"。日本许多公司招工时，都把会不会"自然地微笑"作为一个重要条件。

微笑是有规范的，一般要注意四个结合。

（1）口眼结合。要口到、眼到、神色到，笑眼传神，微笑才能扣人心弦。

（2）笑与神、情、气质相结合。这里讲的"神"，就是要笑得有情入神，笑出自己的神情、神色、神态，做到情绪饱满，神采奕奕；"情"，就是要笑出感情，笑得亲切、甜美，反映美好的心灵；"气质"就是要笑出谦逊、稳重、大方、得体的良好气质。

（3）笑与语言相结合。语言和微笑都是传播信息的重要符号，只有注意微笑与美好语言相结合，声情并茂，相得益彰，微笑方能发挥出它应有的特殊功能。

（4）笑与仪表、举止相结合。以笑助姿、以笑促姿，形成完整、统一、和谐的美。

尽管微笑有其独特的魅力和作用，但若不是发自内心的真诚的微笑，那将是对微笑语的亵渎。有礼貌的微笑应是自然的坦诚，内心真实情感的表露。否则强颜欢笑，假意奉承，那样的"微笑"则可能演变为"皮笑肉不笑"、"苦笑"。例如，拉起嘴角一端微笑，使人感到虚伪；吸着鼻子冷笑，使人感到阴沉；捂着嘴笑，给人以不自然之感。这些都是失礼之举。

总之，在商务交际活动中，每个人的举止、动作、表情，均与个人的教养、风度有关，优雅的举止仪态能显示出卓越的礼仪修养，从而给交往对象留下良好的印象。

▌课堂任务▐

1. 眼神训练

（1）睁大眼睛训练：有意识地练习睁大眼睛的次数，增强眼部周围肌肉的力量。

（2）转动眼球训练：头部保持稳定，眼球尽最大努力向四周做顺时针和逆时针 360° 转动，增强眼球的灵活性。

（3）视点集中训练：点上一支蜡烛，视点集中在蜡烛火苗上，并随其摆动，坚持训练可使目光集中、有神，眼球转动灵活。

（4）目光集中训练：眼睛盯住 3 米左右的某一物体，先看外形，逐步缩小范围到物体的某一部分，再到某一点，再到局部，再到整体。这样可以提高眼睛明亮度，使眼睛十分有神。

2. 微笑训练

两人一组进行微笑训练，互相纠正不恰当的微笑。

开阔眼界

微笑训练法

（1）情绪记忆法，即将自己生活中，最高兴的事件中的情绪储存在记忆中，当需要微笑时，可以想起那件最令你兴奋的事件，脸上会流露出笑容。注意训练微笑时，要使双颊肌肉用力向上抬，嘴里念"一"音，用力抬高口角两端，注意下唇不要过分用力。普通话中的"茄子"、"田七"、"前"等的发音也可以辅助微笑口型的训练。

（2）对着镜子练习微笑，调整自己的嘴形，注意与面部其他部位和眼神的协调，做最使自己满意的微笑表情，到离开镜子时也不要改变它。

（3）练习微笑之前要忘掉自我和一切烦恼，让心中充满爱意。

（4）训练时可以配上优美的音乐，放松心情，减轻单调、疲劳之感。

实践任务

实训项目五 仪态

【实训目标】

通过实训，掌握规范的坐姿，自纠错误，直至形成习惯。

【实训要求】

准备一间形体训练室，四面墙安装长度及地的镜子，能从头到脚照到训练人员。

【实训口号】

行为举止是心灵的外衣！

【实训内容】

一、手、臂的训练

实训内容	操作标准	基本要求
正常垂放	具体做法有以下 7 种 1. 双手指尖朝下，掌心向内，手臂伸直后分别紧贴两腿的裤线处 2. 双手伸直后自然相交于小腹之处，掌心向内，一只手在上、一只手在下叠放在一起 3. 双手伸直自然相交小腹之处，掌心向内，一	自然优雅，规范适度，五指伸直并合拢，掌心斜向上，腕关节伸直，手与前臂成直线，以肘关节为轴弯曲 140 度左右为宜手掌与地面形成 45 度

实 训 内 容	操 作 标 准	基 本 要 求
正常垂放	只手在上、一只手在下相交 　4. 双手伸直后自然相交于手背后，掌心向外，两只手相握 　5. 一只手紧贴裤线自然垂放，另一只手略弯曲向内搭在腹前 　6. 一只手掌心向外背在背后，另一只手略弯曲，掌心向内搭在腹前 　7. 一只手紧贴裤线自然垂放，另一只手掌心向外背在背后	自然优雅，规范适度，五指伸直并合拢，掌心斜向上，腕关节伸直，手与前臂成直线，以肘关节为轴弯曲140度左右为宜手掌与地面形成45度
自然搭放	1. 在站立服务时，身体应尽量靠近桌面或柜台，上身挺直；两臂稍微弯曲，肘部朝外，两手以手指部放在桌面或柜台上，指尖朝前，拇指与其他四指稍有分离，并轻搭在桌子或柜台边缘。应注意不要距离桌子或柜台过远，同时还要根据桌面高矮调整手臂的弯曲程度，尽量避免将上半身趴伏在桌子或柜台上，将整个手掌支撑在桌子、柜台上 　2. 以坐姿服务时，将手部自然搭放在桌子上，身体趋近桌子或柜台，尽量挺直上身；除采取书写、计算、调试等必要动作时，手臂可摆放于桌子或柜台之上外，最仅以双手手掌平放于其上；将双手放在桌子或柜台上时，双手可以分开、叠放或相握，但不要将胳膊支起来，或是将手放在桌子或柜台之下	不可将桌子或柜台作为支撑身体的用途
手持物品	1. 稳妥 2. 自然 3. 到位 4. 卫生	身体其他部位姿势规范，与手姿动作协调
递送物品	1. 双手为宜 2. 递到手中 3. 主动上前 4. 方便接拿 5. 尖、刀向内	
展示物品	1. 便于观看 2. 操作标准 3. 手位正确	
打招呼	1. 要使用手掌 2. 要掌心向上，而不宜掌心向上	
举手致意	1. 面向对方。举手致意时，应全身直立，面向对方，至少上身与头部要朝向对方，在目视对方的同时，应面带笑容 　2. 手臂上伸。致意时应手臂自下而上向侧上方伸出，手臂可略有弯曲，也可全部伸直	

63

实 训 内 容	操 作 标 准	基 本 要 求
举手致意	3. 掌心向外。致意时必须掌心向外，即面向对方，指向朝向上方；同时，切忌伸开手指	
握手	1. 注意先后顺序 2. 注意用力大小 3. 注意时间长度 4. 注意相握方式	
挥手道别	1. 身体站直。尽量不要走动、乱跑，更不要摇晃身体 2. 目视对方。目送对方远去直至离开，若不看道别对象，便会被对方理解为"目中无人"或敷衍了事 3. 手臂前伸。道别时，可用右手，也可双手并用，但手臂应尽力向前伸出，注意手臂不要延伸得太低或过分弯曲 4. 掌心朝外。挥手道别时，要保持掌心向外，否则是不礼貌的 5. 左右挥动。挥手道别时，要将手臂向左右两侧轻轻地来回挥动，尽量不要上下摆动	
引导手姿	1. 横摆式:手位高度齐腰高，用于引导表示"请"时的手势 2. 斜摆式:请对方落座。座位在哪，手姿指到哪 3. 直臂式（专业引导手势）:适合于给对方指引方向。手臂伸直与肩同高 4. 曲臂式:适用于单手持物或扶门时，需向对方做"请"的手势 5. 双臂式:适用于面对众人做"请"的手势	

二、表情的训练

（1）眼神。眼神操作规范如下。

实 训 内 容	操 作 标 准
注视的部位训练	1. 注视对方的眼神。表示自己对对方全身贯注，在问候对方、听取诉说、征求意见、强调要点、表示诚意、向人道歉与人道别时，都应注视对方的双眼，但时间不宜过长，一般以3~5秒的时间为宜 2. 注视对方的面部。最好是注视对方的眼鼻三角区，而不要聚集于一处，以散点柔视为宜 3. 注意对方的全身。同服务对象距离较远时，服务人员一般应当以对方的全身为注意点，尤其是站立服务时，往往如此 4. 注意对方的局部。服务人员在工作中往往因为实际需要，而多加注视客人身体的某一部分。例如，在递送物品时，应注视对方的手臂
注视的角度训练	1. 正视对方。在注视他人时，与其正面相对，同时还需将上身前部朝前对方，表示尊重对方

续表

实 训 内 容	操 作 标 准
注视的角度训练	2．平视对方。在注视他人时，身体与对方处于相似的高度，表示出双方地位平等，与本人的不卑不亢 3．仰视对方。在注视他人时，本人所处位置比对方低，则需抬头仰望对方，可给对方重视信任之感

注意要点。

① 宾客沉默不语，不用盯着客人，以免加剧对方不安的尴尬局面。

② 在工作岗位上为多人提供服务时，通常要巧妙地运用自己的眼神，对每一位服务对象予以兼顾，既要按照先来后到的顺序对先来的客人多加注视，又要同时以略带歉意、安慰的眼神环视一下等候在身旁的其他客人，这样既表现出善解人意与一视同仁，又可以让后到的客人感到宽慰，使其不产生被疏忽、被冷漠的感觉。

③ 在注视客人时，视觉要保持相对稳定，即使需要有所变化，也要注意自然，切忌对客人上上下下、反反复复地进行扫视，以免使客人感到被批评。

④ 在服务过程中，要特别注意不能使用向上看的目光，这种目光给人以目中无人、骄傲自大的感觉。更不能东张西望，给人以缺乏教养、不懂尊重别人的印象。

（2）微笑。微笑的操作规范如下。

实 训 内 容	操 作 标 准	基 本 要 求
微笑	嘴角微微向上翘起，让嘴唇略呈弧形，在不牵动鼻子、不发出笑声、不露出牙齿的前提下轻轻一笑	1．默念英文单词 Cheest，英文字母 G 或普通话"茄子" 2．对着镜子自我调侃

注意要点。

① 微笑的要领。面含笑意，但笑容不可太显著。

② 要做到目光柔和发亮，双眼略为睁大，眉头自然舒展，眉头自然微微向上扬起。

③ 微笑时要力求表里如一。微笑不仅只挂在脸上，而是需要发自内心，做到表里如一，否则就成了"皮笑肉不笑"。微笑一定要有一个良好的心境与情绪作为前提，否则将会陷入勉强尴尬而笑的境地。

④ 微笑需兼顾服务场合。例如，在下列情况下，微笑是不允许的：第一，进入气氛庄严的场所时；第二，顾客满面哀愁时；第三，顾客有某些先天的生理缺陷时；第四，顾客出了洋相而感到极其尴尬时。

在上述情况下，如果面露微笑，往往会使自己陷于十分不利和被动的处境。

（3）眉语。眉语的操作规范如下。

实 训 内 容	操 作 标 准
眉语	服务人员的眼睛、眉毛要保持自然而舒展，说话时不要过多地牵动眉毛，要给人以庄重、自然、典雅之感

【模拟演练】

观察和体会优秀影视剧中演员和节目主持人的站姿、坐姿、行姿、蹲姿、手姿、眼神、微笑等各种仪态。

模块小结

1. 仪态又称"体态",是指一个人的身体姿态和风度。姿态是指一个人的身体所显现出来的样子,如站立、行走、弓身、就座等。而所谓风度,则是指一个人内在气质的外在表现。

2. 站姿的要领:一是平,即头平正、双肩平、两眼平视;二是直,即腰直、腿直,后脑勺、背、臀、脚后跟成一条直线;三是高,即重心上拔,看起来显得高。

3. 行姿的注意事项:切忌身体摇摆,双手不可乱放,目光注视前方,脚步干净利索,有急事莫奔跑,走路要用腰力,同行不要排成行。

4. 一般来说,眼神主要由注视的时间、视线的位置和瞳孔的变化 3 个方面组成。

5. 微笑是有规范的,一般要注意 4 个结合,即口眼结合,笑与神、情、气质相结合,笑与语言相结合,笑与仪表、举止相结合。

综合练习

1. 标准站姿的要求有哪些?
2. 标准坐姿的要求有哪些?
3. 试述行姿的规范要求。
4. 常见的蹲姿方式有哪几种?
5. 人的手姿一般可分为哪几种?
6. 一般来说,眼神主要是由哪几个方面组成的?

项目三

商务交往礼仪

模块六 商务语言交际

应知导航

学习本模块要掌握交谈的技巧；了解闲谈的含义与作用；掌握 7 类礼貌用语；掌握发问与闲谈的技巧。能够熟练地运用这些技巧进行商务交谈，是学习商务交谈礼仪的最终目的。

案例引入

美国某公司是昌盛玩具公司的大客户，当美国公司的经理到中国来考察的时候，昌盛公司的总经理张经理做了充分的准备，想要好好接待这位来自大洋彼岸的合作伙伴，并顺便洽谈一笔大生意。

当美国公司的经理来到昌盛公司考察时，接待工作井然有序，一切都很顺利。晚上，张经理如释重负，正准备好好休息以应对明天与美国经理的谈判。这时张经理的秘书打来电话说，美国经理晚上突然开始发脾气，并声称要取消明天的谈判。

于是，张经理急匆匆地来到美国经理下榻的广东国际大酒店，仔细询问秘书到底哪里出了岔子，但秘书也不知道自己哪里做错了。最后经张经理仔细查看才发现，这位美国经理被安排在广东国际大酒店 1313 号房间。他知道在西方人的传统文化和风俗习惯中，"13"不是一个吉利的数字。弄清了美国经理不满的原因，张经理想到了补救的办法。

在见到满面怒容的美国经理后，张经理当什么也没有发生过，动情地说："贵公司与我们合作已经五六年，彼此都信任对方，而且互相为对方着想，才成为友好的合作伙伴……"张经理与美国经理的谈话内容都是发自内心的，这使美国经理感到亲切和被理解的愉快，他开始转怒为笑。"有件事很抱歉我们疏忽了，没想到西方对'13'有避讳，"张经理风趣地说，"不过我们中国人有个笑话，一个人怕鬼的时候，越想越怕，等他不怕鬼了，到处上门去找鬼，鬼也就不可怕了，而西方的'13'正像中国的鬼。"众人听罢哈哈大笑，一场可能泡汤的生意就这样在谈笑中化解了。

美国前哈佛大学校长伊立特曾说："在造就一个有修养的人的教育中，有一种训练必不可少，那就是优美、高雅的谈吐。"交谈是交流思想和表达感情最直接、最快捷的途径。在人际交往中，因为不注意交谈的礼仪规范，或用错了一个词，或多说了一句话，或不注意词语的色彩，或选错话题等而导致交往失败或影响人际关系的事，时有发生。因此，在交谈中必须遵从一定的礼仪规范，才能达到双方交流信息，沟通思想的目的。

一、交谈的技巧

（一）语言技巧

语言作为人类的主要交际工具，是沟通不同个体心理的桥梁。交谈的语言技巧包括以下几个方面。

1. 准确流畅

在交谈时如果词不达意、前言不搭后语，很容易被人误解，达不到交际的目的。因此，在表达思想感情时，应做到口音标准、吐字清晰，说出的语句应符合规范，避免使用似是而非的语言。应去掉过多的口头语，以免语句割断。语句停顿要准确，思路要清晰，谈话要缓急有度，从而使交流活动畅通无阻。

语言准确流畅还表现在让人听得懂，因此言谈时尽量不用书面语或专业术语。

2. 委婉表达

交谈是一种复杂的心理交往过程，人的微妙心理和自尊心往往在里面起重要的控制作用，触及它，就有可能产生不愉快。因此，对一些只可意会不可言传的事、人们回避忌讳的事、可能引起对方不愉快的事，都不能直接陈述，而只能用委婉、含蓄的语言来表达。常见的委婉说话方式有：避免使用主观武断的词语，如"只有"、"一定"、"唯一"、"就要"等不带余地的词语，要尽量采用与人商量的口气；先肯定后否定，

学会使用"是的……但是……"这个句式，把批评的话语放在表扬之后，就显得委婉一些；间接地提醒他人的错误或拒绝他人。

3. 掌握分寸

谈话要有放有抑有收，不过头，不嘲弄，把握"度"；谈话时不要唱"独角戏"，夸夸其谈，忘乎所以，不让别人有说话的机会；谈话要察言观色，注意对方情绪，对方不爱听的话少讲，一时接受不了的话不急于讲。开玩笑要看对象、性格、心情、场合，一般来讲，不随便与女性、长辈、领导开玩笑，一般不与性格内向、多疑、敏感的人开玩笑，当对方情绪低落、心情不愉快时不开玩笑，在严肃的场合以用餐时不开玩笑。

4. 幽默风趣

交谈本身就是一个寻求一致的过程，在这个过程中常常会出现不和谐的地方而产生争论或分歧。这就需要交谈者随机应变，凭借机智抛开或消除障碍。幽默可以化解尴尬局面或增强语言的感染力，它建立在说话者高尚的情趣、较深的涵养、丰富的想象、乐观的心境、对自我智慧和能力自信的基础上，它能够使语言表达既诙谐，又入情入理。

（二）使用礼貌用语

使用礼貌用语是人类文明的标志，也是全世界共同的心声。使用礼貌用语不仅会得到人们的尊重，提高自身的信誉和形象，而且还会对自己的事业起到良好的辅助作用。人们常用的礼貌用语为十个字："请"、"谢谢"、"你好"、"对不起"、"再见"。在实际的社会交往中，日常礼貌用语远不止这十个字。归结起来，主要可划分为如下几个大类。

1. 问候语

人们在交际中，根据交际对象、时间等的不同，常采用不同的问候语。例如，在我国实行计划经济的年代，由于经济发展水平不高，人们面临的首要问题是温饱问题，因而人们见面的问候语是："你吃了吗？"今天，在我国的不发达的农村，这句问候语仍然比较普遍，而经济比较发达的农村和城市，人们见面时的问候语是"您好"、"您早"等。在英国、美国等说英语的国家，人们见面的问候语根据见面的时间、场合、次数等不同而有所区别。

2. 欢迎语

交际双方一般在问候之后常用欢迎语。世界各国的欢迎语大都相同，如"欢迎您"（Welcome You），"见到您很高兴"（Nice to meet You），"再次见到您很愉快"（It is nice to see you again）。

3. 回敬语

在社会交往中，人们常常在接受对方的问候、欢迎或鼓励、祝贺之后，使用回敬语以表示感谢。由此，回敬语又可称为致谢语。回敬语的使用频率较高，使用范围较广。通常情况下，只要你受到了对方的热情帮助、鼓励、尊重、赏识、关心、服务等

69

都可使用回敬语。在我国使用频率最高的回敬语是"谢谢"、"多谢"、"非常感谢"、"麻烦您了"、"让你费心了"等。在西方国家回敬语的使用要比中国更为广泛而频繁。在公共交往中，凡是得到别人提供的服务都要说声谢谢，否则是失礼行为。

4. 致歉语

在社会交往过程中，常常会出现由于组织的原因或是个人的失误，给交际对象带来了麻烦、损失，或是未能满足对方的要求和需求，此时应使用致歉语。常用的致歉语有"抱歉"或"对不起"（Sorry），"很抱歉"（Very sorry, so sorry），"请原谅"（Pardon），"打扰您了，先生"（Sorry to have bothered you, sir），"真抱歉，让您久等了"（So sorry to keep you waiting so long）等。

真诚的道歉犹如和平的使者，不仅能使交际双方彼此谅解、信任，而且有时还能化干戈为玉帛。道歉的方式很多，道歉时可采用委婉的手法。例如，今天的交际对象是你以前曾经冒犯过的人，那么你可以说："真是不打不相识啊，俗话说得好，不是冤家不聚头，来让我们从头开始!"道歉并非降低你的人格，及时得体的道歉也充分反映出你的宽广胸襟、真诚情感和敢于承担责任的勇气。

有些时候，如果由于组织的原因或个人原因给交际对象造成一定的物质上、精神上的损失或增加了心理上的负担，在道歉的同时还可赠送一些纪念品、慰问品以示诚心道歉。

5. 祝贺语

在交际交往过程中，如果你想与交际对象建立并保持友好的关系，就应该时刻关注交际对象，并与他们保持经常性联系。例如，当你的交际对象过生日、加薪、晋升或结婚、生子、寿诞，或是你的客户开业庆典、周年纪念、有新产品问世或获得大奖等，你可以用各种方式表示祝贺，共同分享快乐。

祝贺用语很多，可根据实际需要进行选择，如节日祝贺语"祝您节日愉快"（Happy the festival），生日祝贺语"祝您生日快乐"（Happy birthday）等。

此外还可通过贺信，在新闻媒介刊登广告等形式祝贺。如"庆祝大连国际服装节隆重开幕!"、"××公司恭贺全国人民新春快乐!"等。总之，在当今社会，适时使用祝贺用语，对交际来说有百益而无一害。

6. 道别语

交际双方在分手时，人们常常使用道别语，最常用的道别语是"再见"（Goodbye）；若是事先约好了见面的时间可说"回头见"（See you later）、"明天见"（See you tomorrow）。中国人道别时的用语很多，如"走好"、"慢走"、"再来"、"保重"等。英美等国家的道别语有时比较委婉，常常有祝贺的性质，如"祝你做个好梦"、"晚安"等。

7. 请托语

在日常用语中，人们出于礼貌，常常用请托语，以示对交际对象的尊重。最常用的是"请"，其次，人们还常常使用"拜托"、"劳驾"、"借光"等，在英美等国家，人们在使用请托语时，大多带有征询的口气，如英语中最常用的"Will you please ……?""Can I help you?"（你想买点什么？）"Could I be of service?"（能为您做点什么？）以及在打扰对方时常使用"Excuse me"，也有征求意见之意。日本人常用的请托语是"请多关照"。

┃课堂任务┃

　　分组设计交际场景并演示，在交际过程中要使用礼貌用语，并注意使用礼貌用语时的正确身体姿态和面部表情。

二、交谈的内容

（一）话题

　　所谓话题，是指人们在交谈中所涉及的题目范围和谈话内容。换言之，话题是一些由相对集中的同类知识、信息构成的谈话资料及其相应的语体方式、表述语汇和语气风格的总和。在人际交往中，学会选择话题，就能使谈话有个良好的开端。

1. 宜选的话题

　　（1）应选既定的话题，即交谈双方业已约定，或者一方先期准备好的话题，如征求意见、传递信息、研究工作等。

　　（2）选择内容文明，格调高雅的话题，如文学、艺术、哲学、历史、地理、建筑等，这类话题适合各类交谈，但忌不懂装懂。

　　（3）选择轻松的话题，这类话题适用于非正式交谈，允许各抒己见，任意发挥，主要包括文艺演出、流行时装、美容美发、体育比赛、电影电视、休闲娱乐、旅游观光、名胜古迹、风土人情，名人轶事、烹饪小吃、天气状况等。

　　（4）选择时尚的话题，即以此时此刻正在流行的事物作为谈论的中心，这类话题变化较快，不太好把握。

　　（5）选择擅长的话题，尤其是交谈对象有研究、有兴趣的话题。例如，青年人对于足球、通俗歌曲、电影电视的话题较多关注；而老年人对于健身运动、饮食文化之类的话题较为熟悉；公职人员关注的多是时事政治、国家大事，而普通市民则更关注家庭生活、个人收入等；男人多关心事业、个人的专业，而女人则对家庭、物价、孩子、化妆、衣料、编织等更容易津津乐道。

　　在交谈时要注意交谈的话题要有所忌讳。在交谈中，若双方是初交，则有关对方年龄、收入、婚恋、家庭、健康、经历涉及个人隐私的话题，切勿加以谈论。

2. 扩大话题储备

　　由于人们的经历、职业、兴趣和学习状况不同，每个人所掌握的话题状况各不相同，都有一定的局限性，因此必须尽量扩大话题储备。为此，要有知识储备。对于掌握话题广度影响最大的是自身的学习状况和进取精神。一个人如果有理想、有追求，思想境界高，而且肯下工夫学习，爱读书看报，并关注社会现实生活，有较多的朋友，把看到、听到的东西，有意识地加以记忆和积累，就会变得学识渊博，时事政策、天文地理、政治外交、文艺体育、花鸟鱼虫、音乐美术几乎无所不知，由于视野开阔，谈话内容和知识面自然会比别人宽得多。

（二）发问

发问是交谈的一项重要内容，在交谈中要注意发问的方式，问得其所，问到所需。

1. 认清对象，问话适宜

不同的对象，性格特征也不一样，有的开朗外向，能言善辩；有的严肃内向，不善言辞。对前者提问可以开门见山，连连发问，而对后者，则要善于引发诱导，由浅入深，启发对方把心里话说出来。不同的对象也有着不同的学识、阅历，作为提问者应先了解对方的背景，适当地发问，且不可问对方不懂的问题，使其感到难堪。总之，要针对不同对象采用不同的对策进行提问，让对方轻松自如地说出你想获得的信息。

2. 抓住关键，讲究技巧

发问还要注意问题不要过于笼统，缺乏逻辑性，以免对方难以开口或一开口就无法讲下去。对敏感性较强的问题，正面发问往往效果不佳，若能转化成具体的、侧面的问题，则有利于对方坦率地说出自己的想法。发问的措词也有讲究，要想知道所需的信息，就必须注意提问的措词。例如，有一个教士问主教："我在祈祷时可以抽烟吗？"这个请求遭到主教的断然拒绝。另一名教士也去问他的主教："我在抽烟时能祈祷吗？"他的抽烟请求得到了允许。可见，提问的技巧很有讲究。

（三）闲谈

在交际场合中，闲谈可以帮助你与别人建立亲密的关系，缓和紧张气氛。会帮你树立一个平易近人的良好形象，让别人从你的闲谈中感受你的见多识广，了解你的性格，并建立私人关系。你也可以从闲谈的过程中知晓各种有益的商业信息。闲谈能反映一个人的知识、修养、追求与爱好。善于与别人闲谈的人往往能得到别人的喜欢，获得更多的朋友。

1. 闲谈的含义

闲谈是指社交人士在见面之后、谈判之前随意、轻松、简短地谈论一些无关的话题，以达到交流的目的或缓和气氛的目的。

人们往往在办公室的门厅、走廊、班车上相遇时，免不了要随便聊一聊，找一些共同关心的话题来说一说，以交流感情和沟通信息。有一定闲谈的技巧可以为你建立更宽广的人际关系网，树立一个平易近人的形象。员工与老板的闲谈可以多一些让老板熟悉你、了解你的机会，尤其对那些新人，更是需要这些机会；反过来老板经常与员工闲谈可以发现工作中的问题，可以树立一个关心下属、和蔼可亲的领导形象。

2. 闲谈的作用

不要认为闲谈是无关的事情，掌握好闲谈的机会并能恰当地谈论一些话题，会对你和你所代表的组织有着重要的作用。

第一，闲谈可以为你和你的组织带来很重要的信息。很多时候，有用的信息是在与其他商务人员的闲谈中获得的。因为在工作中，没有时间去闲谈，谈话的内容也仅限于工作上的专业信息，而在闲谈的时候，每个人在彻底放松的情况下，可以无话不谈，这常常是获得重要信息的机会。

第二，闲谈可以为你和你的组织建立较广阔的商业关系网络。现在国外风行的关系营销就是指要通过一定的非正式的场合来建立组织与个人的商业关系。这种关系不是仅指双方在谈业务时的关系，而是在商谈业务之前或之后建立的熟悉的朋友式的关系，闲谈往往对这种关系的建立起着很重要的作用。例如，每天花几分钟时间给商业上的重要的客户打电话，让对方知道你是一个很有情趣的商业伙伴，而不是在用得着时候才想起了他。

第三，闲谈可以帮助你建立一个融洽的商务环境。通过闲谈可以缓和特定的商务环境的气氛。例如，第一次见面之后的寒暄、谈判之前友好气氛的创造，都需要短暂的闲谈。法国人在谈判的时候最喜欢一边谈一边聊，这与其民族的浪漫性有关。不会掌握洽谈前的闲谈气氛的主管，可能会被视为卤莽、迟钝或急躁。

3. 闲谈的技巧

（1）选择话题。在闲谈的时候一定要选择安全的话题，如谈一谈孩子的问题、天气状况、文化动态、交通堵塞、特价商品、环境问题、社会或城市等话题，不要涉及他人的收入、小道消息、私生活等话题，要避开办公室的有关公事。另外，最好找到双方共同感兴趣的话题，不要一味只顾自己高兴，而冷落了他人的参与，这是不礼貌的，也是没有交际技巧的表现。

（2）适时发问。在交谈中适时发问可以引起交谈按照某个目的继续进行，调整交谈的气氛，同时，在事先没有准备的情况下根据对方的身份、地位、场合、关系来决定你的提问，而使问题更得体。精妙的提问能使你获得需要的信息、知识和利益，并且证明你十分重视对方的谈话，从而激起对方的兴趣，向你提供更多的信息。

（3）注意反应。闲谈中要注意察言观色，当你提出问题后，对方避而不答或转移话题，则需要换一个对方感兴趣的话题。

（4）闲谈的语言要求。要注意礼貌对人，不要出语伤人，闲谈中临场发挥的特点决定了双方都要注意高度的机智性和灵活性，适当的幽默语言起着调节气氛的重要作用。

4. 闲谈中的注意事项

（1）不要随便打断对方的讲话。打断对方的讲话是不尊重对方的表现，应该等对方把话说完，再进行发言。

（2）避免行话、术语。在闲谈中，不要使用行话、术语和方言，尤其是对不同的文化背景的人，更应该注意。

（3）注意幽默的场合。在闲谈的时候，不要使用双方从来没有使用过的幽默，因为在你认为可笑的事情，在别人尤其是外国人，就不一定明白你讲的幽默有什么可笑之处，所以，当一方已经笑得前仰后合的时候，而另一方却不知道怎么回事，这种场合是很尴尬的。

（4）不要与别人抬杠、争执。在商务交往中，和气生财，和气才能广交朋友，因此不要与人发生无谓的争执，否则是不礼貌的。

（5）避免搬弄是非。在正式的商业场合中，一言一语都会成为影响商务交往的重要信息，因此，在闲谈中不要传播别人的信息，不要传播小道消息。

课堂任务

1. 请你指出在以下交谈中，男士犯了什么错误？

一男一女交谈。男士问："您多大呢？"女士不快："二十八岁。"男士问："有对象吗？"女士答："有。"男士又问："结婚了吗？"女士答："早结了。"男士再问："有孩子吗？"女士不答，非常不愉快！

_____

_____

2. 请你指出在以下闲谈中，男士犯了什么错误？并将答案填入表格。

休闲场所，两女士聊天。

甲女："昨天天津下雨了，很大。"

一男士插入："真的？"

两女士不理对方。

该男士又道："我怎么不知道？"

乙女："唐山昨天也下雨了。"

该男士又道："石家庄也下大雨了。"

所 犯 错 误	具 体 表 现

三、交谈的礼节

（一）交谈的态度

交谈的态度有两类，一类是良好可行的，另一类则是应极力避免的。

1. 成功交谈的7种态度

（1）感兴趣。对正在进行的谈话、谈话人及其所作所为表现一定的兴趣，不要只对熟人感兴趣，而应对参加谈话的所有人感兴趣。

（2）友好。成功的交谈需要友好的态度。如果你对在场的人表露不满，对其谈话挖苦讽刺，交谈通常难以进行下去。

（3）神情愉快。当你谈话时，应表现出愉快的心情，通过微笑表示兴趣和友好。

（4）有张有弛。在交谈中，有张有弛的活跃，也是成功的交谈所不可缺少的，人们从中可以得到轻松。

（5）随机应变。谈话的话题是经常变化的，一个成功的交谈者应随机应变。

（6）得体。交谈中说话要得体，避免触及敏感问题，不要因粗心造成对他人的伤害。

（7）谦恭有礼。许多无可辩驳的事实证明，一个成功的交谈者应谦恭有礼。

2. 交谈态度的7个不要

（1）不要武断。你应使自己的陈述显得和缓，力戒"所有"和"总是"这样的词，转而用"一些"和"有时"这些你认为有把握的词。还有一点更为重要的是，说话的语调也应尽力避免武断。

（2）不要有优越感。用一种优越于任何事和任何人的态度进行交谈会使你很快陷于孤立。你会因此失去与人交往的良机，成为孤家寡人。

（3）不要好斗。人们喜欢在拳击场上看到一场精彩的争斗，但没有人愿意在自己的客厅中接待一位好与人斗嘴的客人。

（4）不要无动于衷。当一个交谈者期望你能对其妙语有所反应时，你应有所表示，不要让他在整个谈话中唱独角戏。这样，既表现了你对他的尊重，也使交谈成为一种真正的交流。

（5）不要言过其实。赞扬别人时不要过分，不要虚构，要赞扬正确的事情。

（6）不要以自我为中心。交谈中应肯定地表达你的思想，不要给人以整个宇宙在围绕你转动的感觉。

（7）不要含糊其辞。说话不要含糊不清，而应清楚、响亮。人们只有听见并理解了你所说的话，才能懂得其中的意思，回答提出的问题。

（二）学做最佳听众

我国古代就有："愚者善说，智者善听"之说。听，可以从谈话对方获得必要的信息，领会谈话者的真实意图。如果不能认真地聆听，就无法了解和满足对方的需求，和谐的人际关系也只能是空谈，况且聆听本身还是尊重他人的表现。因此，应充分重视听的功能，讲究听的方式，追求听的艺术。

1. 要耐心

在对方阐述自己的观点时，应该认真地听完，并真正领会其意图。许多人在听的过程中，一听到与自己意见不一致的观点或自己不感兴趣的话题，或者因为产生了强烈的共鸣就禁不住打断对方或做出其他举动，致使他人思路中断、意犹未尽，这是不礼貌的表现。当别人正在讲话时，不宜插话，如必须打断，应适时示意并致歉后插话；插话结束时，要立即告诉对方"请您继续讲下去。"聆听中还应注意自己的仪表，不应该从自己的举止或姿态中流露出不耐烦、疲劳或是心不在焉的情绪，因为这样会伤害对方的自尊。

2. 要专心

在听对方说话时，应该目视对方，以示专心。要真正了解对方，语言只传达了部分信息，所以还应注意说话者的神态、表情、姿势以及声调、语气等非语言符号的变化，传递的非语言信息，以便全面、准确地了解对方的思想感情。同时，以专注的目光表示认真聆听，对说话者来说也是一种尊重和鼓励，可以使其感到自己谈话的重要性和必要性。

3. 要热心

在交谈中，强调在对方谈话时目视对方、认真专心地去听，并不是说聆听者完全被动地、默默地听。经验告诉人们，在说话时，如果对方面无表情、目不转睛地盯着谈话者看，便会使谈话者怀疑自己的仪表或讲话有什么不妥之处而深感不安。因此，聆听者在听取信息后，为使对方感到你的确在听而非发呆，可以根据情景，或微笑，或点头，或发出应答声，甚至可以适时插入一两点提问，如"哦，原来这样，那后来呢？"、"真的吗？"。这样就能够实现谈话者与聆听者不断地交流，形成心理上的某种默契，使谈话更为投机。

课堂任务

请回答以下问题以确定你与他人交流中的优缺点。1＝从不这样，2＝很少这样，3＝有时这样，4＝经常这样，5＝每次都这样。选择符合的项即得相应的分数。

（1）与人交谈时，我发言时间少于一半。

（2）交谈一开始我就能看出对方是轻松还是紧张。

（3）与人交谈时，我想办法让对方轻松下来。

（4）我有意识提一些简单问题，使对方明白我正在听，对他的话题感兴趣。

（5）与人交谈时，我留意消除引起对方注意力分散的因素。

（6）我有耐心，对方发言时不打断人家。

（7）我的观点与对方不一样时，我努力理解他的观点。

（8）我不挑起争论，也不卷入争论中。

（9）即使我要纠正对方，我也不会批评他。

（10）对方发问时，我简要回答，不做过多的解释。

（11）我不会突然提出令对方难答的问题。

（12）与人交谈时，前30秒钟我就把我的用意说清楚。

（13）对方不明白时，我会把我的意思重复一遍或换句话说一次，再不行就总结一下。

（14）我每隔若干时间问问对方有何反应，以确保他听懂我的意思。

（15）我发现对方不同意我的观点时，就停下来，问清楚他的观点。等他说完之后，我才就他的反对意见，发表我的看法。

将以上各题的得分相加，得出总分。

60～75分，你与人交谈的技巧很好。

45～59分，你的交谈技巧不错。

35～44分，你与人交谈时表现一般。

35分以下，你的交谈技巧较差。

通过以上测试找出自己语言交谈的薄弱环节，努力改进自己的谈话技巧，三个月后再进行测试，看看有多大的提高。

开阔眼界

交谈中常用的谦敬语

（一）谦敬称呼用语

称呼尊长可用老先生、老同志、老师傅、老领导、老首长、老伯、大叔、大娘等。

称呼平辈可用老兄、老弟、先生、女士、小姐、贤弟、贤妹等。

自谦可以用鄙人、在下等。

（二）事物谦敬用语

称姓名敬辞可用贵姓、尊姓大名、尊讳、芳名（对女性）等。

称年龄敬辞可用高寿（对老人）、贵庚、尊庚、芳龄（对女性）等。

住处可用府上、尊寓、尊府等。

见解可用高见、高论等。

身体可用贵体、玉体等。

（三）自谦辞

称姓名——草字、敝姓等。

称朋友——敝友等。

称住处——寒舍、舍下、蓬荜等。

称见解——愚见、拙见等。

称年龄——虚度××。

（四）谦敬祈使语

请人提供方便、帮助——借光、劳驾、有劳、劳神、费心、操心等。

托人办事——拜托。

麻烦或打断别人——打扰。

求人解答——请问。

劝告别人——奉劝。

请别人请大驾光临、欢迎光临、恭候光临。

请别人不要送——请留步。

请别人提意见——请指教、请赐教。

请别人原谅——请包涵、请海涵。

（五）谦敬欢迎用语

欢迎顾客——欢迎光顾、敬请惠顾。

欢迎客人——欢迎光临。

初次见面——久仰、久仰大名。

许多时未见——久违。

访问——拜访、拜望、拜见、拜谒。

没有亲自迎接——失迎、有失远迎。

自责不周——失敬。

拜别——告辞、拜辞。

送别——请留步、请回、不必远送。

中途辞别——失陪。

（六）其他谦敬用语

归还东西——奉还。

赠送东西——奉送。

陪伴——奉陪。

祝贺——恭贺。

请对方宽容——恕……

以上谦敬语，比较固定而且常用，使用时，要感情真挚，发自内心，再辅以表情、眼神和手势，以增强表现力，发挥更大的感染力量。

实践任务

实训项目六

【实训目标】

通过实训，能够正确地使用礼貌用语，体现对他人的尊重。

【实训要求】

准备职业装、摄像机及大屏幕教室；5～6人为一组进行考核练习，并用摄像机记录考核过程；回放考核过程，学生自我评价，教师总结点评学生存在的个性与共性问题。

【实训口号】

礼仪周全 能息事宁人。

【实训内容】

一、礼貌用语实训

实训项目	实训要求	操作规范
常用礼貌用语	能够准确而适当地使用礼貌用语	1. "您好" （1）可统一进行问候，不再一一具体到每个人，可问候对方"大家好！""各位午安！" （2）可采用"由尊而卑"的礼仪惯例，率先问候身份高者，然后问候身份低者

续表

实 训 项 目	实 训 要 求	操 作 规 范
常用礼貌用语	能够准确而适当地使用礼貌用语	（3）当被问者身份相似时，可以以"由近而远"为先后顺序，首先问候与本人距离近者，然后依次问候其他人 （4）问候语还常常会伴随欢迎的使用。例如，"您好，欢迎光临！"在必要时还须同时向被问者主动施以见面礼
		2. "请" （1）可以单独使用，也可与其他词搭配使用，并伴以适当手势 （2）适合情况：通常在请求他人做某事时，表示对他人关切或安抚时谦让时，要求对方给予配合时，希望得到他人谅解时，要求对方给予配合时，希望得到他人谅解时，都要"请"字当前
		3. "谢谢" （1）适合情况：在获得他人帮助时，得到他人支持时，赢得他人理解时，感到他人善意时，婉言谢绝他人时，受到他人赞美时使用 （2）使用时应面带微笑，目光注视对方 （3）必要时，要解释一下致谢的原因，这样不至于令对方感到茫然和不解
		4. "对不起" （1）适合情况：在工作之中，因种种原因而带给他人不便，或妨碍、打扰对方时，必须及时地向对方说"对不起" （2）可以单独使用。如果需要，它也可与其他礼貌用语组合在一起使用
		5. "再见" （1）适合情况：在分别时常用的一句告别语 （2）使用时应面带微笑，目视对方，如有必要可借助动作进一步表达依依惜别、希望重逢的意愿，如握手、鞠躬、摆手等
使用时应注意的问题	1. 注意使用时的面部表情	1. 面带微笑 2. 目光注视对方
	2. 注意使用时的身体姿态	1. 应站立说话 2. 应通过点头、简短的提问等表达对谈话的注意和兴趣

二、文明用语礼仪实训

实 训 项 目	实 训 要 求	操 作 规 范
文明用语	称呼恰当	1. 区分对象 （1）区分内宾和外宾。一般来说，对外宾要用国际通用的称呼，即对男性称先生，对女性称女士、小姐、夫人 （2）要注意区分内宾的传统称呼和现代称呼 2. 有主有次 （1）由尊而卑 （2）由近而远

续表

实训项目	实训要求	操作规范
文明用语	称呼恰当	3. 严防犯忌 （1）没有称呼 （2）使用不当的称呼
	口齿清晰	1. 语音标准 2. 语调柔和 3. 语速适中 4. 语气兼恭
	用词文雅	1. 不讲粗话 2. 不讲脏话 3. 不讲黑话 4. 不讲怪话 5. 不讲废话
	语言简洁	1. 简单明了，中心突出 2. 内容通俗易懂

文明语言考核要求如下：

项目考核	考核要求	是否做到	改进措施
文明用语	1. 称呼恰当	□是□否	
	2. 口齿清晰	□是□否	
	3. 用词文雅	□是□否	
	4. 语言简明	□是□否	

【模拟演练】

1. 观看几种访谈类电视节目，领会主持人与嘉宾的交谈技巧，并完成下列表格，写出自己的心得体会。

节　目	播放频道	主持人	节目特色	语言技巧	共同点

写出你的心得体会：

2. 试以你的同事或同学为对象，运用所学的话题开启技巧和倾听技巧，让他在你面前作"自如、畅快的倾诉"。

模块小结

1. 语言技巧主要包括准确流畅、委婉表达、掌握分寸、幽默风趣。

2. 礼貌用语包括问候语、欢迎语、回敬语、致歉语、祝贺语、道别语、请托语。

3. 所谓话题，是指人们在交谈中所涉及的题目范围和谈话内容。换言之，话题是一些由相对集中的同类知识、信息构成的谈话资料及其相应的语体方式、表述语汇和语气风格的总和。由于人们的经历、职业、兴趣和学习状况不同，每个人所掌握的话题状况各不相同，都有一定的局限性，因此必须尽量扩大话题储备。

4. 发问注意两点：认清对象，问得适宜；抓住关键，讲究技巧。

5. 闲谈是指社交人士在见面之后、谈判之前，随意、轻松、简短地谈论一些无关的话题，以达到交流的目的或缓和气氛的目的。

闲谈的作用：第一，闲谈可以为你和你的组织带来很重要的信息；第二，闲谈可以为你和你的组织建立较广阔的商业关系网络；第三，闲谈可以帮助你建立一个融洽的商务环境。

闲谈的技巧：（1）选择话题；（2）适时发问；（3）注意反应。

闲谈的语言要求：要注意礼貌对人，不要出语伤人，要注意机智幽默。

闲谈中的注意事项如下。

（1）不要随便打断对方的讲话。

（2）避免行话、术语。

（3）不要胡乱幽默。

（4）不要与别人抬杠、争执。

（5）避免搬弄是非。

6. 成功交谈的 7 种态度是：感兴趣、友好、神情愉快、有张有弛、随机应变、得体、谦恭有礼。

交谈态度的 7 不要是：不要武断、不要有优越感、不要好斗、不要无动于衷、不要言过其实、不要以自我为中心、不要含糊其辞。

7. 聆听的艺术：要耐心、要专心、要热心。

综合练习

1. 交谈的语言技巧有哪些？

2. 请列举礼貌用语。

3. 闲谈的作用是什么？试列举闲谈的技巧。

4. 结合实际事例，试论述闲谈中应注意的事项。

5. 对照交谈的 7 个不要，你自己能在日常讲话中完全避免吗？

6. 你的同学小王说话一直以来嗓门都很大，也从不顾及环境与别人，很多人为此对他侧目，请问：你作为他的朋友该怎么办？

7. 请熟练掌握礼貌用语和谦语，并在一整天的工作（学习）中自如地运用它。

模块七　商务会面礼仪

应知导航

学习本模块要了解称呼和介绍的概念；了解握手和致意的概念；了解名片的用途；了解鞠躬拥抱的礼仪；掌握通常的几种称呼；掌握介绍的时机；掌握握手的技巧。本模块重点是能正确运用称呼和介绍的礼仪，正确运用握手和致意的礼仪，正确运用名片。

案例引入

2006年6月，在廊坊举办的北方旅游交易会上，各方云集，企业家们济济一堂。某旅行社的高经理在交易合上听说另一国际旅行社的王董事长也来了，想利用这个机会认识这位素未谋面又久仰大名的旅游界名人。晚餐会上，高经理彬彬有礼地对王董事长说："王董事长，您好，我是××旅行社的总经理，我叫高杰，这是我的名片。"说着，便从随身带的公文包里拿出名片，递给了对方。王董事长显然还沉浸在之前的与人谈话中，他顺手接过高杰的名片，草草看过，回应了一句"你好"，便放在了一边的桌子上。委屈的高经理在一旁等了一会儿，并未见这位王董事长有交换名片的意思，便失望地走开了。

从这个案例中可以看出，高经理递送名片时是彬彬有礼的，但是由子没有掌握好谈话的时机，错过了与王董事长进一步交往与拓展业务的机会。

一个人在社会中如欲生存、发展，必须以各种形式与其他人进行交往。因为没有交往就难以合作；没有合作就难以生存、发展。对于交际，不但要积极参与，总结经验，汲取教训，更要重视基本交际礼节的学习，并在实践中正确地加以应用，这样才能备尝交际成功带来的欢乐。

一、称呼与介绍

（一）称呼

在社会交往中，交际双方见面时，如何称呼对方，直接关系到双方之间的亲疏、了解程度、尊重与否及个人修养。一个得体的称呼，可为以后的交往打下良好的基础，否则，不恰当或错误的称呼，可能会令对方心里不悦，影响到彼此的关系乃至交际的成功。

1. 通常的称呼

（1）称呼姓名。一般的同事、同学关系，平辈的朋友、熟人，均可彼此之间以姓名相称。例如，"王小平"、"赵大亮"、"刘军"。长辈对晚辈也可以如此称呼，但晚辈对长辈却不可这样做。为了表示亲切，可以在被称呼者的姓名前分别加上"老"、"大"、"小"字相称，而免称其名。例如，对年长于己者，可称"老张"、"大李"；对年幼与己者，可称"小吴"、"小周"。但这种称呼多在职业人士间常见，不适合在校学生。对同性的朋友、熟人，若关系极为亲密，可以不称其性，而直呼其名，如"春光"、"俊杰"。对于异性一般则不可这样称呼，因为若如此，那不是其家人，就是其配偶了。

（2）称呼职务。在工作中，以交往对象的职务相称，以示身份有别、敬意有加，这是一种最常见的称呼方法。具体做法上可以仅称呼职务，如"局长"、"经理"、"主任"等；也可以在职务前加上姓氏，如"王总经理"、"李市长"、"张主任"等；还可以在职务之前加上姓名，这仅适用于极其正式的场合，如"××主席"、"××省长"、"××书记"等。

（3）称呼职称。对于有职称者，尤其是有高级、中级职称者，可以在工作中直接以其职称相称。可以只称职称，如"教授"、"研究员"、"工程师"等；也可以在职称前加上姓氏，如"张教授"、"王研究员"、"刘工程师"，有时还可以简称，如将"刘工程师"简称为"刘工"，但使用简称应以不发生误会、歧义为限；可以在职称前加上姓名，它适用于十分正式的场合，如"王久川教授"、"周蕾主任医师"、"孙小刚主任编辑"等。

（4）称呼学衔。在工作中，以学衔作为称呼，可增加被称呼者的权威性，有助于增强现场的学术氛围。可以在学衔前加上姓氏，如"张博士"；也可以在学衔前加上姓名，如"张明博士"。一般对学士、硕士不称呼学衔。

（5）称呼职业。称呼职业，即直接以被称呼者的职业作为称呼。例如，将教员称为"老师"，将教练员称为"教练"或"指导"，将专业辩护人员称为"律师"，将财务人员称为"会计"，将医生称为"大夫"或"医生"等。一般情况下在此类称呼前，均可加上姓氏或姓名。

（6）称呼亲属。亲属，即与本人直接或间接拥有血缘关系者。在日常生活中，对亲属的称呼已约定俗成，人所共知。面对外人，对亲属可根据不同情况采取谦称或敬称。例如，对本人的亲属应采用谦称，对辈分或年龄高于自己的亲属，可以在其称呼前加"家"字，如"家父"、"家叔"。对辈分或年龄低于自己的亲属，可在其称呼前加"舍"字，如"舍弟"、"舍侄"。对自己的子女，则可在其称呼前加"小"，如"小儿"、"小女"、"小婿"。对他人的亲属，应采用敬称，对其长辈，宜在称呼前加"尊"字，如"尊母"、"尊兄"。对其平辈或晚辈，宜在称呼之前加"贤"字，如"贤妹"、"贤侄"。若在其亲属的称呼前加"令"字，一般可不分辈分与长幼，如"令堂"、"令爱"、"令郎"。

2. 几种称呼的正确使用

（1）同志。志同道合者才称同志，如政治信仰、理想、爱好等相同者，都可称为同志。我国同志这个称呼流行于建国后，这一词已成为我国大陆公民彼此之间最普通、常用的称呼。这一称呼不分男女、长幼、地位高低，除了亲属之外，所有人都可以称同志。在改革开放之后，这一称谓的使用率相对减少，因此在使用同志一词时应有所区别。例如，在同一党内，同一组织内，对解放军和国内的普通公民，这一称呼皆可使用。但对于儿童，对于具有不同政治信仰、不同价值观、不同国家的人，尽量少使用或不使用这一称呼。

（2）老师。老师一词的原义是尊称传授文化、知识、技术的人，后泛指在某些方面值得学习的人。孔子曰："三人行，必有我师。"这说明，在古代"老师"这一称呼已泛指所有值得学习的人。现代社会，老师这一称谓一般用于学校中传授文化科学知识、技术的教师。目前，老师这一称谓在社会上也比较流行，有时人们出于对交际对象的学识、经验或某一方面的敬佩、尊重，常常以"姓+老师"来称呼对方，尤其在文艺界比较常见。这种称谓，交际的对方一般会感到受到了尊重，心情比较舒畅。

（3）先生。在我国古代，一般称父兄、老师为先生，也有称郎中（医生）、道士等为先生的。有些地区还有已婚妇女对自己的丈夫或称别人家的丈夫为先生的，现在在我国南方某些地区仍这样使用。新中国成立后，先生一词则很少使用，有时只将教师称为先生。改革开放以后，随着对外交流的增多，"先生"一词又流行起来，不过，其概念已与以前有所不同。目前，先生一词泛指所有的成年男子。在西方国家，对成年男子一般都称呼先生。不过也有例外，如在美国，12 岁以上的男子就可以称先生；在日本，对身份高的女子也称先生。在我国知识界，也喜欢对有学问的女子称先生。先生这一称谓大方得体，即显示了彼此的尊重，又有彼此平等之意，有利于提高交际效果。

（4）师傅。师傅这个词原意是指对工、商、戏剧行业中传授技艺的人的一种尊称，后泛指对所有有技艺的人的称谓。到了 20 世纪 50～60 年代，师傅这一词在社会中比较流行，有虚心请教、尊敬对方之意。但师傅这一称呼大多用于非知识界的人士，一般不用于称呼有职称、有学位的人，否则可能会产生误解，有漠视之嫌。在现代交际中，采用师傅这一称谓已基本恢复其原意，即称呼工、商、戏剧行业中传授技艺的人。但在我国北方，人们对不认识的人都称呼师傅。

（5）小姐。《现代汉语词典》中，"小姐"解释为：旧时对未婚女子的称呼；母家的人对已出嫁的人也称为小姐。

在国外，"小姐"这个称呼就是对未婚女子的称呼，如果你对年龄偏大的女士叫一声小姐，对方不会责怪你，因为这样有夸她年轻之意。

3. 称呼的技巧

（1）初次见面更要注意称呼。初次与人见面或谈业务时，要称呼对方的姓 + 职务，如"王总经理"，如果对方是个副总经理，可删去"副"字；但若对方是总经理，不要为了方便把"总"字去掉。

（2）称呼对方时不要一带而过。在交谈过程中，称呼对方时要加重语气，称呼完了停顿一会儿，然后再谈要说的事，这样能引起对方的注意。如果你称呼的语气很轻又很快，有一带而过的感觉，对方听着不会太顺耳，有时也听不清楚，就引不起听话的兴趣。相比之下，如果太不注意对方的姓名，而过分强调了要谈的事情，那就会适得其反，对方不会对你的事情感兴趣。所以一定要把对方完整的称呼清楚、缓慢地讲出来，以显示对对方的尊重。

（3）关系越熟越要注意称呼。与对方十分熟悉之后，千万不要因此而忽略了对对方的称呼，尤其是有其他人在场的情况下，一定要坚持称呼对方的姓+职务（职称），越是朋友，越是要彼此尊重。

（二）介绍

介绍是社交活动最常见、也是最重要的礼节之一，它是初次见面时陌生的双方开始交往的起点。介绍在人与人之间起桥梁与沟通作用，几句话就可以缩短人与人之间的距离，为进一步交往开个好头。

1. 介绍的基本规则

做介绍时必须遵守"尊者优先了解情况"的规则。在为他人做介绍前，先要确定双方地位的尊卑，然后先介绍位卑者，后介绍尊者。

（1）先将男士介绍给女士。例如，介绍王先生与李小姐认识，介绍人应当引导王先生到李小姐面前，然后说："李小姐，我来给你介绍一下，这位是王先生。"注意在介绍的过程中，被介绍者的名字总是后提。

这位是皮特先生

（2）先将年轻者介绍给年长者。把年轻者引见给年长者，以示对前辈、长者的尊敬。例如，"王教授，让我来介绍一下，这位是我的同学张明。""张阿姨，这是我的表妹王丽。""刘伯伯，我请您认识一下我的表弟李强。"在介绍中应注意，有时虽然男士年龄较大，但仍然是将男士介绍给女士。

（3）先将未婚女子介绍给已婚女子。例如，"张太太，让我来介绍一下，这位是李小姐。"注意当被介绍者，无法辨别其是已婚还是未婚时，则不存在先介绍谁的问题，可随意介绍，如"张女士，我可以把我的女朋友李小姐介绍你吗？"

（4）先将职位低的介绍给职位高的。在实业界或公司中，在商务场合要先将职位低的介绍给职位高的。例如，"王总，这位是××公司的总经理助理刘女士。"注意，这里我们先提到的是王总，这是因为我们把王总的职位看做高于刘女士，尽管王总经理是一位男士，仍不先介绍他。

（5）先将家庭成员介绍给对方。在向别人介绍自己的家庭成员时，应谦虚地说出对方的名字。这不仅是出于礼貌，而且对介绍自己的家庭成员也比较方便。例如，"张先生，我想请你认识一下我的女儿晓芳。""张先生，请允许我介绍一下我的妻子。"

（6）集体介绍时的顺序。在被介绍者双方地位、身份大致相似，或者难以确定时，应当使人数较少的一方礼让人数较多的一方，一个人礼让多数人，先介绍人数较少的一方或个人，后介绍人数较多的一方或多数人。

若被介绍者在地位、身份之间存在明显差异，特别是当这些差异表现为年龄、性别、婚否、师生以及职务有别时，则地位、身份为尊的一方即使人数较少，甚至仅为一人，仍然应被置于尊贵的位置，最后加以介绍，而先介绍另一方人员。

若需要介绍的一方人数不止一人，可采取笼统的方法进行介绍。例如，可以说："这是我的家人"，"他们都是我的同事"等。如果要对其一一进行介绍，可比照介绍他人的方法按尊卑顺序进行介绍。

若被介绍双方皆不止一人，则可依照礼规，先介绍位卑的一方，后介绍位尊的一方。在介绍各方人员时，均需由尊到卑，依次进行。

2. 自我介绍

在不同场合，遇见对方不认识自己，而自己又有意与其认识，当场没有他人从中介绍，往往需要自我介绍。

（1）自我介绍的时机。

① 因业务关系需要相互认识，进行接洽时可自我介绍。

② 当遇到一位你知晓或久仰的人士，他不认识你，你可自我介绍："××（称呼），您好！我是××（单位）的××（姓名），久仰大名，很荣幸与您相识"。

③ 第一次登门造访，事先打电话约见，在电话里应自我介绍。

④ 参加一个较多人的聚会，主人不可能一一介绍，与会者可以与同席或身边的人互相自我介绍。自我介绍前应有一句引言，以使对方不感到突然，如"我们认识一下吧，我叫×××，在××公司公关部工作"。

⑤ 在出差、旅行途中，与他人不期而遇，并且有必要与之建立临时接触时，可适当自我介绍。

⑥ 初次前往他人住所、办公室，进行登门拜访时要自我介绍。

⑦ 应聘求职时需首先做自我介绍。

（2）自我介绍的要求。自我介绍时，要及时、清楚地报出自己的姓名和身份，大方自然地进行自我介绍，可以先面带微笑，温和地看着对方说声："您好！"以引起对方的注意，然后报出自己的姓名身份，并简要表明结识对方的愿望或缘由。进行自我介绍一定要力求简洁，尽可能地节省时间，介绍总的以半分钟为佳。

进行自我介绍，态度务必自然、友善、亲切、随和。要充满信心和勇气，敢于正视对方的双眼，显得胸有成竹。介绍时语气要自然，语速要正常，语音要清晰。进行自我介绍时所表述的各项内容，一定要实事求是，真实可信。没有必要过分谦虚，一味贬低自己去讨好别人，但也不可自吹自擂，夸大其词，在自我介绍时掺水分，会得不偿失。

他人进行自我介绍时也要注意：一是引发对方作自我介绍时应避免直话相问，缺乏礼貌，如"你叫什么名字"，而应该尽量客气一些，用词更敬重些："请问尊姓大名"、"您贵姓"、"不知怎么称呼您"、"您是……"；二是他人作自我介绍时要仔细聆听，记住对方的姓名、职业等。如果没有听清楚，不妨在个别问题上再仔细问一遍。三是等一个人作了自我介绍后，另一个人也作相应的自我介绍，这才是礼貌的。

3. 他人介绍

（1）他人介绍的时机。他人介绍即社交中的第三者介绍。在他人介绍中，为他人作介绍的人一般是社交活动中的东道主、社交场合中的长者、家庭中聚会的女主人、公务交往活动中的公关人员（礼宾人员、文秘人员、接待人员）等。他人介绍的时机包括以下几种情况。

① 在家中接待彼此不相识的客人。

② 在办公地点接待彼此不相识的来访者。

③ 与家人外出，路遇家人不相识的同事或朋友。

④ 陪同亲友前去拜会亲友不相识者。

⑤ 本人的接待对象遇见了其不相识的人士，而对方又跟自己打了招呼。

⑥ 陪同上司、长者、来宾时，遇见了其不相识者，而对方又跟自己打了招呼。

⑦ 打算推介某人加入某一交际圈。

⑧ 受到为他人作介绍的邀请。

（2）他人介绍的注意事项。

① 在为他人作介绍时，介绍者对介绍的内容应当字斟句酌，慎之又慎。

② 在正式场合，内容以双方的姓名、单位、职务等为主，如"我来给两位介绍一下，这位是 A 公司的公关部主任李芳女士，这位是 B 公司的总经理汪洋先生。"

③ 在一般的社交场合，其内容往往只有双方姓名一项，甚至可以只提到双方姓氏为止。接下来，则由被介绍者见机行事。例如，"我来介绍一下，这位是老张，这位是小王，你们认识一下吧。"

④ 在比较正规的场合，介绍者有备而来，有意将某人举荐给某人，因此在内容方面，通常会对前者的优点加以重点介绍。例如，"这位是李明先生，这位是我们公司的林楠总经理。李先生是一位管理方面的专业人士，他还是北大的 MBA。林总我想您一定很想认识他吧！"

⑤ 在进行他人介绍时，介绍者与被介绍者都要注意自己的表达、态度与反应。介绍者为被介绍者介绍之前，不仅要尽量征求一下被介绍双方的意见，而且在开始介绍时还应再打一下招呼，切勿上去开口即讲，显得突如其来，让被介绍者措手不及。

⑥ 被介绍者在介绍者询问自己是否有意认识某人时，一般不应加以拒绝或扭扭捏捏，而应欣然接受。实在不愿意时，则应说明原由。

⑦ 当介绍者走上前来，开始为被介绍者进行介绍时，被介绍的双方应起身站立，面含微笑，大大方方地注视介绍者或者对方，神态庄重、专注。

⑧ 当介绍者介绍完毕后，被介绍双方应依照合乎礼仪的顺序进行握手，并且彼此问候对方。此时的常用语有"你好"、"很高兴认识你"、"久仰大名"、"认识你非常荣幸"、"幸会，幸会"等，必要时还可作进一步的自我介绍。

⑨ 介绍时要注意实事求是，掌握分寸，不能胡吹乱捧。

⑩ 介绍姓名时，一定要口齿清楚，发音准确。把易混的字咬准，如"王"和"黄"、

"刘"和"牛"等；对同音字、近音字必要时要加以解释，如"邹"和"周"，"张"和"章"、"徐"和"许"等。

课堂任务

请你判断以下情景中人物做法的正误。

情景1：甲男甲女两白领在门口迎候来宾。

一轿车驶到，乙男士下车。甲女上前，说："陈总您好！"并呈上自己的名片。又说道："陈总，我叫李菲，是正道集团公关部经理，专程前来迎接您。"乙男道谢。甲男上前："陈总好！您认识我吧？"乙男点头。甲男又道："那我是谁？"乙男尴尬不堪。

情景2：乙女陪外公司一女（丙女）进入本公司会客厅，本公司丙男正在恭候。

乙女首先把丙男介绍给客人："这是我们公司的刘总。"然后向自己人介绍客人："这是四方公司的谢总。"

甲男（　）甲女（　）乙男（　）乙女（　）

二、握手与致意

（一）握手

相传在刀耕火种的年代，人们经常持有石头或棍棒等武器，陌生者相遇，双方为了表示没有敌意，便放下手中的武器，并伸出手掌，让对方抚摸掌心。久而久之，这种习惯便逐渐演变为今日的握手礼节。当今，握手已成为世界上最为普遍的一种礼节，其应用的范围远远超过了鞠躬、拥抱、接吻等。在日常交际中，必须掌握握手的基本礼节。

1. 握手的次序

根据礼仪规范，握手时双方伸手的先后次序，一般应当遵守"尊者先伸手"的原则，即由位尊者首先伸出手来，位卑者只能在此后予以响应，而绝不可贸然抢先伸手，否则就是违反礼仪的举动。其基本规则如下。

（1）男女之间握手。男女之间握手，男士要等女士先伸出手后才握手。如果女士不伸手或无握手之意，男士向对方点头致意或微微鞠躬致意。男女初次见面，女方可以不和男士握手，只是点头致意即可。男女握手时，男士要脱帽和脱右手手套，如果偶遇匆匆忙忙来不及脱，则要道歉。女士除非对长辈，一般可不必脱手套。

（2）宾客之间握手。宾客之间握手，主人有向客人先伸出手的义务。在宴会、宾馆或机场接待宾客，当客人抵达时，不论对方是男士还是女士，女主人都应该主动先伸出手。男士因是主人，尽管对方是女宾，也可先伸出手，以表示对客人的热情欢迎。而在客人告辞时，则应由客人首先伸出手

来与主人相握，在此表示的是"再见"之意。

（3）长幼之间握手。长幼之间握手，年幼的一般要等年长的先伸手。和长辈及年长的人握手，不论男女，都要起立趋前握手，并要摘下手套，以示尊敬。

（4）上下级之间握手。上下级之间握手，下级要等上级先伸出手。但涉及主宾关系时，可不考虑上下级关系，做主人的应先伸手。

（5）一个人与多人握手。若是一个人需要与多人握手，则握手时应讲究先后次序，由尊而卑，即先年长者后年幼者，先长辈而晚辈，先老师后学生，先女士后男士，先已婚者后未婚者，先上级后下级，先职位、身份高者后职位、身份低者。

值得注意的是，在公务场合，握手时伸手的先后次序主要取决于职位和身份。而在社交、休闲场合，则主要取决于年龄、性别和婚否。

2. 握手的方式

握手的标准方式，是行礼时行至距握手对象约1米处，双腿立正，上身略向前倾，伸出右手，四指并拢，拇指张开与对方相握。握手时应用力适度，上下稍许晃动三四次，随后松开手来，恢复原状。具体应注意如下几点。

（1）神态。与人握手时神态应专注、热情、友好、自然。在通常情况下，与人握手时应面含微笑，目视对方双眼，并且口道问候。在握手时切勿显得自己三心二意，敷衍了事，漫不经心，傲慢冷淡。如果在此时迟迟不握他人早已伸出的手，或是一边握手，一边东张西望，目中无人，甚至忙于跟其他人打招呼，都是极不礼貌的。

（2）力度。握手时用力应适度，不轻不重，恰倒好处。如果手指轻轻一碰，刚刚触及就离开，或是懒懒地、慢慢地相握，缺少应有的力度，会给人勉强应付、不得已而为之之感。一般来说，手握得紧是表示热情，男人之间可以握得较紧，甚至另一只手也加上，包括对方的手大幅度上下摆动，或者在手相握时，左手又握住对方胳膊肘、小臂甚至肩膀，以表示热烈。但是注意，握手时既不能握得太使劲，使人感到疼痛，也不能显得过于柔弱，不像个男子汉。对女性或陌生人，轻握是很不礼貌的，尤其是男性与女性握手应热情、大方、用力适度。

（3）时间。握手时间通常是握紧后打个招呼即松开。但如亲密朋友意外相遇，敬慕已久而初次见面，至爱亲朋依依惜别，衷心感谢难以表达等场合，握手时间就长一点，甚至紧握不放，话语不休。在公共场合，如列队迎接外宾，握手的时间一般较短。握手的时间应根据与对方的亲密程度而定。

3. 握手的禁忌

在人际交往中，握手虽然司空见惯，看似寻常，但由于它可被用来传递多种信息，因此在行握手礼时应努力做到合乎规范，并且注意以下几点。

① 不要用左手与他人握手，尤其是在与阿拉伯人、印度人打交道时要牢记此点，

因为在他们看来左手是不洁的。

② 不要在握手时争先恐后，而应当遵守秩序，依次而行。

③ 不要戴着手套握手，在社交场合女士的晚礼服手套除外。

④ 不要在握手时戴着墨镜，只有患有眼疾或眼部有缺陷者才能例外。

⑤ 不要在握手时将另外一只手插在衣袋里。

⑥ 不要在握手时另外一只手依旧拿着香烟、报刊、公文包、行李等东西而不肯放下。

⑦ 不要在握手时面无表情，好似根本无视对方的存在，而纯粹是为了应付。

⑧ 不要在握手时长篇大论，点头哈腰，滥用热情，显得过分客套，让对方不自在，不舒服。

⑨ 不要在握手时把对方的手拉过来、推过去，或者上下左右抖个没完。

⑩ 不要在与人握手之后，立即揩拭自己的手掌，就好像与对方握一下手就会使自己受到感染似的。

4. 握手与性格

美国著名盲聋女作家海伦·凯勒曾说："我接触的手，虽然无言，却极有表现力。有的人握手能拒人千里之外……我握着冷冰冰的手指，就像和凛冽的北风相握手一样。而也有些人的手充满阳光，他们伸出来与你相握时，你会感到很温暖。"由此可见，握手传递的性格方面的信息是何等丰富。

握手方式与性格特点大致可分为以下 7 种类型。

（1）控制式。用掌心向下或向左下的姿势握住对方的手。这种人想表达自己的优势、主动、傲慢或支配地位，一般具有说话干净利落、办事果断、高度自信的特点，凡事一经自己决定，就很难改变观点。

（2）谦恭式。用掌心向上或向左上的手势与对方握手。这种人往往性格软弱，处于被动、劣势地位，处世比较谦和、平易近人，不固执，对对方比较尊重、敬仰、甚至有几分畏惧。

（3）对等式。握手时两人伸出的手都不约而同地向着左方握在一起。这种人比较友好，也可能是很遵守游戏规则的平等的竞争对手。

（4）双握式。即在右手相握的同时，再用左手加握对方的手背、前臂、上臂或肩部。加握部位越高，其热情友好的程度也显得越高。这种人热情真挚、诚实可靠、信赖别人。

（5）捏手指式。握手时只捏住对方的几个手指或手指尖部。女性与男性握手时，为了表示自己的矜持与稳重，常采取这种方式。如果是同性别的人之间这样握手，就显得有几分冷淡和生疏。若换成显贵人物，则其意在显示自己的"尊贵"。

（6）拉臂式。握手时将对方的手拉到自己的身边相握。这种人往往过分谦恭，在他人面前唯唯诺诺、轻视自我，缺乏主见与敢作敢为的精神。

（7）死鱼式。握手时伸出一只无任何力度、质感，不显示任何积极信息的手。这种人的性格不是生性懦弱，就是对人冷漠无情，待人接物消极傲慢。

5. 握手的技巧

在商务场合，握手应注意掌握如下技巧。

（1）主动与每个人握手。在商务场合，如谈判开始之前，双方都要互相介绍认识一下。这时候，表现得积极一些，主动一些，则表示你很高兴与他们认识。你可以主动地与他们每一个人握手，因为你主动就说明你对对方尊重，只在你尊重别人时，才会受到别人的尊重。

（2）有话想让对方出来讲，握手时不要松开。有时你找对方谈一些事，不巧的是里边还有其他人在，你想与对方单独谈，耐心等了很久以后仍没有机会，而你又不能明白告诉对方："我有点事，咱们到外边说"，这显然是不礼貌的。你得想办法让对方起身相送。在你起身告辞时，对方站起来，你就边与对方交谈，边向外走。如果对方无意起身，你就走近他，很礼貌地与他握手，出于礼貌对方会站起身走出自己的座位，然后你边说边往外走，握着的手不要马上松开，并告诉对方，"你看我还有件事……"你说得缓慢些，对方也就意识到了，他也就主动走出来了。

（3）握手时赞扬对方。握手时的寒暄话是非常重要的，在你与对方握手的时候，可以对对方表示一下关心和问候，或赞扬对方几句，双方会因此而显得亲近。

（二）致意

致意是一种非语言方式表示问候的礼节，通常用于相识的人或有一面之交的人之间在公共场合或间距较远时表达问候的心意，是随着现代生活节奏加快而流行的一种日常人际交往中使用频率最高的一种礼节。

1. 致意的原则

致意的基本原则是先向尊者表示致意，即男士应先向女士致意，年轻者应先向年长者致意，学生先向老师致意，下级应先向上级致意。另外，致意时应该诚心诚意，表情和蔼可亲；行致意礼的同时，可以用简洁的问候语，使致意生动而有活力。

2. 致意的方式

致意的方式是多种多样的，主要有微笑、点头、举手、脱帽等。

（1）微笑。适用于相识者或只有一面之交者在同一地点，彼此距离较近，但不适宜交谈或无法交谈的场合。微笑时可不做其他动作，只是两唇轻轻示意，不必出声。微笑若与点头示意结合起来表达问候，效果则更佳。

（2）点头（也称顿首礼）。适用于一些公共场合与熟人相遇又不便交谈时、同一场合多次见面时、路遇熟人时等情况。点头时要面带微笑，目视对方，轻轻点一下即可。行点头礼时，不宜戴帽子。

（3）举手。适用于公共场合远距离遇到熟人打招呼。一般不必出声，伸出右臂，掌心朝向对方，轻轻摆动。军人和穿制服人员的敬礼也是举手礼的一种。

（4）脱帽。朋友、熟人见面时，若戴有檐帽，则以脱帽致意最为适宜；若戴无檐帽，则不必脱帽，只需点头微笑即可；若熟人、朋友迎面而过，只需轻掀一下帽子致意即可。

（5）欠身。欠身致意是致意者站着或坐着，上身前倾，含笑目视被致意者，向对方表示致敬。适用于同不相识者的初次见面，主人给您敬茶，与老朋友见面等。

（6）起立。起立致意是在商务活动进行中，领导、来宾到场，或者坐着的晚辈、下级见到长辈、上级到来或离去时，或坐着的男子看到站立的女子时，应站立。一般站立时间不长，只要对方示意坐下即可入座。

课堂任务

1. 请你判断以下人士的行为是否正确。

（1）一男士与一女士见面，女士首先伸出手来，与男士相握。（　　　）

（2）一青年男士与一中年男士握手，中年男士首先伸出右手，青年与之相握，双方微笑、寒暄。（　　　）

（3）一男士戴墨镜在街道上行走，路上遇到一女士。女士伸出右手与之相握。该男士与之相握，使用双手。（　　　）

2. 3～5人为一组，预先设计一些社会角色，让各组成员进行相互交流，根据自己的角色进行握手和致意的练习，然后调换角色。

三、名片的使用

名片是现代社会中必不可少的社交工具。两人初次见面，先互通姓名，再奉上名片，单位、姓名、职务、电话等历历在目，既回答了一些对方心中想问的问题，又使相互之间的距离一下子接近了许多。在交往中，熟悉和掌握名片的有关礼仪是十分重要的。

（一）名片的制作

1. 名片的规格、材质与色彩

名片一般为 10 厘米长、6 厘米宽的白色卡片，常使用的规格略小，长为 9 厘米、宽为 5.5 厘米。若如无特殊需要，不应将名片制作过大。

印制名片，最好选用耐折、耐磨、美观、大方的白卡纸、再生纸、合成纸、布纹纸、麻点纸、香片纸为佳。高贵典雅、纸制挺括的刚骨纸、皮纹纸，则可量力而行，酌情选用。必要时，还可覆膜。印制名片的纸张，宜选庄重朴素的白色、米色、淡蓝色、淡黄色和淡灰色，并且以一张名片一色为好。

2. 名片的内容

很多企业认为名片是宣传组织的一个极好的媒体，所有的工作人员，特别是业务员的名片若设计得风格一致，个性鲜明，会给人一种统一的视觉印象，而这种个性很大程度表现在名片的内容设计上。例如：名片上应该印有工作单位、姓名、身份、地址、邮政编码等。工作单位一般印在名片的上方，社会兼职紧接工作单位排列下来；姓名印在名片中央，右边印有职务、职称；名片的下方为地址、邮政编码、电话号码、传真、E-mail 等。

名片的背面，一般都印上相应的英文，作为对外交往时用。但有些名片在背面印上单位的简介、经营范围、产品及服务范围，以方便客户和作为宣传。

很多企业有标准的员工名片格式，有的还加印公司的标识和企业经营理念，并且规定名片统一规格、格式等。

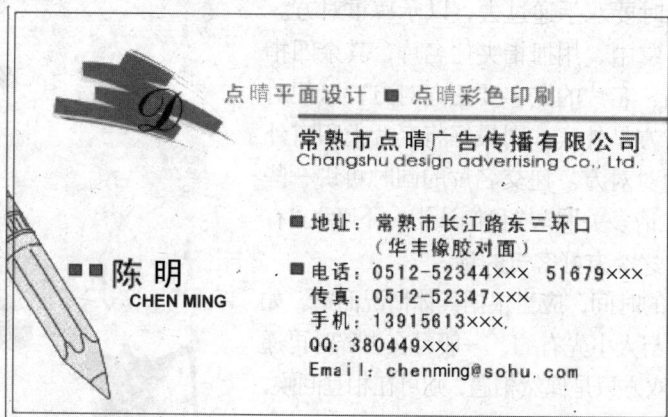

（二）名片的用途

对现代人来讲，名片是一种实用的交际工具，其用途是多方面的。

1. 介绍自身

名片最主要的用途是介绍自身。会客交友，取出一张名片，自我的基本情况跃然纸上，让他人一目了然。它在介绍中的好处是简明扼要，介绍方便。

2. 维持联系

名片犹如"袖珍通信录"，利用它所提供的资料，即可与名片的提供者保持联系。

3. 显示个性

可以在名片上印上代表自己个性的爱好和特点，如"酷爱足球，性喜笔耕，嗜辣如命，钟情绿色，崇尚真诚"，这样的名片很快就让别人读懂了自己，也赢得了友善。也有的人在名片上印上自己的座右铭或喜爱的格言及与对方相识的真诚的话语等，如"一握你的手，永远是朋友"、"不握你的手，照样是朋友"这样的名片很容易给对方留下好感，加深交往。

4. 拜会他人

初次前往他人居所或工作单位进行拜会时，可将本人名片交由对方门卫、秘书或家人，转交给被拜访者，以便对方确认来者。这种做法比较正规，可以避免冒昧造访。

（三）名片的交换

遇到以下几种情况时需与对方交换名片：一是希望认识对方时；二是被介绍给对方时；三是对方提议交换名片时；四是对方向自己索要名片时；五是初次登门拜访对方时；六是通知对方自己的变更情况时；七是打算获得对方的名片时。

1. 递交名片

名片的持有者在递交名片时动作要洒脱、大方，态度从容、自然，表情要亲切、谦恭。应当事先将名片放在身上易于掏出的位置，取出名片便先郑重地握在手里，然后在适当的时机得体地交给对方。

递交名片时要双手递过去，以示尊重对方。将名片放置手掌中，用拇指夹住名片，其余四指托住名片反面，名片的文字要正向对方，以便对方观看，若对方是外宾，则最好将名片上印有外文的那一面面对对方。递交名片的同时可讲一些"请多联系"、"请多关照"、"我们认识一下吧"、"有事可以找我"之类友好客气的话。

递交名片的时间，应当根据具体情况而定。如果名片持有者与人事先有约，一般可在告辞时再递上名片。如果双方只是偶然相遇，则可在相互问候，得知对方有与你交往的意向时，再递交名片。

与多人交换名片时，要注意讲究先后次序，或由近而远，或由职位高到职位低，一定要依次进行，切勿采取"跳跃式"。

2. 接受名片

接受他人名片时，应恭恭敬敬，双手捧接，并道谢。接受名片者应当首先认真地看看名片上所显示的内容，必要时可把名片上的姓名、职务（较重要或较高的职务）读出声来，如"您就是张总啊。"以表示对赠送名片者的尊重，同时也加深了对名片的印象。然后把名片细心地放进名片夹或笔记本里夹好。

在接受了别人的名片后，如有不认识或读不准的字要虚心请教。请教他人的姓名，丝毫不会降低你的身份，反而会使人觉得你是一个对待事情很认真的人，增加对你的信任。

在收到了别人的名片后，也要递给别人自己的名片。

3. 索取名片

若要索取他人名片，则不宜直言相告，而应委婉表达，如可向对方提议交换名片，或主动递上本人的名片，然后询问对方："今后如何向您指教？"（向尊长者索要名片时多用此法）或"以后怎么与您联系？"（向平辈或晚辈索要名片时多用此法）。

反过来，当他人向自己索取名片时，自己不想给对方时，不宜直截了当，也应以委婉方式表达此意，可以说："对不起，我忘带名片了"，或"抱歉，我的名片用完了"。

（四）名片的存放

1. 名片的放置

在参加交际活动之前，要提前准备好名片，并进行必要的检查。随身所带的名片最好放在专用的名片夹里，也可放在上衣口袋里。在自己的公文包以及办公桌抽屉里，也应经常备有名片，以便随时使用。

参加交际活动后，应对所收到的他人名片加以整理收藏，以便今后利用方便。存放名片的方法上大体有四种，它们还可以交叉使用。

（1）按姓名的外文字母或汉语拼音字母顺序分类。

（2）按姓名的汉字笔画的多少分类。

（3）按专业或部门分类。

（4）按国别或地区分类。

2. 名片的利用

随着人际交往的不断深入，还可在收藏的他人名片上随手记下可供本人参考的资料，使其充当社交的记事簿。

（1）收到名片时的具体情况，包括收到名片的地点、时间，以及是否与对方亲自交换等。在国外有一种做法，即把名片的右上角向下折，然后再使其恢复原状，它表示该名片是对方亲自与自己交换的。

（2）交换名片者个人的资料，如性别、年龄、籍贯、学历、专长、嗜好等。

（3）交换名片者在交换名片后变化的情况，如单位、部门的变化，职业的变动调任，职务、学衔的升降，联络方式的改变等。

> **课堂任务**
>
> 判断以下人士的行为是否正确。
>
> （1）一男士把自己的名片递给一女士。该男士走向女士，右手从上衣口袋取出名片，两手捏其上角，正面微倾递上。（　　　）
>
> （2）一女士把自己的名片递给一男士。该男士双手接过，认真默读一遍，然后道："王经理，很高兴认识您！"（　　　）
>
> （3）设计出富有个性的名片，然后两个人相互之间练习名片的递接。选出最具特色的名片，进行一次名片展览。（　　　）

95

四、常见的其他会面礼仪

（一）鞠躬礼

1. 鞠躬礼的形式与适用场合

鞠躬即弯身行礼，是中国的一种古老而文明的对他人表示敬重的礼节。鞠躬礼分为一鞠躬和三鞠躬两种。行礼之前，应脱帽或摘下围巾，身体肃立，目光平视，身体上部向前下弯约90度，目光也随之下垂，然后恢复原样。常用的鞠躬礼，几乎适用于一切社交场合。鞠躬礼普适性很强，既适用于庄严肃穆或喜庆欢乐的场合，又适用于普通的社交场合。在国际交往中有时也行鞠躬礼。

鞠躬礼主要适用以下场合。演出场合，演员谢幕向观众行鞠躬礼；演讲会上，演讲人讲演前和讲演毕，向听众行鞠躬礼；领奖台上，领奖人向授奖人和与会者行鞠躬礼；在运动场和舞台上，运动员和表演者上场、退场时向观众行鞠躬礼；在教室里，老师上课前、下课前与学生互致鞠躬礼；在结婚典礼中，新郎新娘三鞠躬及向主婚人、尊长、亲友三鞠躬；在悼念活动中，向死者或先驱者三鞠躬。

在平常公务和社交活动中，在初次见面的朋友之间、宾主之间、下级与上级之间、晚辈与长辈之间，为了表达对对方的尊重，都可以行鞠躬礼。

2. 鞠躬礼的礼节要求

（1）鞠躬的先后。施鞠躬礼时，一般是辈分、地位、职务较低的一方先向较高的一方鞠躬。通常，受礼者应予以施礼者前倾幅度大致相同的鞠躬还礼，但上级或长者还礼时，可以欠身点头或握手答礼。

（2）鞠躬的深浅与方法。如遇到师长、长辈施鞠躬礼时，距离约两三步取立正姿势，双目注视受礼者，面带微笑。鞠躬时，以腰部为轴，整个腰及肩部向前倾 15 度至 90 度，具体的前倾幅度视行礼者对受礼者的尊敬程度而定，一般对初识者鞠躬 15 度，服务员向顾客鞠躬 30 度，同级、同辈人相见鞠躬 45 度，对最尊敬的师长鞠躬 90 度。施礼时，目光向下，同时问候"您好"、"早上好"、"欢迎光临"等。

注意：施鞠躬礼前，应先将帽子摘下，施礼时，目光不得斜视和环视，不得嘻嘻哈哈，口里不得叼烟卷或吃东西，动作不能过快。要稳重、端庄，并带着对对方的崇敬感情。

（3）男女鞠躬时手位的不同放法。鞠躬时，男士的双手应在上体前倾时贴放于身体两侧裤线稍前一点，女士的双手应下垂轻轻搭放在小腹前。

3. 鞠躬礼的异域礼俗

鞠躬礼在东亚国家流行甚广，特别是在日本很盛行。由于特殊的历史文化背景，形成了日本人日常交际低姿势待人的民族习惯。在日本，有绅士风度的人，一天到晚在人际交往中总在弯腰鞠躬。

日本人的鞠躬礼，不仅运用频繁，而且很有讲究。其中"站礼"即站式鞠躬的基本做法如前所述，但不同的弯身程度表示不同的尊敬程度，并且鞠躬伴随着问候语。对同事和平辈行鞠躬礼时，应立正站好，背部挺直，目光恭恭敬敬地朝下，微微一鞠躬；女士则一只手压着另一只手放在腹前鞠躬。学生对老师、晚辈对长辈、下级对上级、个人对集体、演员对观众、服务员对顾客行鞠躬礼时，弯身的幅度要大一些，行礼者双手应放在双腿正面，随着弯身将手指尖下垂到大腿中部为止；向名人、贵宾和有恩于自己的人士表示特别的敬意和感激时，行鞠躬礼弯身的幅度最大，其双手的指尖应直至双膝为止。

此外，土耳其、马来西亚等国家的人也施用鞠躬礼，但施礼的方式有所不同。如土耳其人在送别亲友时施用交手鞠躬：先将双手伸平，然后交叉于胸前，深深地鞠躬 90 度，以示对客人的敬重。马来西亚的男子则施用抚胸鞠躬的见面礼：宾主相见，先举右手抚于自己的胸前，随之深深地鞠躬，以表示对客人的真诚敬意。

（二）拥抱礼

在欧美各国、中东和南美洲，久别重逢的亲友、熟人见面或告别之时，常常使用拥抱礼，并常与亲吻并行。视场合和关系的不同，拥抱分为热情拥抱和礼节性拥抱。拥抱不但是人们日常交际的重要礼节，也是各国领导人在外交场合中的见面礼节。它是通过身体某一部分的接触来表示尊敬和亲热。拥抱可以理解为缩短了距离的握手，或者是胸部的"亲吻"。人们在一搂一抱中，可以感受到对方精神扶助的力量和友好情意。

拥抱礼的标准做法：两人相距20厘米相对而立，各自抬起右臂，将右手扶着对方的左后肩，左手扶着对方的右后腰。双方的头部及上身向左前方相互拥抱，并与左侧面颊相贴，礼节性的拥抱即到此结束，即一抱即止。如果为了表达更为亲密的感情，在向左侧拥抱之后，将头部及上身向右前方拥抱，最后再次向左前方拥抱，面颊也随之相贴，才算礼毕，即三抱而后止。男女之间则抱肩拥抱，作为公关礼仪的拥抱，双方身体不宜贴得太紧，拥抱时间也较短，更不能用嘴去亲对方的面颊。西方人在商务往来中一般不使用拥抱礼。

实施拥抱礼，首先要注意对象。了解哪些人可以实施拥抱礼，哪些人不可以实施拥抱礼。在涉外活动中，实施拥抱礼主要是在欢迎欧美、中东和南美洲的来宾时所采用，亚洲国家除巴基斯坦以外，一般不采用拥抱礼。

（三）吻礼

吻礼是欧美各国人们在社交活动中，会见亲朋故旧或与家人会面时的一种表示亲密、热情、友善的见面礼。这种礼节虽在国内不多见，但在涉外活动中可能遇到。

吻礼包括亲吻和吻手礼，亲吻是西方的一种礼俗，源于古罗马。亲吻不同于接吻，因行礼者之间的相互关系不同，相互亲吻时"接触"的具体部位也各不相同。长辈与晚辈亲吻时，长辈吻晚辈的额头；晚辈则吻长辈的下颌。平辈亲友、熟人之间行亲吻礼，只能相互轻吻一下或轻轻贴一下对方的面颊（亲脸）。

吻手礼是流行于欧美上流社会异性之间的一种最高层次的见面礼。行吻手礼时，男士行至女士面前约80厘米处，首先立正欠身致敬，女士先将右手轻轻向左前方抬起约60度时，做下垂姿势，男士以右手或双手轻轻抬起女士的右手，同时俯身弯腰以自己微闭的嘴唇象征性地轻触一下女士的手背或手指，动作要稳重、自然、利索，不发出声音，不留"遗迹"。行吻手礼仪限于室内，而且主要是男士向已婚女士行吻手礼，是男士有教养的表现。因此，在涉外场合，如果外方男士向中方女士行吻手礼时，应礼貌地接受。

在尼泊尔、斯里兰卡、也门及波利尼西亚，吻足礼也十分流行。晚辈拜见长辈或子女见到久别的父母、庶民晋见王族成员时，亲吻对方的脚面，这就是吻足礼。或用象征性的吻足礼，即行礼者跪下用右手摸一下地，再摸一下自己的额头，就不必"亲"对方的脚面了。

在西亚与北非的沙漠地区以及新西兰的毛利人，彼此见面习惯用碰鼻礼，行礼时双方先碰一下额头，再轻轻接触一下鼻头，就算互致问候了。

┃课堂任务┃

设定角色进行鞠躬礼、拥抱礼、吻手礼的练习。

开阔眼界

1. 正式称呼与不适当的称呼

依照惯例，在商务会面中，最正式的称呼有 3 种，即称呼交往对象的行政职务、技术职称或是其泛尊称。泛尊称指的是先生、小姐、夫人一类可广泛使用的尊称。在商务会面中，不适当的称呼主要有：其一，无称呼；其二，不适当的俗称；其三，不适当的简称；其四，地方性称呼。

表 7-1　　　　　　　　　　　商务会面中的正式称呼与不适当称呼

商务会面中正式的称呼			商务会面中不适当的称呼	
行政职务	只称职务，如"董事长"		无称呼	在商务活动中不称呼对方，就直接开始谈话是非常失礼的行为
	职务前加上姓氏，如"王总经理"、"张董事长"		不适当的俗称	有些称呼不适宜正式商务场合，切勿使用。例如，使用"兄弟"、"哥们儿"等称呼，会显得缺乏修养
	职务前加上姓氏，如"×××总经理"			
技术职称	仅称职称，如"教授"		不适当的简称	如"南航"，便令人莫辨其为南方航空公司还是南京航空航天大学
	在职称前加上姓氏，如"常律师"			
	在职称前加上姓名，如"杨振宁教授"			
泛尊称	男性称"先生"，女性未婚者称"小姐"，女性已婚者或不明确其婚否者则称"女士"。在公司、外企、宾馆、商店、餐馆、歌厅、酒吧、交通行业，这种称呼较通用		地方性称呼	有些称呼，具有很强的地方色彩。例如，北京人爱称人为"师傅"，山东人爱称人为"伙计"，但在南方人听来，"师傅"等于"出家人"，"伙计"肯定是"打工仔"

2. 看名片的技巧

交换名片时，从以下 4 点可以说明名片持有者的地位、身份以及国内外交往的经验和社交圈的大小。

看名片的 4 个要点	
名片是否经过涂改	名片如同脸面，不能随便涂改
是否印有住宅电话	人在社交场合会有自我保护意识，私宅电话是不给的，甚至手机号码也不给。西方人讲公私有别，特别在乎这一点，如果与他初次见面进行商务洽谈，你把家的电话号码给他，他理解为让你到他家的意思，觉得你有受贿索贿之嫌
是否头衔林立	名片上往往只提供一个头衔，最多两个。如果你身兼数职，或者办了好多子公司，那么你应该印几种名片，面对不同的交往对象，使用不同的名片
座机号是否有国家和地区代码	如你要进行国际贸易，座机号码前面应有 86 这一我国的国际电话代码，如果没有，那么说明你没有国际客户关系，如果没有地区代码，说明你只在本区域内活动

实践任务

实训项目七　会面礼仪

【实训目标】

通过实训，熟悉日常交往礼节中见面称呼、握手、鞠躬以及相互介绍和递物接物的基本知识。

【实训要求】

3～5 人为一个小组，每组设计一个见面场景，将称呼、介绍、握手等见面礼、问候、递接名片等交际礼仪，连贯地演示下来。其他学生对各组的表演进行点评，最后由教师总结。

【实训口号】

礼貌是人际交往中最好的介绍信!

【实训内容】

1. 收集相关教学录像让学生观看，以掌握正确的日常交往礼节。

2. 在训练中，采用教师边讲解要求边示范，然后学生实践，教师纠错，学生再巩固的方式练习。

3. 在鞠躬礼的训练中，可采取分组向老师施礼或两人一组相互施礼的形式进行，并互相点、纠正，达到规范的要求。

4. 两人一组，进行握手礼的练习，然后再分别和同组的同学握手，注意时间、仪态及语言。

5. 在进行介绍时，让每个学生组织一段自我介绍，以克服紧张情绪，锻炼他们的胆量。

6. 在介绍礼仪中，设计多个情景、角色，分角色扮演人物，完成介绍、握手、递名片等训练，并及时指导。

7. 采用分组练习、观摩的方法，既体验尝试又学习经验，发现问题，提高日常交往礼仪的可操作性。

8 学生自由组合，自己编排，以小品形式将几种日常交往礼节综合起来运用，以表演的形式加深印象。

9. 实训检测。

考核项目	考核内容	分　值	自评分	小组评分	实际得分
握手	握手动作准确、自然大方	10			
	注意礼仪规范	10			
鞠躬	鞠躬礼动作规范	10			
	微笑、语言、眼神和谐	10			
介绍	仪态端正，手势正确	10			
	介绍的次序、原则运用准确	10			

续表

考核项目	考核内容	分　值	自　评　分	小组评分	实际得分
递物接物	递、接动作准确	10			
	注重礼仪规范	10			
综合表现	以上 4 种礼仪的综合运用	20			

【模拟演练】

2010 年 6 月 3 日上午 8：30，××职业技术学院工商管理系举行专业建设研讨会。会议邀请了东方大学的管理系主任、著名教授章钊先生，西京大学管理系副教授李清女士，本市中央商场总经理胡明先生及明珠集团销售公司副总经理陈红小姐。整个接待工作由管理系办公室主任徐峰老师担任。

模拟由徐峰老师介绍，章钊、李清、胡明及陈红之间会面的场景。

模块小结

1. 通常的几类称呼：称呼姓名，称呼职务，称呼职称，称呼学衔，称呼职业，称呼亲属。

2. 称呼的技巧：（1）初次见面更要注意称呼；（2）称呼对方时不要一带而过；（3）关系越熟越要注意称呼。

3. 正确使用以下几种称呼。

"同志"这一称呼不分男女、长幼、地位高低，除了亲属之外，所有人都可以称同志。今天，它的使用率相对减少。在同一党内、同一组织内，这一称呼皆可使用。

"老师"这一称谓在社会上也比较流行，有时人们出于对交际对象的学识、经验或某一方面的敬佩、尊重，常常以"姓+老师"来称呼对方，尤其在文艺界比较常见。

"先生"一词泛指所有的成年男子。在西方国家，对成年男子一般都称呼先生。

"师傅"这一称呼大多用于非知识界的人士，一般不用于称呼有职称、有学位的人，否则可能会产生误解，有漠视之嫌。

"小姐"是对年轻的女子或未婚女子的称呼。

4. 介绍是社交活动中最常见、也是最重要的礼节之一，它是初次见面的陌生双方开始交往的起点。为他人作介绍时必须遵守"尊者优先了解情况"的规则，在为他人作介绍前，先要确定双方地位的尊卑，然后先介绍位卑者，后介绍位尊者。

自我介绍时首先要注意把握时机，还要注意以下几点要求：自我介绍时，要及时、清楚地报出自己的姓名和身份；进行自我介绍，态度务必自然、友善、亲切、随和；进行自我介绍时所表述的各项内容，一定要实事求是，真实可信。

他人进行自我介绍时也要注意：一是引发对方作自我介绍时应避免直话相问，缺乏礼貌；二是他人作自我介绍时要仔细聆听，记住对方的姓名、职业等；三是等一个人作了自我介绍后，另一个人也作相应的自我介绍，这才是礼貌的。

5. 握手。根据礼仪规范，握手时一般应当遵守"尊者先伸手"的原则，应由尊者首先伸出手来，位卑者只能在此后予以响应，而绝不可抢先伸手，否则就是违反礼仪的举动。

握手的标准方式，是行礼时行至距握手对象约1米处，双腿立正，上身略向前倾，伸出右手，四指并拢，拇指张开与对方相握。握手时应用力适度，上下稍许晃动三四次，随后松开手来，恢复原状。

握手的技巧：（1）主动与每个人握手；（2）有话想让对方出来讲，握手时不要松开；（3）握手时赞扬对方。

6. 致意。致意是一种非语言方式表示问候的礼节，通常用于相识的人或有一面之交的人之间在公共场合或间距较远时表达问候的心意，是随着现代生活节奏加快而流行的一种日常人际交往中使用频率最高的一种礼节。

致意的基本原则是先向尊者表示致意，即男士应先向女士致意，年轻者应先向年长者致意，学生先向老师致意，下级应先向上级致意。

致意的方式是多种多样的，主要有微笑、点头、举手、脱帽等。

7. 名片是现代社会中必不可少的社交工具，一般名片上应该印上工作单位、姓名、身份、地址、邮政编码等。工作单位一般印在名片的上方，社会兼职紧接工作单位排列下来；姓名印在名片中央，右边印有职务、职称；名片的下方为地址、邮政编码、电话号码、传真、E-mail等。名片的背面，一般都印上相应的英文，作为对外交往时用。但有些名片在背面印上单位简介、经营范围、产品及服务范围，以方便客户和作为宣传。

8. 名片的用途：介绍自身、维持联系、显示个性、拜会他人。

9. 遇到以下几种情况时需与对方交换名片：一是希望认识对方时；二是被介绍给对方时；三是对方提议交换名片时；四是对方向自己索要名片时；五是初次登门拜访对方时；六是通知对方自己的变更情况时；七是打算获得对方的名片时。

10. 其他的会面礼仪还包括鞠躬礼、拥抱礼和吻手礼。

综合练习

1. 称呼的技巧有哪些？

2. 在作自我介绍时应注意哪些问题？

3. 高中时的同学在一起聚会，你作为本次同学聚会的发起人和组织者，该如何介绍与会的同学（须符合礼仪要求）。

4. 试列举握手时应注意的礼节规范。

5. 致意时应注意的礼仪有哪些？

6. 在哪种情况下需要与对方交换名片？

模块八 商务日常交际礼仪

应知导航

学习本模块要了解接待前的准备工作；了解拜访的含义；了解馈赠礼品的场合；了解赠花的注意事项；掌握迎接宾客礼仪；掌握送客礼仪；掌握馈赠和接受礼品的礼仪；理解运用不同场合赠送鲜花。

案例引入

文员小胡正在办公室忙着，进来了一位西服革履的男士，自称与李总经理约好的。但小胡一查李总的日程安排，并没有发现有约会。既然说与李总有约，也可能是李总亲自约定的。小胡接过名片一看，来人是某家杂志社广告业务部的钱经理。凭直觉小胡觉得对方是个推销员，但仍然很热情地请坐、端茶，然后问道："您是否和李总约在上午见面？"

对方回答："如果方便，我希望很快见到李总"。

小胡明白了，肯定没有预约。即便是李总亲自约定的，也会有具体准确的约见时间。"您看，很不凑巧，今天上午李总刚好有个临时会谈。我马上设法和他取得联系，告诉他您在这等候。或者另约时间，可以吗？"

钱经理马上表示同意。通过简单的交谈，小胡很快清楚了来访者是为杂志社编撰本市最新工商名录做广告，来拉客户的。这类事不是第一次遇到，小胡知道接待不可草率生硬，来访者中不乏"无冕之王"，还须"恭敬送神"好。小胡经与李总联系，从他那里得到的答复是"不见"，小胡当然不能"直言相告"。

"钱先生，真对不起，李总正在与一家重要客户谈判，我不方便进去打断。您看已近中午，怕要耽误您太多的时间了。您看是这样，我公司虽在本市，但大多数的业务还是在外省市或外商之间，全国工商名录上，我公司已在册，本市工商名录上再登当然对本公司也有益，具体事项，我一定请示李总，并尽快电话与您联系，您看，我可以打名片上您的联络电话吧！"

"好，好。"嘴上这么说，钱先生已显不悦。

"另外，刚才看您送来的资料，我想起我的同行马小姐曾和我谈起过她供职的公司正要做公共关系形象广告和业务宣传，您看我是否可以介绍他们公司与您合作……这是她的名片，您可以直接与马小姐联系。"

"好，好！"钱先生的口气变得和缓了。

"钱先生，这资料您是否可以多留几份给我，尽管我公司业务范围不太适合，但周末的同行联谊会上，我可以帮您向其他合适的公司宣传，同行介绍，恐怕更方便些，您看是否可以？"

钱先生告退时的微笑是真诚的谢意，因为他受到的热情的接待弥补了没有完成任务的缺憾。

接待与拜访是商务活动中最常见的礼仪活动，它是与各种具体的商务活动结合在一起进行的。例如，谈判之前、推销过程、参观、社交活动等都伴随着接待与拜访活动。令人满意的、健康的、正式的接待拜访活动对于建立联系、发展友情、促进合作有着重要的作用。

一、接待礼仪

迎来送往是人们日常生活中的常见活动，作为商业企业，应该了解迎接、拜访的基本礼仪规范，为组织塑造良好的形象。

（一）接待前的准备

为了表现良好的礼仪及风度，在迎接宾客到来之前，要有充分的计划及准备。

（1）相关的设备准备。一般企业都设有接待室，如果没有独立的接待室，要在办公室中腾出一个安静的角落，摆上沙发、茶几等家具，便于接待来访者。另外，在接待区应准备一部电话，以便接待中在谈及有关问题需要询问其他部门时，可立即打电话。还要准备一台复印机，来访者索求有关资料时，或主动提供有关资料时，可以立即复印。接待室除了安放一般办公家具、文具用品之外，还要有存放各种档案资料的柜子。最好在接待办公室挂一面镜子，它可以提醒这里的工作人员随时整理自己的头发、衣饰，以保持整洁优雅的仪表和风度。还要准备一台计算机，以存取、查询资料，制作文件、表格，打印一些材料等。

（2）美化空间，布置环境。

① 注意室内的清洁、照明和温度问题。

② 贴好海报标语等欢迎标志。

（3）了解客人的情况。不论客人是主动来访还是接受本组织的邀请，都应了解其来访的目的、要求、会谈的内容、参观的项目、来访路线、交通工具，抵达和离开的具体时间，来宾的人数、姓名、性别、职务，来宾的生活习惯、个人爱好、饮食禁忌等。

（4）确定接待规格。

（5）安排接待日程，包括迎送、宴请、会见、会谈、晚会、参观、交通工具、下榻宾馆等项目。

（6）准备相关的文书。

（二）迎接宾客的礼仪

迎接宾客的礼仪主要是指到车站、码头或机场迎候客人的礼仪。

（1）一定要提前15分钟到达车站或机场迎候客人，不能让客人在那里等你。

（2）如果与客人素未谋面，要事先了解他的外貌特征，或者举个小牌子迎接他。小牌子上写"欢迎×××光临××公司!"或"×××，欢迎您!"，这样客人看到后会倍感亲切。

（3）接到客人后，应该说一声"您路上辛苦了"然后立即进行自我介绍，如能递上名片更好。如果对方不知道怎样称呼自己，可以主动说："就叫我小×好了。"

（4）介绍完毕应随手把行李接过来，客人喜欢自己提的东西不必勉强。

（5）接客人的交通工具应事先安排好。

（6）提前把活动计划安排好，接到客人后将日程表送给他，让他据此安排自己的私人活动。如果没有日程表，一般也要将活动日程安排简单向客人做一介绍，根据活动安排，客人还将与哪些人会面或合作，也应做简要介绍。

（7）客人住宿的宾馆应事先了解和安排。对于宾馆的位置、服务情况应了如指掌，如餐厅开饭时间，供应办法，娱乐设施，洗衣服务，应一一向客人做口头介绍。

（8）可以为客人准备一些所在城市的出版物，如本地报纸、杂志、旅游指南、风景名胜、文化习俗等。

（9）在迎接客人的旅途中，不能一言不发，应找些容易引起共同兴趣的话题来谈，如本次活动的背景资料、筹备情况；当地的风土人情、气候、物产；当地的地名由来和风景名胜；本地知名人士；近来发生在本地的大事以及当地物价等。

（10）到达宾馆后，接待人员不宜久留，应让客人及时休息，消除疲劳。不要忘记问询客人的健康情况，是否需要特殊照顾等。

（11）分手前应说好下次见面的时间与地点以及双方联系的办法，并提醒客人下面即将举行的第一项活动的时间、地点以及活动安排。

（12）如果来宾的身份地位超过公司负责人，一定要由负责人亲自迎接，其他来宾一般可派身份地位与对方相称的人迎接即可。

（13）安排自行前往，或没有约好具体时间，不能安排人员亲自迎接的，一般要事先通知接待部门。

（三）接待客人的礼仪

1. 接待贵宾

贵宾到达后应先请到贵宾室奉茶及休息，然后立刻通报主管、负责人准备接见。在主管与贵宾见面之前，接待人员应将来宾的基本资料、相貌特征和来访目的向主管报告，以便双方见面时能立刻进入状态。

2. 接待预约与未预约的宾客

预约的客人来到后，应立刻向客人问好，并请教对方身份以便通报；主管若表示与客人有约，此时可对客人说"您好，我们主管正等着您"，并亲切地引导会面。若预约的宾客早到，应先请宾客至接待室休息，可向客人表示将请示主管可否提前会面以使客人感觉愉快。若主管无法提前与客人见面或有事耽搁，接待人员应招呼客人，不要让客人呆坐在接待室。

若预约的宾客迟到，也不可表现埋怨指责的态度，而应亲切地表示问候及关心，也可适时为对方找个借口表示体贴与谅解之意。

未事先预约的宾客来到后，先请对方稍候，然后通报主管办公室。如果主管不方便接待或者不在，可向客人要张名片并表示主管回来时会"告知"他的"来访"。

3. 奉茶及接受奉茶的礼仪

客人来访时，先请客人入座，接着应马上奉茶，奉茶前可事先请教客人的喜好。杯中的茶水不要太满，以八分满为宜，水温也不宜太烫。同时有两位以上的访客时，端出的茶颜色要均匀，并要配合茶盘端出。左手捧着茶盘底部，右手扶着茶盘的外缘，如有点心则放到客人的右前方，茶杯应摆在点心右边。上茶时应向在座的人说声："对不起！"再以右手端茶，从客人右方奉上，面带微笑，眼睛注视对方并说："这是您的茶，请慢用！"奉茶时应依职位的高低顺序先端给客人，再依职位高低端给自己公司的接待同仁。以咖啡或红茶待客时，杯耳和茶匙的握柄要朝着客人的右边。

4. 安排来访者参观公司

如果有时间和必要，可以安排来访者参观公司的一些景观，包括公司的自然景观、建筑景观、生产景观等，如公司美丽的风景，新大楼的建筑与设计，生产技术的示范，公司产品展示，以及一些艺术收集品等。事实上，未经刻意安排的参观活动，对来访者是非常好的公关行为，往往会给公司带来意想不到的收获。参观公司时需要注意以下事项：①所参观的地区必须是清洁整齐的；②访客不能打扰员工休息或工作；③带领参观的接待人员，必须是具有丰富知识并深谙说话的艺术；④来访者特别感兴趣的事物（生产技术机密除外），在介绍时应予以着重说明；⑤准备一些精美的印刷品，让访客带回去，以加深他参观的印象。

5. 会见客人

作为主人，在客人到达时，应从办公桌后起身，微笑着问候客人并与客人握手，招待客人入座或与客人一起入座。入座前，应指示或告诉客人衣帽应挂在何处，也可帮助客人将衣帽挂起来，并会意或用手指引客人该坐于何处。会见来宾时，不论自我介绍或帮人介绍，应简明扼要。中间休息时可备茶点招待，使宾客稍作休息并补充体力。正餐时间可准备餐饮款待。

6. 会谈结束时

按规矩来说，若双方都知道会谈已经结束，应该同时站起，握手道别之后离开。如果情况未如预期发展，主人可以先说："我想会谈可以结束了。在您离开之前，还有其他事项需要研讨的吗？"如果有，可立即把事务处理好；如果没有，主人可说："非常感谢您的到来，让我送你出门，一有消息我会立即和您联系的。"此时彼此都该站起来，握手道别之后会议解散，各自离开。招待贵宾一般是临走前赠送纪念品，有观礼者时礼物面要对着观礼者，没有观礼者时礼物面则朝向贵宾（礼物面是指包装的正面）。送客人时可将客人送到接待区，并说："感谢来访。"

（四）送客礼仪

接待工作顺利完成后，后续的工作也很重要——即"送客礼仪"。特别是百货公司、餐厅或柜台的服务人员，必须认识到送客比接待更重要，这是为了留给对方美好的回忆，以期客人能再度光临。因此，送客又被称之为"后续服务"。

许多服务人员接待工作做得很好，但却没有良好的结尾，这是很可惜的。尤其售货员千万不能存有只做一次生意的短见心理，应该将客人视为一辈子的顾客，做好"后续服务"，使顾客意犹未尽，依依不舍，下次自然还有意愿再来。送客时应注意以下几点。

（1）握手致意，亲切相送，表达依依不舍之情，并表示希望再度见面的期待之意，如握手就含有不忍离别的意义。售货人员、餐饮服务人员在送客时向客人握手致意，如此会发现客人很快又会光临。

（2）提醒客人不要遗留物品。客人临走时接待人员要帮助留意是否有物品遗漏，这是一种体贴顾客的行为。

（3）送远道访客要告知回程路线。客人离开前应询问他是否熟悉回程路线，及搭乘交通工具的地点和方向，尤其对远道而来的访客更应表达关心之情。

（4）送客真诚，送离视线。一般公司在送客时可送至大门外、电梯口甚至送上车并帮客人关好车门。身份地位愈高的贵宾通常也愈有礼貌，往往于上车后将车窗摇下挥手道别，因此接待人员不可于客人上车后就离去，应等待客人坐车离开我们的视线后再离去。主人应陪同客人到接待区，对于不熟悉环境的人来说，主人应陪同客人一起等候电梯，并在分别前说几句客套话，如"感谢您的光临"等。

课堂任务

自我检查	是	否	没注意
1. 对所有的客人是否都是面带微笑？	☐	☐	☐
2. 在走廊遇到客人时，有无让路？	☐	☐	☐
3. 遇到客人后，是否马上接待或引导？	☐	☐	☐
4. 是否双手接收名片？	☐	☐	☐
5. 接收名片时，是否认真看过一遍？	☐	☐	☐
6. 接待客人时，能否将客人姓名、公司名称、事件正确传达给他人？	☐	☐	☐
7. 引路时是否照顾到客人的感受？	☐	☐	☐
8. 转弯时是否提醒客人注意？	☐	☐	☐
9. 是否了解在电梯内如何引导客人？	☐	☐	☐
10. 在电梯内是否告知客人所要去的地方和楼层？	☐	☐	☐
11. 进入会客室时是否敲门？	☐	☐	☐
12. 是否了解开门、引导客人的顺序？	☐	☐	☐
13. 是否保持会客室的清洁？	☐	☐	☐

14. 是否了解会客室主座的位子？　　□　　□　　□
15. 是否让客人入主座？　　□　　□　　□
16. 使用茶具是否清洁？　　□　　□　　□
17. 客人久等时，是否中途出来向客人表达歉意？　□　　□　　□
18. 给正在接待客人的人传话时是否使用便条？　□　　□　　□
19. 进行介绍时是否是从下级开始？　　□　　□　　□
20. 送客人时，是否看不见客人背影后才离开？　□　　□　　□

二、拜访礼仪

拜访是指亲自或派人到有商务往来的客户单位或相应的场所去拜见、访问某人或某单位的活动。它是组织的日常商业交往活动。拜访有事务性拜访、礼节性拜访和私人拜访3种，事务性拜访又有商务洽谈性拜访和专题交涉性拜访。拜访需要注意一些礼仪规范。

（一）商业拜访的事前准备工作

为了做个有礼且受欢迎的客人，必须做好拜访前的准备工作。要做到"知己"和"知彼"。

"知己"体现为下列几点。首先，此次拜访是属于哪种性质的拜访，然后可以准备相应的工作。如果是商业性的拜访，应事先将相应的资料准备好，将自己的目的、宗旨理清，这样就不会仓促而去，浪费对方的时间。另外，充分的准备是尊重对方的表现。因为对方要为你做好相应的准备，并拿出宝贵的时间来陪你。所以，充分的准备是礼仪的主要方面。其次，拜访中其他需要注意的方面是拜访人员的着装和个人形象问题。拜访之前，衣着方面除了注意因地制宜及清洁、舒适之外，还须了解自己及你所拜访对象的身份。有了这些原则就能帮助你展现出专业风采。因为你的外观表现了公司形象。如果客户对你产生美好的第一印象，这次拜访就等于成功了一半。调查显示，留给人的第一印象的好坏取决于人的外表，也就是说，外表会传达给别人的信息包括关于你是个什么样的人，你代表的公司又具有怎么样的企业文化以及你的产品形象。

"知彼"就是拜访之前要先了解对方的情况，如经营状况等基本资料，这有助于编排谈话内容的顺序。因为一旦你有了充分的准备，在拜访的时候就会驾轻就熟，成功地达到预期的拜访目的。另外，适当的称谓亦是商业礼节中重要的一点。欲达到目的，必须将"正确无误的称谓"一项也列入事前对对方背景资料的搜集情报中。如果要与商业客户会面，却不知道他正确的联系称呼，便可打电话请教其秘书。合适的称呼将能为你赢得良好的第一印象。

拜访应注意时间和场合。第一，要事先预约拜会的时间，预约时要有礼貌地请教对方，你所定时间内他是否有空接见你，同时也必须告知对方你此次的拜访需要占用对方多长时间；第二，在选择时间时要特别注意，不要选择早上刚上班或是对方中午用餐及休息时间，以及即将下班的时间，以上 3 个时段都不适合作为拜访时间。

（二）等待会见时的礼仪

一旦确定了约会时间，则应想方设法避免迟到。把几项活动之间的时间间隔留长些，这样，即使前一项活动超时，下面的活动也不致受到影响。最好估计一下某件事情实际需要多长时间，而不是根据主观判断。

拜访时间一定要准时，最好提早 5～10 分钟到达，这表示你能完全掌握时间。首先告知接待人员，你代表哪一家公司、你的姓名以及你要拜访的对象是谁，然后耐心等候他的通报。若被拜访者的前一个约会还没结束，接待人员会请你在贵宾室或会客室稍候，这时千万不要显出一副不耐烦的样子，而要安静耐心地等待。

当要拜访的对象始终没有和你见面，而你又无法再继续等候下去时，可以留下名片，但切记——要将名片左上角往内折！这个动作就是告诉对方你已经来过。而且一定要请接待人员转送，并向接待人员致谢。

（三）拜访时的注意事项

（1）进入主人的房间后，应在主人告知你衣帽、资料袋和手提袋该放在何处时再放，不要贸然行事，在没有经过主人的示意下就自作主张将背包等放在主人的桌子上，这是不礼貌的。

（2）主人应指明客人该坐在何处，客人应等候主人指示后再入座。如果主人出于某种原因没有指明（也许忘了），那么，客人最好先问一下，以免坐在别人的座位上。

（3）不要随身携带雨具去见你所要拜访的人。在碰到天气不好时，要提早到达约定地点，以防交通阻塞。

（4）拜访他人时必须携带名片。名片的使用方法要得当。当你见到所要拜访的人，如果是初次见面，应拿出名片递给对方，这是证明你身份的方法。如果拜访的人没给你名片，可以向他索要一张。

（5）当初次见面寒暄时，一般应由主人采取主动，寒暄的话题可以涉及办公室及办公室里的物品——照片、奖品、艺术品、书籍等，然后马上进入正题。谈话的结束技巧也很重要，如果你说好只占用对方 20 分钟的时间，当时间快到时，应结束谈话，这时可以说："我们再保持联络，感谢您对本公司的支持。"

如果事情没有洽谈完，也要告诉对方："这次跟您预约的 20 分钟时间已经到了，是否能再给我一点时间？"如果对方回答"可以继续谈"，则抓紧时间谈完。若是感到会谈已成无谓的、冗长的拖延，而主人尚未有结束会谈的意思，也可说："谢谢您花时间在这次会谈上，这是个有建设性的会谈，但我现在必须离开了，我会尽快再与您联系的。"

（6）在商业场合最好不要吸烟，如果想吸烟应征求主人的意见。边吸烟边洽谈公事时，请务必注意礼貌，千万不可朝向他人脸部吐烟，这是非常不雅且不尊重他人的行为。

（7）在告辞的礼节方面，说过再见后，就应起身告辞，如果碰到受访者非常忙碌的时候，要很有礼貌地请对方留步。

（8）当有人为你奉茶时，应注视奉茶者，并诚恳地说声"谢谢"。在商务活动中，当别人奉茶时不要以手去接，以免增加奉茶者的困扰。但若是领导或长辈亲自给你奉茶则要起身双手恭敬地接过来。受人招待奉茶时，如果无法说感谢，也要以和蔼的眼神给奉茶者以回应。如果视而不见、听而不闻，则是非常失礼的行为。

喝茶时，如需加糖与奶精，应先调好之后，将茶匙横放在碟子上，再以右手端起杯子（除非你惯用左手）。喝茶时不可出声，不要因怕将茶叶喝入口中而以嘴滤茶，如果发出声音则是十分不雅的。女士喝茶前先用化妆纸将口红擦去，以免口红印留在杯子上。

课堂任务

　　一部分学生扮演拜访团体成员，另一部分学生扮演接待方成员，模拟演示以下情景：

1. 在门口迎接客人；
2. 引导客人前往接待室；
3. 与客人搭乘电梯；
4. 引见介绍；
5. 招呼客人；
6. 为客人奉送热茶；
7. 送别客人。

演示完毕后，可两组人员角色对调，再演示一遍，充分体会拜访、接待的不同礼仪要求。

三、馈赠礼仪

　　亲友和商务伙伴之间的正当馈赠是礼仪的体现，感情的物化。在正常的交际活动中，用以增进友情的合理、适度的赠礼与受礼时必要的。

（一）馈赠礼品的场合

1. 表示谢意敬意

　　当我们接受他人或某个组织的帮助之后应当表示感谢。例如，某位医生妙手回春治愈你多年的顽症，某个组织为你排忧解难等，此时为表示感谢和敬意，可送锦旗，并将称颂之语书写在锦旗上。

2. 祝贺庆典活动

　　当其他组织适逢庆典纪念之时，如某公司成立二十周年纪念，为表示祝贺，可送贺匾、书画或题词，既高雅别致又具有欣赏保存价值。

3. 公共关系礼品

开展公共关系活动中所送的礼品要与公共关系活动的目标一致，并且送礼的内容与送礼的组织形象是相符的。例如，上海大众汽车公司赠给客人的桑塔纳轿车模型，上海大中华橡胶厂精心设计研制的轮胎外形的钢皮卷尺等。

4. 祝贺开张开业

适逢有关组织开张开业之际，应送上一份贺礼，一般选送花篮为多，在花篮的绸带上写上祝贺之语和赠送单位或个人的名称。

5. 适逢重大节日

春节、元旦等节庆日，组织可向公众、组织内部的员工等，适时地送上一份小小的礼物，对他们给予组织工作的关心和支持表示感谢。亲朋好友之间也可选择适宜的礼品相赠，通过节日联络感情。

6. 探视住院病人

公司的客人、员工生病或亲友患病住院，均应前去探视，并带上礼品。目前探视病人的礼品也不断地从"讲实惠"到"重情调"，以往送营养品、保健品，如今送果篮、鲜花。

7. 应邀家中做客

应邀到别人家中做客或者出席私人家宴，出于礼貌，应带一些小礼品，如土特产、小艺术品、纪念品、水果、鲜花等。有小孩的可送糖果、玩具之类。

8. 遭受不测事件

世上难有一帆风顺之事，一个家庭或组织遇上不测事件之时，及时地送上一份礼物表示关心，更能体现送礼者的情谊。例如，对方遇上火灾、地震等灾难，马上发函或去电表示慰问，也可送上钱款、衣物相助。

（二）馈赠礼品的礼仪

1. 精心包装

送给他人礼品，尤其是在正式场合赠送他人的礼品，在相赠之前，一般都用专门的纸张包裹礼品或把礼品放入特制的盒子、瓶子里等。礼品包装后会使受赠者感到自己备受重视。

2. 表现大方

现场赠送礼品时，要神态自然，举止大方，表现适当。一般在与对方会面之后，将礼品赠送给对方，届时应起身站立，走近受赠者，双手将礼品递给对方。礼品通常应当递到对方手中，不宜放下后由对方自取。如礼品过大，可由他人帮助递交，但赠送者本人还是要参与其事，并援之以手。若同时向多人赠送礼品，按照先长辈后晚辈、先女士后男士、先上级后下级的次序，有条不紊地进行。

3. 认真说明

当面亲自赠送礼品时要辅以适当的、认真的说明。一是可以说明因何送礼，如若是生日礼物，可说"祝你生日快乐"；二是说明自己的态度，比如"这是我为你精心挑选的"、"相信你一定会喜欢"等；三是说明礼品的寓意，在送礼时，介绍礼品的寓意，多讲几句吉祥话，是必不可少的；四是说明礼品的用途，对较为新颖的礼品可以说明礼品的用途、用法。

（三）接受馈赠的礼仪

1. 受礼坦然

一般情况下，对于对方真心赠送的礼物不能拒收，"受之有愧"、"我不能收下这样贵重的礼物"这类话是多余的，有时还会使人产生不愉快的感觉。接收礼物时要用双手，并说上几句感谢的话语。不要虚情假意，反复推辞，或是心口不一，嘴上说"不要，不要"，手却早早伸了过去。

2. 当面拆封

如果条件许可，在接受他人相赠的礼品后，应当尽可能地当着对方的面，将礼品包装当场拆封。在启封时，动作要井然有序，舒缓得当，拆封后还要用适当的动作和语言，表示自己对礼品的欣赏之意。

3. 拒礼有方

有时候，出于种种原因，不能接受他人相赠的礼品。在拒绝时，要讲究方式、方法，处处依礼而行，要给对方留有退路，切忌令人难堪。可以使用委婉的、不失礼貌的语言，向赠送者暗示自己难以接受对方的好意，也可以直截了当向赠送者说明自己之所以不接受礼品的原因。在公务交往中，拒绝礼品时此法最为适用，如拒绝他人所赠的大额贵重礼品时，可以说："依照有关规定，你送我的这件东西，必须登记上缴。"

> **课堂任务**
>
> 假设 A 公司和 B 公司拟进行技术合作，共同开发新型汽车发动机。A 公司位于湖北武汉，B 公司为辽宁大连的一家公司。双方在大连合作会谈非常顺利。临近本次合作会谈尾声，B 公司公共关系部的王经理特意为远道而来的 A 公司李总经理一行 5 人准备了每人一袋的海产品，作为一点礼物赠送给对方。
>
> 每 6 名学生为一组，将全班同学分成若干组，然后安排学生分别扮演 B 公司的王经理和 A 公司的李总经理等 5 人，模拟进行礼物馈赠练习。应注意礼品馈赠时的口头语言与体态语言的演示。
>
> 学生之间互相点评，教师指导纠正。

实践任务

实训项目八 接待礼仪实训

【实训目标】

通过实训，掌握接待工作的程序和接待礼仪的要求，熟悉接待工作的具体环节和操作方法。

【实训要求】

必须演示接待的全过程，包括引入会客室、安排座位、沏茶等；适当地准备道具，如名片、茶具等；学生可分角色进行演练，如时间允许，可互换角色演示。

【实训口号】

有朋自远方来不亦乐乎！

【实训内容】

一、预约客人的接待

拟设职业情景，学生分角色模拟以下工作过程。

职业情景：某日，东方电子有限公司销售部经理刘风与其秘书小王经过预约来到朝阳贸易有限公司洽谈合作事宜，请分小组分角色演示朝阳贸易有限公司秘书钟苗接待的全过程。

角色一：东方电子有限公司销售部刘风经理　　角色二：刘风的秘书小王
角色三：朝阳贸易有限公司销售部经理林海　　角色四：秘书钟苗

二、拟定接待计划

拟设职业情景，学生按要求用计算机拟定接待计划及日程安排表。

职业情景：某日，朝阳贸易有限公司秘书钟苗接到行政经理谢飞的邮件，邮件中写道：

钟苗：

2010年3月28日（下周三）公司总部副总裁王明一行5人将来我公司视察。视察内容包括：听本公司领导述职（上午9：00—11：00在公司主楼第二会议室）；中午11：30—12：30在公司宾馆餐厅海王星厅就餐，我公司陪同人员有公司经理、副总经理（共2人）、办公室主任、公关部部长、经理秘书纪颖，共6人；出席本公司科技人员获国家科技奖表彰大会（在本公司礼堂举行，下午13：30—15：00）；检查实验大楼的建设情况（15：20—16：20在工地现场）；晚餐在17：00—19：00举行（地点同中午）。此次活动主陪人为公司总经理、两位副总经理、办公室主任及秘书。请你写出一份接待计划，并列出日程安排表。

行政经理　谢飞

2010.3.12

【模拟演练】

1. 请选择一个合适的时间，到你的同学（或者老师）家中作一次礼节性拜访，并在事后将你的感想写下来。

2. 你的上司很欣赏你的才华，邀你去他家中做客，并盛情挽留你与他家人一起共进午餐，期间你该注意些什么问题？

3. 有客人来你办公室作公务拜访，但你已有约定要去赴约，此时你该怎么办？

模块小结

1. 接待前的准备:(1)准备相关的设备;(2)美化空间,布置环境;(3)了解客人的情况;(4)确定接待规格;(5)安排接待日程;(6)准备相关的文书。

2. 除一些情况是在单位门口、办公室门口迎接客人外,迎接宾客礼仪主要是指到车站、码头或机场迎候客人的礼仪。迎接宾客礼仪要注意14个方面。

3. 奉茶前可事先请教客人的喜好是茶、咖啡或其他饮料,茶不要装得太满,以八分满为宜。水温不宜太烫,以免客人不小心被烫伤了。左手捧着茶盘底部,右手扶着茶盘的外缘,如有点心则放到客人的右前方,茶杯应摆在点心右边。奉茶时应依职位的高低顺序先端给不同的客人,再依职位高低端给自己公司的接待同仁。

4. 送客礼仪:握手致意,亲切相送;注意客人遗留的物品;送远道访客要告诉路线;送客真诚,送离视线。

5. 拜访是指亲自或派人到朋友或有商务往来的客户单位或相应的场所去拜见、访问某人或某单位的活动。它是组织的日常的商业交往活动。拜访有事务性拜访、礼节性拜访和私人拜访三种,事务性拜访又有商务洽谈性拜访和专题交涉性拜访。

6. 馈赠礼品的场合:表示谢意敬意、祝贺庆典活动、公共关系礼品、祝贺开张开业、适逢重大节日、探视住院病人、应邀家中做客、遭受不测事件。

7. 馈赠礼品的礼仪:精心包装、表现大方、认真说明。

8. 接受馈赠的礼仪:受礼坦然、当面拆封、拒礼有方。

综合练习

1. 接待前的准备工作有哪些?
2. 奉茶时应注意哪些礼仪?
3. 试列举拜访时应注意的礼仪。
4. 如果你准备去探望病人,要注意哪些事项?
5. 馈赠礼品的场合有哪些?
6. 试列举馈赠礼品和接受馈赠的礼仪。
7. 赠花的注意事项有哪些?

模块九 位次礼仪

应知导航

学习本模块要了解不同轿车的乘车位次;了解4种行进中的礼仪;了解大型会

议主席台的位次排列；了解茶话会的座次排列；掌握并运用乘车的位次礼仪；掌握并运用行进位次礼仪；掌握并运用会谈位次礼仪；掌握并运用会议位次礼仪；掌握并运用用餐位次礼仪。其中会谈位次礼仪和用餐位次礼仪为重点。

案例引入

　　某公司的王先生年轻肯干，点子又多，很快引起了总经理的注意并拟提拔为营销部经理。为了慎重起见，总经理决定对他再进行一次考查，恰巧总经理要去省城参加一个商品交易会，需要带两名助手，总经理选择了公关部杜经理和王先生。王先生很看重这次机会，并想借机好好表现一下。

　　出发前，由于司机小王乘火车先行到省城安排一些事务，尚未回来，所以，他们临时改为搭乘董事长驾驶的轿车一同前往。上车时，王先生很麻利地打开了前车门，坐在驾车的董事长旁边的位置上，董事长看了他一眼，但王先生并没有在意。

　　车上路后，董事长驾车很少说话，总经理好像也没有兴致，似在闭目养神。为活跃气氛，王先生寻一个话题："董事长驾车的技术不错，有机会也教教我们，如果大家都会开车，办事效率肯定会更高。"董事长专注地开车，不置可否，其他人均无应和，王先生感到没趣，便也不再说话。一路上，除董事长向总经理询问了几件事，总经理简单地回答后，车内再也无人说话。到达省城后，王先生悄悄问杜经理：董事长和总经理好像都有点不太高兴？杜经理告诉他原委，他才恍然大悟，"噢，原来如此。"

　　会后从省城返回，车子改由司机小王驾驶，杜经理由于还有些事要处理，需在省城多住一天，同车返回的还是4人。这次不能再犯类似的错误了，王先生想。于是，他打开前车门，请总经理上车，总经理坚持要与董事长一起坐在后排，王先生诚恳地说："总经理您如果不坐前面，就是不肯原谅来的时候我的失礼之处。"并坚持让总经理坐在前排才肯上车。

　　回到公司，同事们知道王先生这次是同董事长、总经理一道出差，猜测着肯定提拔他，都纷纷向他祝贺，然而，提拔之事却一直没有人提及。

　　位次礼仪是商务交往中的重要环节，它分为乘车位次礼仪、行进位次礼仪、会谈位次礼仪、会议位次礼仪、用餐位次礼仪等。

一、乘车的位次

　　乘车时一般情况下让客人先上车，后下车。当然，如果很多人坐在一辆车上，那么谁最方便下车谁就先下车。下面介绍乘车的位次礼仪。

（一）不同轿车里的乘车位次

　　（1）乘坐吉普车时，前排驾驶员身旁的副驾驶座为上座，其次为后排右座、后排左座。

　　（2）乘坐四排座或四排座以上的中型或大型轿车时，通常应以距离前门的远近来确定座次，离前门越近，座次越高；而在各排座位中，则又讲究"右高左低"。

（3）乘坐双排座位或三排座轿车时，座次的具体排列，因驾驶员的身份不同，分为下述两种情况。

① 由车主亲自驾驶轿车。这种情况下，双排五座轿车的副驾驶座为上座，其次为后排右座、后排左座、后排中座。

三排七座轿车的副驾驶座为上座，其次为中排右座、中排中座、中排左座、后排右座、后排中座、后排左座。当主人亲自驾车时，若一个人乘车，则必须坐在副驾驶座上；若多人乘车，必须推举一个人在副驾驶座上就座，不然就是对主人的失敬。

② 由专职司机驾驶轿车。在这种情况下，双排五座轿车的后排右座为上座，其次为后排左座、后排中座、副驾驶座。

三排七座轿车的后排右座为上座，其次为后排左座、后排中座、中排右座、中排左座、副驾驶座。

三排九座轿车的中排右座为上座，其次为中排中座、中排左座、后排右座、后排中座、后排左座、前排右座、前排中座。

根据常识，轿车的前排，特别是副驾驶座，是车上最不安全的座位。因此，按惯例，在社交场合，该座位不宜请女性或儿童就座。在公务活动中，副驾驶座，特别是双排五座轿车上的副驾驶座被称为"随员座"，即专供秘书、翻译、警卫、陪同等随从人员就座。

（二）轿车不同用途的位次

1. 公务用车

公务用车接待客人是一种公务活动，参与活动的车辆归属于单位，驾驶司机一般是专职司机。就双排座轿车而言，公务接待时轿车的上座指的是后排右座，也就是司机对角线位置，因为后排比前排安全，且右侧比左侧上下车方便。公务接待时，副驾驶座一般叫随员座，一般为秘书、翻译、保镖、警卫、办公室主任或者导引方向者的座位。

2. 社交用车

社交用车一般车辆的归属是个人的，开车的人是车主，则上座是副驾驶座，表示平起平坐。

3. 接待重要客人

接待重要客人，如接待高级领导、高级将领、重要企业家时，轿车的上座是司机后面的座位，因为该位置隐秘性比较好，而且是车上安全系数较高的位置。

> **课堂任务**
>
> 若干人为一组，并确定各自的角色（客人、女士、上级或主人、男士、下级等），表演按正确的座次乘车（轿车座位可用椅子代替）。
>
> （1）客方1人，我方3人（主要接待1人、陪同1人、司机1人），乘一辆车。
>
> （2）客方2人，我方2人（主要接待1人、司机1人），乘一辆车。
>
> （3）客方3人，我方3~4人（重要接待1人、陪同兼司机2人），分乘两辆车。

二、行进中的位次

所谓行进中的位次，指的是人们在步行的时候位次排列的顺序，在陪同、接待来宾或上级领导时，行进的位次礼仪不可忽视。行进中的位次排列可分为常规、上下楼梯、出入电梯、出入房门四种情况。

（一）常规

常规做法包括两个方面，即并排行进和单行行进。并排行进的要求是中央高于两侧，内侧高于外侧，一般要让客人走在中央或者走在内侧，这是并排行进时的做法。当与客人单行行进时，即一条线行进时，标准的做法是前方高于后方，以前方为上，如果没有特殊情况，应该让客人在前面行进。

（二）上下楼梯

上下楼梯是在商务交往中经常遇到的情况，上下楼梯时位次排列要注意两点。

一是要单行行进。上下楼梯时因为楼道比较狭窄，并排行走会阻塞通行，没有特殊原因，应靠右侧单行行进。

二是单行行进时以前方为上。一般情况下，应该让客人走在前面，把选择前进方向的权利让给客人。需要强调的是，如果接待的客人是一位女士，而女士又身着短裙，在这一情况下，接待人员要走在女士前面。

（三）出入电梯

1. 出入电梯次序

出入无人值守的电梯时，陪同者需要先进后出，而被陪同者一般要后进先出。陪同者先进后出，是为了控制开关按钮，不使它夹挤客人。

乘电梯时要注意安全。电梯关门时，不要扒门或强行挤入；在电梯人数超载时，要主动退出，不要心存侥幸，非进去不可。另外，与不相识者同乘电梯，进入时要讲先来后到，出来时则应由外而内依次而出，不可争先恐后。

2. 与客人共乘电梯要注意的礼仪

（1）陪同客人或长辈来到电梯门前后，先按呼梯按钮。电梯门打开时，若客人不止一人，可先行进入电梯，一只手按"开门"按钮，另一只手拦住电梯侧门，礼貌地说"请进"，请客人或长辈进入电梯轿厢。

（2）进入电梯后，按下客人或长辈要去的楼层按钮。若电梯行进间有其他人员进入，可主动询问要去几楼，并帮忙按下按钮。电梯内可视情况是否寒暄，如没有其他人员时可略做寒暄，有外人或其他同事在时，可斟酌是否有必要寒暄。在电梯内尽量侧身面对客人。

（3）到达目的楼层，一手按住"开门"按钮，另一只手做出请的动作，可说：

"到了，您先请！"客人走出电梯后，自己立刻步出电梯，并热诚地为其引导行进的方向。

（四）出入房门

没有特殊情况，一般是位高者先进或先出房门。如果有特殊情况，如需要引导，室内灯光昏暗，男士和女士两个人单独出入房门，则标准的做法是陪同接待人员要先进去，为客人开灯、开门，出的时候也是陪同接待人员先出去，为客人拉门导引。

课堂任务

1. 请你判断下列行进中的位次排列是否正确。

（1）一女士陪同三四位客人乘电梯，女士先入后出。（　　　）

（2）一男一女上楼、下楼，女后，男先。（　　　）

（3）一男一女在公司门口迎候客人。一个客人到来，男女主人将其夹在中间行进。至较狭之处，令客人先行。（　　　）

2. 模拟练习行进中的礼仪规范。

（1）商务接待场合。4人一组，其中2人扮演客人（一人为经理，另一人为秘书），2人扮演主人（一人为经理，另一人为秘书），表演4人单行行走、4人并排行走。

（2）非商务场合。3人一组，其中1人为女性，表演3人单行行走、3人并排行走。

注意行走的方位、姿态，可以边走边谈。

三、会谈的位次

在商务交往中，当不同的公司为了各自的经济利益而在一起进行接洽商谈时，就出现了谈判。在商务交往中，为了表示谈判的严肃性，谈判时必须遵守规定的礼仪，以示尊重和严肃性。

举行正式谈判时，有关各方在谈判现场具体就座的位次，有非常严格的礼仪要求。从总体上讲，排列正式谈判的座次，可分为两种情况。

（一）双边谈判

双边谈判，指的是由两个方面的人士进行的谈判。在一般性的谈判中，双边谈判最为多见。

双边谈判的座次排列，主要有两种形式可供酌情选择，一种叫横桌式，另一种叫竖桌式。二者有相同之处，也有操作上的具体差异。

横桌式座次排列：指谈判桌在谈判室内横

放，客方人员面对门而坐，主方人员背对门而坐。除双方主谈者居中就座外，各方的其他人士则应依其具体身份的高低，各自先右后左、自高而低地分别在己方一侧就座。双方主谈者的右侧之位，在国内谈判中可坐副手，而在涉外谈判中则应由译员就座。

竖桌式座次排列：指谈判桌在谈判室内竖放。具体排位时以进门时的方向为准，右侧由客方人士就座，左侧由主方人士就座。在其他方面，则与横桌式排座相仿。

归纳起来，双边谈判时位次排列有以下 4 个方面需要注意。

（1）举行双边谈判时，应使用长桌或椭圆形桌子，宾主应分坐于桌子两侧。

（2）如果谈判桌横放，面对正门的一方为上，应属于客方；背对正门的一方为下，应属于主方。

（3）如果谈判桌竖放，应以进门的方向为准，右侧为上，属于客方；左侧为下，属于主方。

（4）进行谈判时，各方的主谈人员应在自己一方居中而坐。

其他人员则应遵循右高左低的原则，依照职位的高低自近而远地分别在主谈人员的两侧就座。

（二）多边谈判

多边谈判是指由三方或三方以上人士所举行的谈判。多边谈判的座次排列，也可分为两种形式。

（1）自由式。自由式座次排列，即各方人士在谈判时自由就座，无须事先正式安排座次。

（2）主席式。主席式座次排列，是指在谈判室内，面向正门设置一个主席位，由各方代表发言时使用。其他各方人士，则一律背对正门、面对主席之位分别就座。各方代表发言后，亦须下台就座。

课堂任务

请为下列人员安排谈判时的座次，把代表人员的字母添入图中代表座位的圆圈中。

东道主：

A. 董事长

B. 公关部经理

C. 秘书

D. 翻译

外方：

E. 副总经理

F. 外联部经理

G. 驻华工作人员

H. 翻译

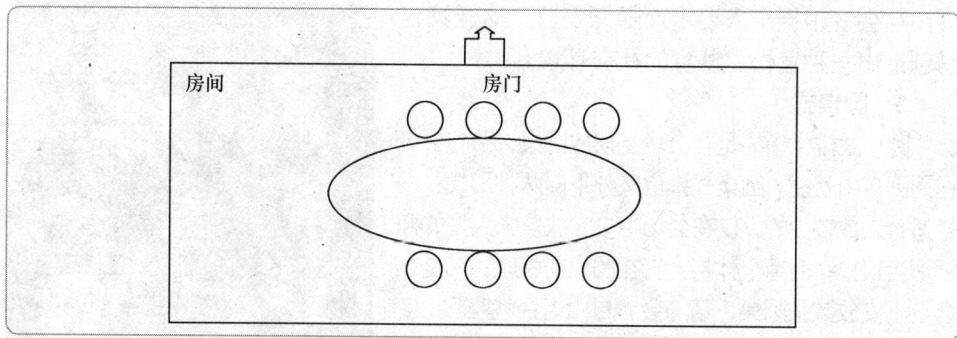

四、会议的位次

在商务交往中经常举行一些会议，会议通常分为四种，即小型会议、大型会议、茶话会与洽谈会。

（一）小型会议

举行小型会议时位次排列需要注意以下三点：第一，面对房间正门的位置一般被视为上座；第二，商务礼仪的基本要求是以右为上，坐在右侧的人为地位高者（在国内的政务交往中采用以左为尊，而国际惯例则以右为尊，商务礼仪遵守的是国际惯例）；第三，小型会议通常只考虑主席之位，但同时也强调自由择座，如主席也可以不坐在右侧，或者面对门而坐，也可以坐在前排中央的位置，强调居中为上。

（二）大型会议

大型会议应考虑主席台、主持人和发言人的位次。主席台的位次排列要遵循三点要求：第一，前排高于后排；第二，中央高于两侧；第三，右侧高于左侧（政务会议则为左侧高于右侧）。主持人之位，可在前排正中；亦可居中于前排最右侧，发言席一般可设于主席台正前方，或者其右前方。主席台的位次排列一般讲究居中为上，以右为上，前排为上。

（三）茶话会

茶话会的座次排列方式主要有以下四种。

1. 环绕式

环绕式不设立主席台，把坐椅、沙发、茶几摆放在会场的四周，与会者在入场后自由就座。这一安排座次的方式，与茶话会的主题最相符，也最流行。

2. 散座式

散座式排位常见于在室外举行的茶话会，坐椅、沙发、茶几可自由组合，甚至

119

可由与会者根据个人要求而随意安置。这样就容易创造出一种宽松、惬意的社交环境。

3. 圆桌式

圆桌式排位指的是在会场上摆放圆桌，请与会者在周围自由就座。圆桌式排位又分下面两种形式：一是适合人数较少的，仅在会场中央安放一张大型的椭圆形会议桌，而请全体与会者在圆桌前就座；二是在会场上安放数张圆桌，请与会者自由组合就座。

4. 主席式

这种排位是指在会场上，主持人、主人和主宾被有意识地安排在一起就座。

（四）洽谈会

举行双边洽谈时，应使用长桌或椭圆形桌子，宾主应分坐在桌子两侧。桌子横放，以面对正门的一方为上，属于客方。桌子竖放，以进门的方向为准，右侧为上，属于客方。在进行洽谈时，各方的主谈人员在自己一方居中而坐，其余人员则应遵循右高左低的原则，依照职位的高低自近而远地分别在主谈人员的两侧就座。如果有翻译，可以安排坐在主谈人员的右边。

举行多边洽谈时，按照国际惯例，一般要以圆桌为洽谈桌来举行"圆桌会议"。在具体就座时，各方的与会人员尽量同时入场、同时就座。注意主方人员不要在客方人员之前就座。

课堂任务

以下是一个小型会议的参加人员名单，请为下列人员安排会议的座次，把代表人员的字母添入图中代表座位的圆圈中。

A. 董事长
B. 公关部经理
C. 秘书
D. 翻译
F. 外联部经理
G. 外联部工作人员
H. 公关部工作人员

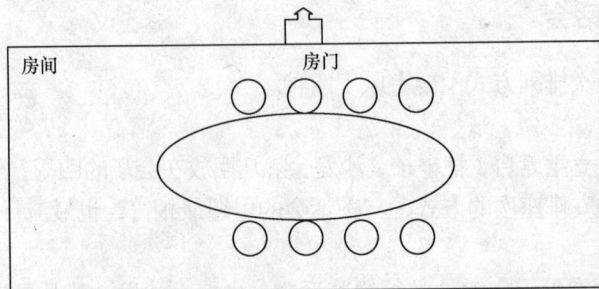

五、用餐的位次

在正式的商务宴请中，宴会的位次排列涉及两个问题：一是桌次，多张餐桌时的就餐位次安排；二是位次，每张餐桌具体的位次。

（一）桌次

在正式宴会上，当出现两张以上的餐桌时，桌次排列的基本要求是：居中为上、以右为上、以远为上，即离房间正门越远，地位越高。

比较正式的宴会，一般桌子上要放桌签，如一号桌、二号桌、三号桌……另外，桌上应该放姓名签。桌签应该等客人都到齐之后再拿掉，而且桌签应该是双向的。

（二）座次

餐桌上具体位置的排列需要抓住以下 3 个关键点：第一，面对门居中者为上，坐在房间正门中央位置的人一般是主人，称为主位；第二，主人右侧的位置是主宾位；第三，顺时针方向，按照来宾身份从高到低排列席位。当有女主人或者副主人时，女主人坐在男主人对面，其右手一般是主宾的夫人。有时候宾主双方的其他赴宴者也可以不必交叉安排，可以令主人一方的客人坐在主位的左侧，客人一方的人坐在主人的右侧，即主左宾右。

> **课堂任务**
>
> 给下列桌次排序：
>
>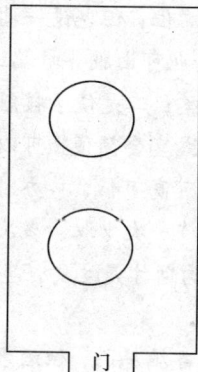
>
> 图 1
>
>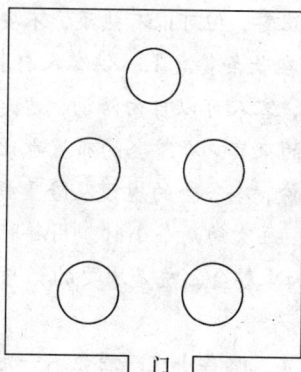
>
> 图 2
>
>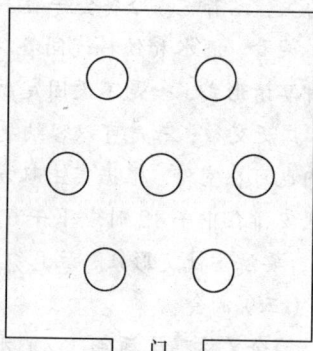
>
> 图 3
>
> 给下列人员安排入座：（黑色圆代表男主人、红色圆代表女主人）
> 图 4：
> 主方人员：3、5、7
> 客方人员：2、4、6、8

图5:
1. 男主宾　　2. 女主宾　　3. 主方人员两名　　4. 客方人员两名

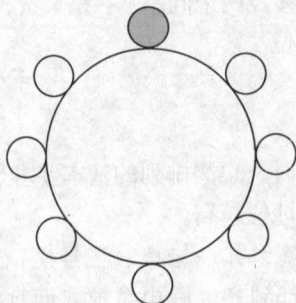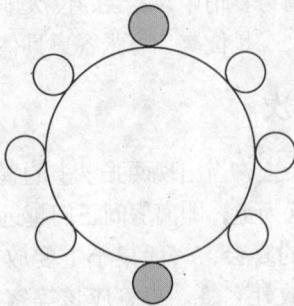

图4　　　　　　　　　图5

开阔眼界

几 种 宴 会

（一）工作宴会

按照用餐时间，可分为早餐、中餐、晚餐，工作餐不重交际形式而强调方便务实，无须事先发请柬，只邀请与某项特定工作有一定关系的领导、技术人员和其他有关人员，一般不请配偶。工作宴会排席位，其座位的安排以参加者职务的高低为序。座位设置以干净、幽雅、便于交谈为宜。

（二）冷餐会

冷餐会又称冷餐招待会、自助餐，是一种方便灵活的宴请形式。其基本特点以冷食为主，站着吃。冷餐会一般不设正餐，但可以有热菜，不安排席位，但也设一些散坐。菜肴、酒水和饮料连同餐具放在长条餐桌上，供客人自取，也可由服务员端送。这种宴请形式，一是不设固定席位，客人可以自由活动，边走边吃；二是便于接触交谈，广泛交往；三是可以容纳更多的来宾。冷餐会的布置也比正式宴会简便，可以在室内也可在室外。根据宾主双方身份，冷餐会的规模及隆重程度可高可低，举办时间一般安排在中午12时或下午6时，每次约两个小时。用餐时要"一次少取，多次取用"，要注意社交形象。注意，参加冷餐会，吃是次要的，与人沟通才是主要任务。

（三）酒会

酒会又称鸡尾酒会，以酒水为主，略备小吃。酒会不一定都备鸡尾酒，但酒水和饮料的品种应多一些，一般不用烈性酒。食物多为各色面包、三明治、小泥肠、炸春卷等，以牙签取食。酒水和小吃由招待员用盘端送，也可置于小桌上由客人自取。酒会不设坐椅，宾主皆可随意走动，自由交往。这种形式比较灵活，便于广泛接触交谈。举行的时间亦较灵活，中午、下午、晚上均可，持续时间为两小时左右。在请柬规定的时间内，宾客到达和退席的时间也不受限制，可以晚来早退。酒会多用于大型活动，因此，可以利用这个机会进行社会交际和商务交际。

（四）家宴

家宴是指在家中设便宴招待客人，以示亲切、友好。它在社交和商务活动中发挥着敬客和促进人际交往的重要作用，西方人喜欢采取这种形式。

家宴按举行的时间不同，又有早宴、午宴和晚宴；在宴请形式上又可分为家庭聚会、自助宴会、家庭冷餐会、在饭店请客等几种。家庭聚会是我国目前采用最多的一种请客形式。家庭聚会的规模较小，形式简单，气氛亲切友好，一般由女主人操办，适合宴请经常往来的至亲好友。自助宴会的特点是灵活自由，宾主可以一起动手准备，大家合作各显其能，边准备边聊天，这种形式比较随便、自然、亲切。家庭冷餐会以买来的现成食品为主，赴宴的客人可以站着吃，也可以坐着吃，还可以自由走动挑选交谈对象。这种形式比较受青年人的欢迎。在饭店请客或请厨师在家中做菜宴客，是较为正宗的家宴形式，适用于宴请某些久别的亲友和比较尊贵的客人，或者规模较大的婚宴、寿宴等。

实践任务

实训项目九　位次礼仪

【实训目标】
通过实训，掌握各种位次礼仪，培养良好的个人职业形象。

【实训要求】
每5～6人一组，进行行进中的礼仪、电梯礼仪及座次礼仪的训练；
采用分阶段、分层次训练，根据学生掌握的具体情况，提出相应的要求。

【实训口号】
主宾有序，安排合理!

【实训内容】

一、行进位次礼仪训练

1. 走廊里的引导方法：接待人员应走在客人左前方的2～3步处，让客人走在内侧，侧身注意客人，并与之保持一致步伐。

2. 走楼梯时的引导方法：上楼时，应让客人走在前面，接待人员走在后面；若下楼时，应由接待人员走在前面，客人在后面，上下楼梯时，接待人员应该注意客人的安全。

3. 乘电梯的引导方法：引导客人乘坐电梯时，接待人员先进入电梯，等客人进入后关闭电梯门，到达时，接待人员按"开"的按钮，让客人先走出电梯。

4. 客厅里的引导方法：当客人走入客厅，接待人员用手指示，请客人坐下，看到客人坐下后，才能行点头礼后离开。如客人坐在了下座，应请客人改坐上座（一般靠近门的一方为下座）。

5. 引路注意事项：引路时要适当地给客人做些介绍。

6. 拐弯处的引导方法：拐弯或有楼梯台阶的地方要使用手势，并提醒客人"这边请"或"注意楼梯"等。

二、搭乘电梯礼仪训练

1. 有人驾驶的电梯后进后出。

2. 无人驾驶的电梯先进后出。

3. 出电梯时的注意事项：从电梯内出来的人和等候搭乘电梯的人均应沿着自己的右侧方向依次排队出入，保持出入畅通。

4. 在电梯内应注意以下问题。

（1）先上电梯的人应靠后面站立，以免妨碍他人乘电梯。

（2）电梯内不可大声喧哗或嬉戏吵闹。

（3）电梯内有很多人时，后进的人应面向电梯门站立。

三、汽车座次礼仪

1. 模拟乘汽车司机驾驶、主人驾驶时的场景，请学生来安排座次。

2. 开车门上车时的要求：上车时，后排客人先上车，前排客人后上车。下车时前排客人先下车，后排客人再下车。女士穿裙装登车时不要一只脚先踏入车内，也不要爬进车里，应先站在座位边上，把身体降低，让臀部坐到位子上，再将双腿一起收进车里，双膝一定要保持合并的姿势。

四、实训检测

考核项目	考核内容		分值	自评分	小组评分	实得分
行进	行进的位置		20			
	引路的手势		20			
乘电梯	注意礼仪规范		20			
座次	乘汽车	注重座次规范	20			
	会谈时	座次安排妥当	20			

【模拟演练】

你打算在家中宴请几位客人，共有 7 位来宾：你的老师，你的部门经理（顶头上司），你的 3 位同事（其中一位与你的上司曾是中学同学），还有两位是你的朋友，他们与你的同学关系都不错。7 人中最年长的是你的上司，其次是你的老师，其他人的年龄都比较接近。试排列一下就餐时的席位（圆桌），并说明理由（说明：都是同性）。

模块小结

1. 公务用车时，上座为后排右座；社交应酬中，上座为副驾驶座；接待重要客人时，上座为司机后面之座。

2.　所谓行进中的位次，指的是人们在步行的时候位次排列的顺序。行进中的位次排列大体可分为常规、上下楼梯、出入电梯、出入房门4种情况。

3.　双边谈判座次有横式与竖式之别，多边谈判座次有主席式与自由式两种。

4.　双边谈判时位次排列有以下4个方面需要注意。

（1）举行双边谈判时，应使用长桌或椭圆形桌子，宾主分坐于桌子两侧。

（2）如果谈判桌横放，面对正门的一方为上，应属于客方；背对正门的一方为下，应属于主方。

（3）如果谈判桌竖放，应以进门的方向为准，右侧为上，属于客方；左侧为下，属于主方。

（4）进行谈判时，各方的主谈人员应在自己一方居中而坐。

5.　小型会议的位次排列礼仪要求：面对门而坐，居右而坐（进门方向），自由择座。

6.　大型会议主席台的位次排列要遵循三点要求：第一，前排高于后排；第二，中央高于两侧；第三，右侧高于左侧。

7.　茶话会的座次排列方式主要有环绕式、散座式、圆桌式和主席式4种。

8.　举行双边洽谈时，应使用长桌或椭圆形桌子，宾主应分坐在桌子两侧。桌子横放，以面对正门的一方为上，属于客方。桌子竖放，以进门的方向为准，右侧为上，属于客方。

9.　宴会桌次排列礼仪：居中为上，以右为上，以远为上。宴会座次排列礼仪：面门居中者为主人，主人右侧者为主宾，主左宾右分两侧而坐。

综合练习

1.　乘坐双排座或三排座轿车时，座次的具体排列有哪两种情况，试分别说明。
2.　出入电梯的礼仪有哪些？
3.　双边谈判时的位次排列应注意哪些？
4.　试说明多边谈判的两种形式。
5.　小型会议的位次排列礼仪有哪些？
6.　试论述宴会桌次排列礼仪。

模块十　商务通信礼仪

应知导航

学习本模块要了解电话语言要求；了解收发传真礼仪；了解书信的格式；了解留言条、收发电子邮件礼仪；了解贺卡使用礼仪；掌握接打电话的礼仪；掌握手机使用过程中的礼节；掌握商务书信的礼仪。其中，接打电话的礼仪和商务书信的礼仪最为常用，也是本章的学习重点。

案例引入

新加坡利达公司销售部文员刘小姐要结婚了，为了不影响公司的工作，在征得上司的同意后，她请自己最好的朋友陈小姐暂时代理她的工作，时间为一个月。陈小姐大专刚毕业，比较单纯，刘小姐把工作交代给她，并鼓励她努力干，准备在蜜月回来后推荐陈小姐顶替自己。

某一天，经理外出了，陈小姐正在公司打字，电话铃响了，陈小姐与来电者的对话如下。

来电者："是利达公司吗？"

陈小姐："是。"

来电者："你们经理在吗？"

陈小姐："不在。"

来电者："你们是生产塑胶手套的吗？"

陈小姐："是。"

来电者："你们的塑胶手套多少钱一打？"

陈小姐："1.8美元。"

来电者："1.6美元一打行不行？"

陈小姐："对不起，不行的。"说完，"啪"挂上了电话。

上司回来后，陈小姐也没有把来电的事告知上司。过了一周，上司提起他刚谈成一笔大生意，以1.4美元一打卖出了100万打。陈小姐突口而出："啊呀，上星期有人问1.6美元一打行不行，我知道你的定价是1.8，就说不行的。"上司当即脸色一变说："你被解雇了。"陈小姐哭丧着脸说："为什么？"上司说："你犯了5个错误。"

陈小姐被解雇是因为上司说她犯了5个错误，到底是哪些错误呢？

世界已经进入信息时代，人们之间的联系交流正因为科学技术提供的先进通信工具和手段而变得更加方便、准确和及时。过去人们联系主要是写信、拍发电报，现在不仅固定电话普及，移动电话、电子邮件、传真机等也都成为现代交际活动的重要通信工具。电报这种过去的重要通信工具在现代交际活动中用得越来越少，逐渐居于次要地位，但传统的书信通信依然具有其独特的功效和魅力。在享受通信便捷与快乐时，请不要忘记通信时的礼貌。

一、电话礼仪

电话是人们开展社交活动不可缺少的工具，在日常生活和工作交往中，都要利用电话与别人取得联系和交谈。要想有"带着微笑的声音"或者通过电话赢得信任，就必须掌握使用电话的礼节与技巧。

（一）电话语言要求

目前大部分电话能传输的信号是声音，但这一信号载体却包含着许多信息。说话人想做什么，要做什么，是高兴还是悲伤，还有对另一方的信任感、尊重感，彼此都可以清晰地得知。这些都取决于电话的语言与声调。因此，电话语言要求礼貌、简洁和明了，以准确地传递信息。

1. 态度礼貌友善

当我们使用电话交谈时，不能简单地将对方视为一个"声音"，而应看做是面对一个正在交谈的人。在使用电话时，多用肯定语，少用否定语，酌情使用模糊用语；多用些致歉语、请托语，少用傲慢语、生硬语。礼貌的语言、柔和的声音，往往会给对方留下亲切之感。正如日本一位研究传播的权威所说："不管是在公司还是在家里，凭这个人在电话里的讲话方式，就可以基本判断出其'教养'的水准。"

2. 传递信息简洁

电话用语要言简意赅，将自己所要讲的事用最简洁、明了的语言表达出来。因为通话的一方尽管有诸如紧张、失望而表情异常的体态语言，但通话的另一方不知道，他所能得到的判断只能是来自他听到的声音。在通话时最忌讳发话人吞吞吐吐，含糊不清，东拉西扯，正确的做法是：问候完毕对方，即开宗明义，直言主题，少讲空话，不说废话。

3. 控制语速语调

通话时语调温和，语气、语速适中，这种有魅力的声音容易使对方产生愉悦感。如果说话的语速太快，则对方会听不清楚，显得应付了事；语速太慢，则对方会不耐烦，显得懒散拖沓；语调太高，则对方听得刺耳，感到刚而不柔；语调太低，则会使对方听不清楚，感到有气无力。一般在电话里说话的语速、语调和平常的一样，把受话器放在离嘴两三寸的位置，正对着它说就行了。另外通电话时，周围有种异样的声音，会使对方觉得自己未受尊重而变得恼怒，这时应向对方解释，以保证双方心情舒畅地传递信息。

4. 使用礼貌用语

在电话交际中应使用礼貌用语，拨打和接听一般商务交际电话的礼貌用语及应对的重点分别如表 10-1、表 10-2 所示。

表 10-1　　　　拨打一般商务交际电话的礼貌用语及应对要点

接电话者（对方）	打电话者（自己）	应对的重点
▲您好，这里是国际公司门市部	● 我是中华公司业务部的张××。请问李××先生在吗	◇首先把要和对方谈的事情用备忘录整理好，并将会用到的资料事先准备妥当
▲请稍等一下		
▲我是李××	● 您好，我是中华公司业务部的张××。前天您订的货已经来了，我打算早一点送过去，您觉得如何	◇要找的人一接电话，就恭敬地再打一次招呼 ◇不要只配合自己的情况，也要问问对方是否方便

127

续表

接电话者（对方）	打电话者（自己）	应对的重点
▲哦，是这样啊！明天送过来怎么样	• 好，我知道了，那么明天几点，要送到哪里比较方便呢	
▲三点送到总务科，交给赵×× ▲能不能向您请教一下商品的使用方法	• 好，明天三点送到总务科，给赵××先生 • 好的，我明天会过去为您详细解说，我手上有说明书，马上用传真机传过去。若看不清楚给我来电话	◇为避免错误把对方的话重复一遍 ◇打电话前必要的资料要先拿在手上 ◇用传真机输送，输送以前，都须以电话确认
▲好，我明白了 传真收到了，很清楚，谢谢	• 明天再拜访了，谢谢您，再见！好，我知道了，再见	◇别忘了结束时的道别

表 10-2　　　　　　接听一般商务交际电话的礼貌用语及应对要点

接电话者（对方）	打电话者（自己）	应对的重点
	• （电话铃响）这里是中华公司业务部	◇电话铃响两声，就拿起话筒。如果是在中午以前，别忘了道一声早安
▲麻烦您找张××先生听电话	• 对不起，请问您是哪一位	
▲我是国际公司的李××	• 张先生他在，请稍等 • 抱歉，让您久等了，他大概3点会回来。请问您有何事，能否让我转达	◇反复确认对方 ◇倘若叫人要花点时间，要问对方是否方便等 ◇如果要找的人不在，不要只告知"他不在"，其后的应对不要忘记
▲不可以，这事除了张先生之外，别人不明白。那么能不能麻烦您请他4点钟左右打电话给我 ▲好的，1234567	• 是。但为防万一，能不能留下您的电话号码？ • 我确定一下，是不是1234567，敝人姓杨，等张先生回来我一定转告他4点左右给您打电话	◇如果对方愿告知什么事，用备忘录记好 ◇对方交代的事情一定要重复确认 ◇在留言备忘录中，要记上对方打来的电话，及对方的姓名
▲拜托您了	• 不客气。那么再见	◇确定对方已挂断电话后，再轻轻放下听筒

（二）接电话

1. 迅速接听

接电话首先应做到迅速接听，力争在铃响3次之前就拿起话筒，这是避免让打电话的人产生不良印象的一种礼貌。电话铃响过3次后才做出反应，会使对方焦急不安或不愉快。正如日本著名社会心理学家铃木健二所说："打电话本身就是一种业务。这种业务的最大特点是无时无刻不在体现每个人的特性。""在现代化大生产的公司里，职员的使命之一，是一听到电话铃声就立即去接。"接电话时，也应首先自报单位、姓名，然后确认对方，如"您好！这是××公司营销部。"如果对方没有马上进入正题，可以主动请教："请问您找哪位通话？"

2. 积极反馈

作为受话人，在通话过程中，要仔细聆听对方的讲话，并及时作答，给对方以积极的反馈。通话过程中，如果听不清楚或意思不明白时，要马上告诉对方。在电话中接到对方邀请或会议通知时，应热情致谢。

3. 热情代转

如果对方请你代转电话，应弄明白对方是谁，要找什么人，以便与对方要找的人联系。此时，请告知对方"稍等片刻"，并迅速找人。如果不放下话筒喊距离较远的人，可用手轻捂话筒或按保留按钮，然后再呼喊接话人。如果你因别的原因决定将电话转到别的部门，应客气地告之对方，你将电话转到处理此事的部门或适当的职员，如"真对不起，这件事是由财务部处理，如果您愿意，我帮您转过去好吗？"

4. 做好记录

如果对方要找的人不在，应为其做好电话记录，记录完毕，最好向对方复述一遍，以免遗漏或记错。可利用电话记录卡片做好电话记录。电话记录卡片如图 10-1。

给 ＿＿＿＿＿＿＿＿＿＿

日期 ＿＿＿＿＿＿＿＿＿＿　时间 ＿＿＿＿＿＿＿＿

你不在办公室时 ＿＿＿＿＿＿＿＿＿＿公司的 ＿＿＿＿＿＿＿＿＿＿（先生、女士、小姐）＿＿＿＿＿＿＿＿＿

电话 ＿＿＿＿＿＿＿＿

    ○ 电话　　　　　　　○ 请打电话回去

    ○ 要求来访　　　　　○ 还会打电话来

    ○ 是否紧急　　　　　○ 回你的电话

留言 ＿＿＿＿＿＿＿＿＿＿＿＿＿＿＿＿＿＿＿＿＿＿＿

＿＿＿＿＿＿＿＿＿＿＿＿＿＿＿＿＿＿＿＿＿＿＿＿

＿＿＿＿＿＿＿＿＿＿＿＿＿＿＿＿＿＿＿＿＿＿＿＿

接话人 ＿＿＿＿＿＿＿＿

图 10-1　电话记录卡片

（三）打电话

1. 时间适宜

打电话的时间应尽量避开上午 7 时前、晚上 10 时以后的时间，还应避开晚饭时间。有午休习惯的人，也尽量不要用电话打扰他。电话交谈所持续的时间不宜过长，事情说清楚了就可以了，一般以 3~5 分钟为宜。因为在办公室打电话，要照顾到其他电话的进、出，不可过久占线，更不可将办公室的电话或公用电话作为聊天的工具。著名相声表演艺术家马季曾说过一段相声，名叫《打电话》，讽刺的就是这种人。

2. 有所准备

通话之前应该核对对方公司或单位的电话号码、公司或单位的名称及接电话人的姓名。写出通话要点及询问要点，准备好在应答中使用的备忘纸和笔，以及必要的资料和文件。估计一下对方情况，决定通话时间。

3. 注意礼节

接通电话后，应主动友好，先说明自己是谁，除非通话的对方与你很熟悉，否则就该同时报出你的公司及部门名称，然后再提一下对方的名称。打电话要坚持用"您好"开头，"请"字在中，"谢谢"收尾，态度温文尔雅。若你找的人不在，可以请接电话的人转告，如"对不起，麻烦您转告×××……"，然后将你所要转告的话告诉对方。最后别忘了向对方道一声谢，并且问清对方的姓名。切不可"咔嚓"一声就把电话挂了，这样做是不礼貌的，即使你不要求对方转告，也应该说一声："谢谢，打扰了。"打电话结束时，要道谢并说声再见，这是通话结束的信号，也是对对方的尊重。通话时注意说话的声音要愉快，通话结束后听筒要轻放。一般是打电话的人先挂断电话，接电话的人再挂断电话。但是与上级、长辈、客户等通话时，最好等对方先挂断电话。

（四）收发传真礼仪

传真机是远程通信方面的重要工具，因其方便快捷，在现代商务活动中使用越来越多，传真件也是一种普遍认可的文书形式。起草传真时应做到简明扼要，文明有礼。与其他通信工具相比，传真机有其独特的使用规则。

1. 规范操作

在发传真之前，应先打电话通知对方接收，这样可避免传真件丢失。

传真机有自动和手动两种方式。手动方式需接收传真的人给传真开始的信号，传送者在听到嘀嘀的长音后再开始传真文档。自动方式无须对方人工操作，拨通传真电话，在几声正常的电话回音后，就会自动发出嘀嘀的长音，此时就可以开始传真文档了。

传真机不适合传送太长的文件，由于传真机所用的纸张质量一般不高，印出的字迹可能不太清楚，要长久保存请将传真件复印。如果接收人需要原件备案，诸如一些需要主管人员亲笔签字的合同等资料，则应在发完传真后将原件用商业信函的方式寄出。

2. 明确信息

为了明确传真的有关信息，正式的传真必须有封面，封面页一般较为正式。有的企业使用"填空式"或封面专用纸。发急件时应在封面正面页注明，因为有的大企业定时分批发送公函和信笺，如不标明急件，就容易被耽误。传真封面应注明传送者与接收者双方的公司名称、人员姓名、日期、总页数等，使接收者一目了然。如果不是非常正式的传真，也必须认真标明传真页码。接收方如果发现其中某一张传真不清楚或是未收到，可以请对方再将此页传一次。发传真时，可以使用本企业名称的公文纸，并注明时间与日期。一般应在第一页写明接收人姓名、电话号码以及所在部门名称；如果需要可写明发送人的姓名、传真号、电话号码、所在部门名称等。

3. 注意保密

未经事先许可，不应传送保密性强的文件或材料，因为公共传真机保密性不高，任何刚好经过传真机旁边的人，都可以轻易窥得传真纸上的内容，所以传真件不能确保完全保密。

4. 行文礼貌

书写传真件时，在语气和行文风格上，应做到清楚、简洁，且有礼貌。传真信件时必须用写信的礼仪，称呼、敬语等均不可缺少，尤其是信尾签字不可忽略，这不仅是礼貌问题，而且只有签字才代表这封信函是发信者同意的。

> **课堂任务**
>
> 1. 两人一组，用固定电话或手机现场表演各类情形的通话，其他同学观摩，表演结束后，由同学们点评，最后老师总结。以下情形仅供参考。
> （1）双方第一次进行业务联系；
> （2）下级向上级通过电话汇报工作；
> （3）正在与客户交谈时电话震动提示有来电；
> （4）在电影院看电影时必须接听一个十分重要的来电。
> 2. 判断以下情景中对电话的使用是否符合礼仪。
> （1）一男士夜间休息，电话铃响，被惊醒。（　　　）
> （2）一男士在办公室内打电话。"这场球太臭，真的，那个6号……"（　　　）
> （3）一男士接听电话："您好！北方公司。您找西海公司？抱歉！您拨错了。需要的话，我可以替您查一下西海公司的电话。"查手册，又道："它的电话是211211。不客气，再见。"（　　　）
> （4）一男士接电话："你好！北方公司。你找西海公司？下次看清楚，我们是北方公司！"（　　　）

二、手机礼仪

手机是现代商业活动中最便捷的移动通信工具，它弥补了固定电话机受空间限制的缺陷，可以随时随地进行电话联络，加快了商业往来的速度，使商业的谈判、协商和交流信息成为动态流动和实时的过程。但是，如果在使用手机时不讲究必要的商务礼仪，不但会影响自己的个人形象，而且还可能殃及公司的对外形象。因此，移动通信工具的使用礼仪，是商务办公礼仪很重要的组成部分。

（一）手机使用场合的礼仪

手机使用礼仪包括遵守公共秩序和注意安全两个方面。

1. 遵守公共秩序

使用手机等移动通信工具时，绝对不允许扰乱公共秩序，从而给公众带来"听觉污染"。在下列场合中应该限制或慎重使用手机。

限制使用手机的场合
- 要求保持安静的场所
- 上班期间
- 开会、会见等聚会场合

（1）要求保持安静的公共场所。不得在要求"保持安静"的公共场所，如音乐厅、美术馆、影剧院等场所用手机大声打电话。必要时，应当关闭手机或让其处于静音状态。

（2）上班期间。尽量少在上班期间，尤其是办公室、车间里，因私使用自己的手机，否则不但浪费工作时间，在一些有危险的工作场所还可能带来生产隐患。

（3）开会、会见等聚会场合。在开会、会见等聚会场合，不能当众使用手机等移动通信工具，以免给别人留下用心不专、不懂礼节的恶劣印象。

2. 注意安全

手机等移动通信工具的使用，很可能会分散人们对其他事情的注意力。另外，手机本身还会产生电磁辐射。因此，在使用手机的过程中，必须牢记安全准则。一般来说，在以下场合严格禁止使用手机。

禁止使用手机的场合：
- 驾驶汽车的时候
- 加油站、面粉厂、油库等易燃场所
- 病房内
- 飞机飞行期间

（1）驾驶汽车途中。在驾驶汽车的过程之中，驾驶者不应使用手机通话或查看短消息，以免由于注意力不集中而违反交通规则，甚至酿成车毁人亡的悲剧。

（2）易燃易爆场所。在加油站、面粉厂、油库、油漆厂等各种易燃易爆场所，应该禁止使用手机等移动通信工具，以免引发火灾甚至爆炸。

（3）病房之内。在医院、病房等场所也应当禁止使用手机，以免其信号干扰医疗仪器的正常运行而酿成医疗事故，或者影响病人的休息。

（4）飞机飞行期间。根据安全规则，在飞机航班的飞行期间严格启动手机，否则会给飞机飞行带来重大的安全隐患。因此，在飞机上必须保证手机处于关闭状态。

（二）手机携带礼仪

在商务活动中携带手机时，应当将其放在恰当的位置，既要方便使用，又要合乎礼仪，如表10-3所示。

表 10-3　　　　　　　　　　　　手机携带礼仪

常　规　位　置	暂　放　规　定
放在随身携带的公文包内	未穿外套时别挂在腰带之上
放在上衣口袋内，尤其是上衣内袋	参加会议时将其暂交秘书、会务人员代管
不使用时不要握在手里	交谈时暂放在手边、身旁、背后等不起眼处

（三）手机使用过程中的礼仪

手机等移动通信工具是现代文明的产物，人们在日常生活中越来越普遍地使用手机，在使用手机的过程中应该注意一些基本的礼仪。

（1）确认通话对象或电话号码。手机是方便人们进行交流的工具，在使用手机时要先确定通话对象或电话号码，这样有助于减少拨错电话，缩短通话时间。

（2）长话短说，精简通话内容。

（3）上班时间将手机调整为震动或静音。由于手机属于私人通信工具，在上班时间内应尽可能少用手机。如果确实有使用手机的必要，则应该将其设置为震动模式，避免手机铃声干扰其他人。

（4）公共场所要压低通话音量。在公共场合尽量做到不使用手机。如果遇到非打不可的电话，应该寻找一个较为偏僻的地点，压低通话音量，千万不要大呼小叫，干扰周围的人，否则会引起他人的反感。

（5）接待访客时勿使用移动电话。在接待访客的过程中尽量不要使用手机，要以客为尊，如果有随身携带手机的习惯，在接待访客时应将手机放在桌面上或抽屉里。

（6）移动电话留言要留下时间、日期。使用手机进行留言时要注意留下详细的时间或日期。如果没有留言时间，对方很难分清楚留言中所提及的事务的轻重缓急，这样有可能使得某些重要的事情得不到及时处理，造成不必要的损失。

（7）信号较弱时应寻求其他方式联系。在一些手机信号比较弱的地区，有时候通话质量不高，通话的声音不得不提高。在这种情况下，应该向对方说明信号不好，征得对方同意后挂断电话，等到信号较强的时候再通话或者选择其他的方式进行联系。

（四）使用手机的注意事项

（1）在参加一些需高度保密的重要会议时，不要携带手机进场，如果携带手机进场，要关闭手机电源，并将手机电池取出。因为科学研究证实，装有电池的手机能够向外发送会场信息，可以被专用设备接收而泄密。

（2）使用平板式手机还要注意键盘的锁闭问题，一般平板式手机都有键盘的锁闭的功能，不用时要将键盘锁闭，避免误操作造成呼叫通话，既打扰对方，又造成话费的损失。

（3）国际漫游和国内漫游话费都比较贵，因此在拨打对方手机而对方身在外国或异地旅行时，要长话短说，或换个时间再联系，以免让对方支付昂贵的漫游费。

课堂任务

1. 学生3～5人分为一组，自编小品表演打电话（手机），可以将打电话（手机）中不规范的礼仪表现演示出来，师生点评。

2. 每两人一组，模拟各种情形进行手机短信的发送和回复，然后相互评论对方发送短信的做法有无不符合礼仪之处，最后由老师总结。

三、书信礼仪

书信的格式和要求，各个国家有不同的标准。这里主要介绍我国的书信礼仪及其礼貌用语。

（一）书信的一般礼仪要求

书信可分为社交书信和公务书信两种，社交书信一般指私人之间来往的信件，公务书信指用在公务活动中的各种信件，如介绍信、证明信、保证书、申请书等。

信：是一种按照习惯的格式把要说的话用文字等符号写下来，给指定对象阅读的一种文书。信又称书信、信件等，是人们在社交活动中经常采用的一种交际工具。

函：原义是指信的封套，后转义将别人来的信件尊称为"函"。函是我国行政机关确定的一种公文，用于平行机关或没有隶属机关之间商洽工作，询问和答复问题时使用的一种公文。上级机关对下级机关有所询问或答复询问时也可以用函。函可分为公函和便函两种。公函是指按照正规公文手续处理较重要问题时所使用的函件，它有完备的公文格式。便函则是指处理一般性事务时所使用的函件，它行文较自由，格式要求不太严格。

书信的格式通常包括称呼、正文、署名、日期、信封等几部分。

1. 称呼

称呼表明发信者与收信者之间的关系，要求在第一行顶格写，称谓要使用礼貌用语，并加上冒号，表示下面有话要说。

2. 正文

正文是信函的主要内容。正文通常包括问候语、正文主体和祝颂语3部分。

（1）问候语。正文通常以问候语开头。问候对方是书信中的一种礼节礼貌，它体现出发信函者对收信函者的一种关切。书面问候语与口头问候语有所不同，书面问候语一般比较简洁，常用的书面问候语是"您好"、"新年好"等，问候语一般在称呼之下另起一行空两格书写，并自成一段。

（2）起始语。起始语是在正文开始之前的引子。通常是表达双方之间互通信息情况、情感、思念、钦佩、关切、问安、祝贺、致谢、致哀等，试举例如下。

表情感：数封手书，热情诚挚之情溢于言表。

表思念：见信如面，分手多日，别来无恙。

　　表时令问候：春光明媚，想必阖家安康。

　　表贺喜：喜闻您新婚燕尔，特表祝贺。

　　表致歉：久未通信，深表歉意。

　　（3）正文的主体。这是发信函者要书写的中心内容。无论中心内容是什么，在书写时都要注意语言的表述，一要真诚，这是书写信函的关键；二要得体，即合双方的关系及实际；三要简洁，即语言精练、简洁，字迹工整、清楚，切不可字迹潦草；四是表述要准确。信函的内容一旦跃然纸上，发给对方，便是"君子一言，驷马难追"，故对表述内容要仔细考虑，切不可草率下笔。

　　（4）结束语。结束语通常是总结全篇，表达书写者的情感、意图等。结束语的内容常用于请托、承诺、婉辞、请教、商讨、馈赠礼物、邀约、催办、附言、代言以及其他客套用语，试举例如下。

　　表请托：拜托之处，劳您费心帮助，不胜感激。

　　表承诺：所托之事，一定尽心办理，请您放心。

　　表请教：在这方面所知甚浅，恳请您不吝赐教。

　　表催办：希望您尽快给我答复，深表感激。

　　表情感：诉不尽思念之情，希望你多加珍重。

　　（5）祝颂语。祝颂语是对对方的一种祝福、祈愿。祝颂语可分为两部分，第一部分是一般祝颂语，常紧接正文之后书写或另起一行空两格书写；第二部分是特殊祝颂语（专门祝颂语），一般要根据具体情况来选择使用，常另起一行顶格书写。

　　祝颂语是一种礼貌用语，常用的祝颂语如表10-4所示。

表 10-4　　　　　　　　　　　　常见祝颂语

一般祝颂语	专门祝颂语	针对对象、环境等
此致、此祝 此询、此贺 此问 祝好 敬祝、敬贺 敬询、敬候 恭祝、恭请 恭问、恭贺 恭候 顺祝、顺贺 顺询、顺问 谨祝、谨贺 谨问、谨请	敬礼、礼、顺意、万事如意、万事皆佳	一般性问候
	春安、夏安（暑安）、秋安、冬安	四季
	新喜、春喜、新年好	新年、新春
	撰安、著安、著福 文安、教安、编安	作家、学者 教师、编辑 等知识分子
	学安、进步	学生
	痊安、愈安、健康、早愈	病人
	旅安、客安、行安、游安	出门远行者
	阖家欢乐、阖府康福、台家女好	全家人

3. 署名与日期

　　署名和日期一般都写在祝颂语下一行末端处。署名占一行，日期另起一行，在末端处紧接上一行署名下书写。

如果是给朋友、同学的信函，可直接署上自己的名字或用习惯的自称，如王刚、小王、刚等。如果是写给父母长辈的信函，通常在署名前加上相应的自称，如小儿（小女）、儿子（女儿）等。如果是长辈给晚辈的信函，一般只署自称，如爸爸、妈妈或者父字、母字等。如果是公务信函，则可在署名前加上单位或内部科室名称，然后再署全名，有的也可在名称前署上自己的职务、职称等。

日期一项则书写当日时间或确切时刻，也可在日期一栏加上写作地点，如 1998年 1 月 30 日于半壁斋。

4. 信封

我国的信封由国家统一标准、统一格式。信封上的内容包括收信人的邮政编码、收信人的详细地址、收信人姓名、寄信人详细地址、寄信人姓名及寄信人邮政编码。

信封上的邮政编码和地址、人名一定要写准确，地址应写省、市、单位或区（县）街道的全称，不能写简称，字迹要工整、清楚，以便于邮政人员辨识以及微机检索。

（二）商务书信的礼仪规则

在现代商务活动中，商务书信依然是商务通信的基础和重要内容之一，传真件、E-mail 等通信文件的书写依然要遵循和借鉴书信礼仪规范，书面商务书信仍然是普遍承认的具有法律效力的经济交往工具，因此，商务书信礼仪的地位仍然很重要。商务书信的礼仪规则如下。

1. 格式正确

商业书信应使用印有公司抬头的专用纸，这种纸张一般只能用于公司业务，不书写私人信件，以免收信人在阅读全文之前分不清来函的性质。所有信函的结构，大体都分为 3 部分，即开头、正文与结尾。开头是收信者和主题；正文用于说明和讨论问题的细节；结尾则说明发信人将采取何种行动或希望对方采取何种行动以及落款和日期。信函格式应美观大方，不可密密麻麻一大片，要留足页边。段落要有长有短，句型要参差有致。重点地方不妨加框，采用列表形式，或使用黑体字、斜体字，给人以美感。

2. 称谓得体

称谓也叫称呼语，信函的称呼语要准确，符合寄信人与收信人的特定关系，要正确表现收信人的身份、性别等。

要正确使用对方的姓名与头衔，这是一个重要的礼节问题。一般平时对对方称呼什么就写什么。在格式上，称呼语在信的第一行起首的位置单独成行，以示尊重。如果是自己尊敬的领导和长辈要写成"尊敬的某某"，写给非亲属的长辈、业务伙伴一般在姓氏、名字或姓名后加职务、学衔或职称，如张经理、卫国书记、赵志坚博士、王工程师等。中国人习惯称职务，欧美人一般愿意被称呼学衔，如果不知道对方的姓名和头衔，在发函前最好先打电话询问收信人的姓名与头衔。

一般称女性为"小姐"是可接受的称呼，公函上常用。如果对方喜欢被称作"夫人"，那就称呼"夫人"，如果弄不清称呼"夫人"还是"小姐"时，不妨统称"女士"，不是万不得已不写"亲爱的先生/小姐"和"致有关人士"的称呼，这等于告诉对方，你连他是谁，是男是女都尚不清楚。如打听不到收信人的姓名，可以用职务等中性名称代替，比如称对方为经理、代表之类，并在前面加上其公司或部门的名称。如果从姓名上判断不出对方的性别，可称其全名，在前面加上"尊敬的"而略去"先生"、"小姐"等字样。

3. 内容得当

正文是商务书信的主体，即写信人要说的话，要交代的事情。正文书写一般从信的第二行前面空两格开始。尽管书信内容的写法各不相同，但是都要表情达意，以具体准确为原则，要字迹工整、言之有物、语句通顺，还要措辞得体，根据收信人的特点和写信人与收信人的关系来进行措辞。应避免写错字或打字错误，这不仅不礼貌，还会给人留下粗心的印象。恰当驾驭语言文字能产生影响力，即使是书面联系也能对他人的感受和行动产生久远的影响，并能通过语言文字的魅力给对方留下好感。有时即使对方不同意你的意见或建议，也会对你流利的书法、通畅的文字和彬彬有礼的态度留下深刻的印象。

写信的目的是为了让人看懂，因此写信时应做到清晰易懂、开门见山、直截了当，以便收信人看过一遍就能完全领会你的意思。信写完后应仔细检查并阅读一遍，如果读起来感觉欠佳，那对方收到后阅读的效果也不会好，应重新进行修改。

信的内容要丰富，但应尽量简练，避免重复，同时用词也应简练。为了少用词语，有时可列出所有要点，并在每行之前标以序号，既清楚又醒目。要多用常用词。词汇越丰富，用词就越准确。但不可使用生僻、晦涩的词，这样，对方会认为你在故弄玄虚，卖弄学问；也要避免使用对方不懂的行话。各行各业都有其独特的行话，非本行业的人极难明白其中真正含义；同样，一些文绉绉的老式用语，也以不用为宜，免得被人视为"老古董"，如"于兹附上"可写成"内附"，"望予俯允"可写成"请求"，"前举"可写成"上述"，"惠予通告"可写成"请告知"等。

4. 语言规范

含有性别歧视或易产生歧义的词语不宜使用。要从收信人的角度突出说明："他为什么要关心此事？""这事与他有什么关系？"以及"这对他有什么好处？"让读信人一开始就进入角色。要开门见山，把最重要的内容写在最前面，对收信人可能提出的问题应尽量先做回答。这样，即使收信人看了一半时中断阅读，也会了解书信的基本内容。书信中使用反面或否定的语言会显得很生硬，极易使对方产生受责备的感觉，因此，要尽量使用正面、肯定的词语。用正面而有礼的表达方式可以增加亲切感，使人更容易接受。例如，有利、得益、慷慨、成功、务请、为您骄傲等都是正面词语，而失误、遗憾、软弱、疏忽、马虎、无能、错误等都是反面词语。比如，要求对方及时送来报告，写成"请按时将报表寄来"，比"这份报表不可延误"来得婉转。还要正确使用过渡词语，如"因此"、"所以"、"此外"、"例如"、"仍然"、"然而"、"其结果是"、"更有甚者"等，可使文字显得流畅，但不宜滥用，以免啰嗦。注意使用正确的语法、拼写和标点，在这些方面出差错会给人以不好的印象，虽然这些都是小节，不能据此对一个人作出判断，但却容易让人认为写稿人工作马虎，也显得对对方不够尊重。此外，商务信函的语气要亲切、直接、自然，像面对面说话一样。

5. 结尾讲究

商务信函的结尾部分一般要有结束语、致敬语、署名或签名，以及日期。结束语如"特此函告"、"专此说明"等，致敬语如："此致敬礼"、"顺致发财"等。署名、签名可并用，也可签名单独用，函件一般还需要加盖公章。

6. 仔细审校

使用计算机写信时最好打印出一份草稿以便审校，另外，为避免出错，商务信函写好后最好再核查一遍看看还有没有不妥之处。比如用词是否得体？表达是否清楚？

（三）特种信函礼仪

1. 柬帖的礼仪

柬帖是一种礼貌性的书面通知，在我国古代，人们每遇到重大事件，均以文字请友邀亲，用来表示敬意和隆重的就是所谓的请柬或柬帖。如今，人们举行宴会、酒会、茶话会、招待会、舞会、婚礼，以及各种专题性的活动，如博览会、订货会、展销会、联欢会、新闻发布会等，都用柬帖邀请各界宾朋。当然，邀请宾朋的方式很多，如打电话、写信等，但是柬帖这种方式比较正式、礼貌，显示了对所邀宾朋的重视和尊重，是一种比较流行且很受欢迎的社交方式。

请柬的形状、大小可根据各自喜好自行确定，没有统一标准。请柬最好自己设计、制作，极具纪念意义。其基本格式包括以下几个部分。①封面。颜色、图案可自行设计，封面上写明"请柬"二字。②称谓。与信函称谓基本相同。③正文内容。主要包括活动性质、规格、活动时间、地点及其他有关事项。④祝颂语。与信函的祝颂语基本相同，但较之于信函要简单些。最常用的祝颂语是"敬请光临"。⑤署名和日期。与信函相同。

请柬是一种比较正规、隆重的文书，是一种具有特殊意义的书信，常为应邀者当作纪念品收藏，因此，发请柬者一定要注意请柬的设计、制作，因为它代表着你对所邀者的真诚、重视，也体现着你自身的形象。请柬上的文字最好由发柬者自己书写。请柬一般应提前4～10天寄出或亲自送达，以便受邀请者及早做出应邀与否的决定或准备。

2. 贺卡的礼仪

贺卡已经发展成为一个专门的通信门类，它被广泛运用于现代社交礼仪中，使用方便而且外观精美。在新年、圣诞节前，寄发贺卡成为人们文化生活中交流感情的重要内容。

（1）贺卡的形式和名称。贺卡多是双面折叠式的，印制精美，多为32开的，也有较小的贺卡，但较大幅的贺卡也越来越常见。

贺卡有横式和竖式之分，但常见的贺卡多是竖式的，且文字大都横排，除非是设计的需要才竖排。封面是贺卡的门面，设计精美，且文字多用烫金等手段修饰。但贺卡不像请柬，一般不印"贺卡"、"圣诞卡"、"情人卡"等名称，而是写上"新年快乐"、"圣诞快乐"等字样来表示种类以此来喻示贺卡的名称。

（2）贺卡使用礼仪。绝大部分贺卡都和时间有着密切关系，如新年贺卡、圣诞贺卡、生日贺卡、周年纪念贺卡等。

生日贺卡是祝福生日用的贺卡。每当亲朋好友过生日，寄上一张生日贺卡，往往可以维系亲情，增进友谊。在音乐贺卡中，以生日贺卡居多，这种生日音乐卡在打开时放出优美的生日祝福音乐，有的还有与整个图案相谐调的彩灯，可谓是形色辉映、声情并茂。

周年纪念贺卡也能表现出多方面的礼仪。这里说的周年，有订婚周年、结婚周年、毕业周年、获得学位的周年以及其他值得纪念的日子。其中最突出的是结婚周年纪念日。

新年贺卡和圣诞贺卡是最多见的贺卡。新年贺卡几乎是全世界都使用的贺卡。每逢新年来到，一张贺卡寄上我们对新的一年的祝福，会使人感到特别温馨。除新年之外，我们民族的传统节日——春节，也是寄贺卡表达情意的一个好时机。对于那些新年来不及寄贺卡的，春节时补上一张，既不失礼，也显得自然。圣诞卡原本也是新年贺卡的一种，在西方很流行，这些年在我国也时兴起来。它虽然与新年卡基本相同，但是祝福内容不同。

西方情人节有情人卡，这些年也逐渐在我国都市流行起来，比起其他的卡来说，这种卡无论封面封底，都显得温情脉脉。由于这种卡的对象特殊，所以追求华丽、贵重。

（3）贺卡的选定礼仪。贺卡虽小，却满含情意，这就需要依据不同的对象选择不同的贺卡。例如，给朋友的贺年卡要温馨一些，给长辈或老师的要古朴一些。无论印制的贺卡多么精美、华贵也不能完全表达情意，如果在贺卡适当的地方写上几句祝福或心语，则会提高其情感的含量。

3. 便条的礼仪

便条包括便笺和留言条。与一般书信相比，便条的使用范围很广泛。

（1）便笺，即便函，俗称便条，其书写要求和格式与一般书信大致相同。特点是文字简短，内容单一。便笺的内容，如果是告知对方某一日常生活事宜的，虽三言两语却情味隽永；若是就某一问题发表意见的，应有真知灼见，写得言简意深；如果拜托对方帮助办某一具体事情的，宜礼貌周全、简洁明确。

（2）留言条礼仪。留言条是一种临时性的书面留言，通常在访问未遇或在日常交往中未见对方而有事要告知对方时所书写的一种便条。

访问未遇是留言条用得较多的场合。在这种情形下，留言条一般应写明来访目的、未遇心情，以及希望、要求等。如果以前与对方没有交往，还需作自我介绍。临时想到一件事要告诉对方，或者临时有一活动希望对方参加，而对方恰恰暂时离开，这时也常常采用留言条通知的方式。

应该说，留言条上的内容，一般都比较简单，写起来也是开门见山。可以把要说的事情写在纸条上，也可以只把下次联系的时间、地点、方法提出要求或建议，而不写具体事项。

如果是给从未见过面的人留条，可按一般书信的要求和格式书写。如果是比较熟悉友好，留言条的写法就有较大的自由性，可以活泼，可以简单，以对方能够完全理解为原则。

课堂任务

假设你是一个企业的负责人，你手下有一名员工，其工作能力一般，对自身要求不严，表现也较为散漫，你不很欣赏他。有一天他来找你，说他找到了一个新的工作，想离职并请你写一封推荐信，你该如何下笔？

四、网络礼仪

（一）网络礼仪的概念与内容

网络礼仪是在互联网使用中表示尊重、友好的行为规范与准则。网络礼仪是社交礼仪的新内容。目前尽管它的礼仪形式尚未完全成熟，但随着网络的发展，它在网络社交中将发挥重要的作用。

在网上交往中，无论是发 E-mail、聊天、讨论问题，还是发表文章、观点，基本都要遵循文书礼仪的行文要求。鉴于网络传播的特点，网络礼仪包含以下几个方面。

（1）注意网上礼貌用语，文字要准确、简洁。与人交流中，应确保用语文明、规范、准确、礼貌。在网上发表个人意见时应简明扼要，不可长篇大论，自以为是。不得使用攻击性、侮辱性的语言。

（2）要及时接收与回复邮件。及时接收与回复邮件，是对交往人的尊重。要注意定期打开电子邮箱，及时查看有无新邮件，以免遗漏或耽误重要的事情。对于收到的邮件要及时回复，交流信息，加强彼此之间的联系。

（3）适当使用网络语言。在网络中，虽然人们之间不是面对面地交流，但是在行文中加入一些数字或表情符号，来表达你当时的心情，会使交流更有情趣。

（二）网络交往中的注意事项

在网络交流中，为保证彼此相互尊重，特别要注意以下事项。

（1）保密原则。在网上，不要散发任何需要保密的信息，否则会引起不必要的麻烦。同时不要把私人邮件公开发布。如果你收到一封私人信件或是网友的照片，应自己保存，把它送给别人或是公开是很不明智的。

（2）小写原则。在书写英文时，不要全部使用大写字母，因为大写字母易造成人们阅读的困难。

（3）勿扰他人原则。如果出于己方利益需发送信件到他人的信箱，请标明道歉的词句，以避免别人的厌恶。这里还要注意，不要试图第二次再发送该类信件，这样会引起他人的强烈不满。

（4）尊重他人时间原则。不要发表过于长篇的言论；向他人询问时，要态度诚恳，每次尽量只问一个问题，而且提问不要过于笼统。

（5）尊重他人人格原则。不要发表污秽的言论；在复制及引用有版权的文字及图片时，要与版权人联络，取得同意后再用；不要将他人作品变成自己的作品，或者删去署名改为佚名；不要任意修改网络上不属于自己的资讯；在发表言论时，不要使用过火的词句。

（6）遵守在网络上愉快生活的守则，做到8个要：要彼此尊重，要容许不同意见，要宽以待人，要保持平静，要与他人分享，要帮助新手，要幽默。

（三）收发电子邮件礼仪

电子邮件，即通常说的E-mail，因其方便快捷，费用低廉，深受人们喜爱，使用者越来越多，尤其是国际间的通信交流和大量信息交流更具优势明显。收发电子邮件注意以下礼仪。

1. 书写规范

电子邮件的内容与书写格式应与平常书信一样，称呼、敬语不可少，签名则仅以打字代替即可。写电子邮件的语言要简略，写完后要检查一下有无错误。因为发出去的邮件很可能被对方打印出来贴在公告牌上。写邮件时最好在主题栏写明主题，以便让收件人一看就知道来信的主旨。

2. 发送邮件

发送电子邮件时最好不要将正文栏空白只发送附件，除非是因为各种原因出错后重发的邮件，否则不仅不礼貌，还容易被收件人当做垃圾邮件处理掉。重要的电子邮件可以发送两次，以确保能发送成功。发送完毕后，可通过电话询问对方是否收到邮件，通知收件人及时阅读。收到邮件后应尽快回复来信，如果暂时没有时间，可先简短回复，告诉对方自己已经收到其邮件，有时间会详细说明。

3. 注意安全

电子邮件是计算机病毒重要的传染源和感染病毒的主要渠道。收发电子邮件都要注意远离计算机病毒。发送电子邮件时要注意尽可能不使邮件携带计算机病毒。如果没有反病毒软件适时监控，发送邮件前要用杀毒程序杀毒，以免不小心把有病毒的信寄给对方。

此外，要注意定期清理收件箱、发件箱和回收箱，及时将一些有用的电子邮件地址存入通讯簿。

课堂任务

在互联网上博客非常流行，你有自己的博客吗？如果有，请结合自己玩博客的经验，谈谈网络中应注意的礼仪。如果没有，请申请一个博客并使用它。

开阔眼界

国际商务书信布局礼仪

1. 斜排式或缩行式

这种排列的要领在于信头、结束语、签名和发信人姓名都靠右或偏右，而封内地址和称呼则排在左边，如果以上任一要素要分行排列时，后行要比前行缩入 2 个（或 3 个）英文字母；正文每段开始要缩入 5 个英文字母，段与段之间要空一行。这种形式讲究匀称美观，是传统的排列范式，目前只有少数英国人喜欢用。

2. 正排式或垂直式或齐头式

这种排列的要领在于每个要素都从左边开始排列，每一行都不向右缩入，因而整封信的左边成一垂直线右边参差不齐。这种形式虽然打字时方便省事，不需考虑左边缩入，但不匀称美观，所以使用它的人也不很多。

3. 改良式或混排式

这种排列集上述两种形式之所长，信头、结束语、签名和发信人姓名排在右边，封内地址和称呼排在左边，但每个要素分行时每行都不向右缩入；正文每段开始缩入 5 个英文字母，而段与段之间可不空行。这种形式兼顾了方便省事与匀称美观，因此，它是目前极为流行的英文书信范式。

注意事项：

（1）因为手写有时难免不好辨认，所以英文书信最好是打印。

（2）信封的书写一般是收信人名址写在信封正面的中央而发信人名址可写在正面的左上方或者信封的背面，书写形式应与信内风格一致。

实践任务

实训项目十

【实训目标】

通过实训，掌握电话用语的规范要求，正确地使用电话用语。

【实训要求】

准备职业装、电话、摄像机、大屏幕教室；5～6 人为一组，进行练习与考核，用摄像机录制学生的考核过程；学生自我评价，教师总结点评存在的个性与共性问题。

【实训口号】

讲礼貌不会失去什么，却能得到一切。

【实训内容】

实训项目		实训要求	操作规范
电话用语	通话前的准备	打电话的准备要求	慎选通话时间 备好通话内容 挑准通话地点 做好心理准备
		接听电话的准备要求	（1）确保畅通 （2）专人职守 （3）预备记录

续表

实 训 项 目		实 训 要 求	操 作 规 范
电话用语	通话初始	打电话开始时的要求：问候，自报家门，进行确认	（1）问候。问候对方的用语通常是"您好"或是"喂，您好"，如果通话对方已率先向自己问好，应立即以相同的问候语回敬对方一句 （2）自报家门 ① 只报出本单位的全称 ② 自报本单位的全称与所在具体部门的全称 ③ 报出通话人的全名 ④ 报出通话人的全名与所在具体部门的名称 ⑤ 报出通话人的全名与所在单位的全称以及所在具体部门的名称 （3）进行确认
		接电话时的要求：问候，自报家门，询问对方具体事务	当你拿起电话后，首先问候对方，然后自报家门，或是先自报家门再问候对方。例如，"您好！×××公司，请问您想找哪个部门？"
	通话中	1. 声音清晰	（1）咬字准确 （2）音量适中 （3）速度适中 （4）语句简短 （5）姿势正确
		2. 态度平和	（1）不卑不亢 （2）不骄不躁
		3. 不忘职责	（1）接听及时：电话铃响3次左右及时接听 （2）如因特殊原因不能及时接听电话，就应在拿起听筒后首先向对方表示歉意："对不起，让您久等了。"
		4. 内容紧凑	每次通话的具体时间，以3~5分钟为宜
		5. 主次分明	在相互问候之后，通话双方即转入主题
	通话结束	1. 再次重复重点	（1）通话即将结束时，拨打电话的一方应将重点内容简单复述一下，以便确认双方沟通无误 （2）为避免给对方以烦闷之感，在复述时应多采用礼貌用语
		2. 暗示通话结束	在挂断电话前，应先向通话对象暗示词意
		3. 感谢对方帮助	在通话之中，如果对方给了了自己一定程度的帮助，在即将结束通话时，应向对方正式地进行一次道谢
		4. 代向他人问候	如果通话方是旧交，那么双方在通话结束之前，不妨相互问候一下对方的同事或家人
		5. 互相进行道别	结束通话的最后一句话，应当是通话双方互道"再见"
		6. 话筒要轻轻挂上	挂机时应小心轻放

143

实 训 项 目		实 训 要 求	操 作 规 范
电话用语	代接电话	代接电话时，服务人员应一如既往地保持友好的态度去帮助对方。不要语气大变，立即挂断电话，更不要对对方的其他请求一概拒绝	（1）如果对方要找的人就在附近，应请对方稍候片刻，然后立即去找。需要注意的是，接听电话后不要立即大声喊人，不要让对方等候过久，也不要直接询问对方与所找之人的关系，找他到底有何事等 （2）如果对方要找的人已经外出，应首先告之对方他要找的人已经外出，然后再询问对方是何人，是否有事需要转达，如有事需要转达，应认真记录下来，并尽快予以转交。如果事关重大，则最好不要再委托他人代劳，以防泄密 （3）如果对方要找的人正在忙于他事，不便立即接听，此刻代接电话的人可以告诉对方，或者告之以他要找的人暂时外出。随后咨询一下对方要不要自己代劳，或者要不要代替双方预约个方便的通话时间
	做好电话记录	在进行电话记录时，要求记好要点内容，并与对方进行核实	（1）电话记录的内容应当包括：来电时间、通话地点、来电人、来电的主要内容及处理方式等 （2）对于重要的电话记录，尤其是涉及行业秘密时，要严格地进行保密 （3）进行电话记录后，相关人员应及时对其进行必要的处理

【模拟演练】

1. 求职是每位大学生走上社会必须经过的环节，求职信也是你的第一张没有答案的"试卷"。试围绕你的专业和你的求职要求，写一封求职信，并请老师和同学给予评议。

2. 自我检查　　　　　　　　　　　　　　　　　　　　是　否　没注意

（1）电话机旁有无准备记录用纸笔？　　　　　　　　　□　□　□

（2）有无在电话铃响3声之内接起电话？　　　　　　　□　□　□

（3）是否在接听电话时做记录？　　　　　　　　　　　□　□　□

（4）接起电话后有无说"您好"或"您好，××"？　　□　□　□

（5）客户来电时，有无表示谢意？　　　　　　　　　　□　□　□

（6）对客户有无使用专业术语，简略语言？　　　　　　□　□　□

（7）对外部电话是否使用敬语？　　　　　　　　　　　□　□　□

（8）是否让客户等候30秒以上？　　　　　　　　　　 □　□　□

（9）是否打电话时，让对方猜测你是何人？　　　　　　□　□　□

（10）是否正确听取了对方打电话的意图？　　　　　　□　□　□

（11）是否重复了电话中的重要事项？　　　　　　　　□　□　□

（12）要转达或留言时，是否告知对方自己的姓名？　　□　□　□

（13）接到投诉电话时，有无表示歉意？　　　　　　　□　□　□

（14）接到打错电话时，有无礼貌回绝？　　　　　　　□　□　□

（15）拨打电话时，有无选择对方不忙的时间？　　　　□　□　□

（16）拨打电话时，有无准备好手头所需要的资料？　□　□　□
（17）拨打电话时，有无事先告知对方结果、原委？　□　□　□
（18）说话是否清晰、有条理？　□　□　□
（19）是否拨打私人电话？　□　□　□
（20）电话听筒是否轻轻放下？　□　□　□

模块小结

1. 电话语言要求：态度礼貌友善、传递信息简洁、控制语速语调、使用礼貌用语。

2. 接电话礼仪：迅速接听、积极反馈、热情代转、做好记录。打电话礼仪：时间适宜、有所准备、注意礼节。

3. 收发传真礼仪：规范操作、明确信息、注意保密、行文礼貌。

4. 应该限制或慎重使用手机的场合：①要求保持安静的公共场所；②上班期间；③开会、会见等聚会场合。

严格禁止手机使用的场合：①驾驶汽车途中；②在易燃易爆场所；③病房之内；④飞机飞行期间。

5. 手机使用过程中的礼节：①先确认通话对象或电话号码；②长话短说，精简通话内容；③上班时间电话要调整为震动或静音；④公共场所要压低通话音量；⑤接待访客时勿使用移动电话；⑥移动电话留言要留下时间、日期；⑦信号较弱时应寻求其他方式联系。

6. 书信可分为社交书信和公务书信两种，社交书信一般指私人之间来往的信件，公务书信指用在公务活动中的各种信件，如介绍信、证明信、保证书、申请书等。

书信的格式通常包括称呼、正文、署名、日期以及信封等几部分。

7. 商务书信的礼仪规则：格式正确、称谓得体、内容得当、语言规范、结尾讲究、仔细审校。

8. 贺卡使用礼仪。

9. 留言条是一种临时性的书面留言，通常在访问未遇或在日常交往中未见对方而有事要告知对方时所书写的一种便条。

10. 收发电子邮件礼仪：书写规范、发送讲究、注意安全。

综合练习

1. 电话语言有哪些要求？
2. 接打电话的礼仪有哪些？
3. 试列举使用手机的礼仪。
4. 商务书信的礼仪规范有哪些？
5. 收发电子邮件有哪些礼仪要求？

项目四

商务活动礼仪

模块十一 商贸服务礼仪

▶ 应 知 导 航

学习本模块要了解柜台服务礼仪和超市售货礼仪的基本要求；了解宾馆服务礼仪包括哪些内容；掌握商品推销礼仪的具体运用；重点掌握写字间礼仪和导游服务礼仪。

▶ 案 例 引 入

客人为何留下

一个下雨的晚上，机场附近某大酒店的前厅很热闹，接待员正紧张有序地为一批误机团队客人办理入住登记手续，在大厅的休息处还坐着五六位散客等待办理手续。此时，又有一批误机的客人涌入大厅。大堂经理小刘密切注视着大厅内的情景。

"小姐，麻烦您了，我们打算住到市中心的酒店去，你能帮我们叫辆出租车吗？"两位客人从大堂休息处站起身来，走到小刘面前说。"先生，都这么晚了，天气又不好，到市中心去已不太方便了。"小刘想挽留住客人。

"从这儿叫出租车到市中心不会花很长时间吧，我们刚联系过，房间都订好了。"客人看来很坚决。

"既然这样，我们当然可以为您叫车了。"小刘彬彬有礼地回答道，她马上叫来行李员小秦,让他快去叫车,并对客人说"我们酒店位置比较偏,可能两位先生需要等一下,我们不妨先到大堂等一下好吗?"

"那好吧,谢谢。"客人被小刘的热情打动,然后和她一起来到大堂休息处等候。

天已经很黑了,雨夹着雪仍然在不停地下,行李员小秦始终站在路边拦车,但十几分钟过去了,也没有拦到一辆空车。客人等得有些焦急,不时站起身来观望有没有车。小刘安慰他们说:"今天天气不好,出租车不太容易叫到,不过我们会尽力而为的。"然后又对客人说:"您再等一下,如果叫到车,我们会及时通知您的。"

又一个 15 分钟过去了,车还是没拦到。客人走出大堂门外,看到在风雪中站了30 多分钟脸已冻得通红的行李员小秦,非常抱歉地说:"我们不去了,你们服务这么好,我们就住这儿吧,对不起。"还有一位客人亲自把小秦拉进了前厅。

一、公司业务礼仪

商界独领风骚的公司,所凭借的不仅是雄厚的资金、成功的产品、积极的对外宣传,还包括严格的规章、良好的管理、从业人员较高的综合素质及对待商务交往的高度重视。这些就是公司礼仪,即商务礼仪在公司里的具体化、个性化。

147

(一)写字间礼仪

写字间是公司业务人员、管理人员办公的地方,因此,公司礼仪的核心内容就是写字间礼仪。写字间礼仪,就是公司职员在办公地点内的仪容仪表、言谈话语、举止行为、待人接物等的基本规范,是公司职员在上班时的基本守则。

写字间既是工作的地方,又是社交的场所。写字间工作人员的礼仪如何,往往是评价一个公司的重要依据。

1. 服饰规范

进入写字间上班的公司职员,应当衣着整洁。要求男职员穿深色西式套装、白衬衫,打素色领带,穿深色皮鞋;女职员穿西服套裙、长筒袜或连裤式肉色丝袜,穿黑色高跟皮鞋或半高跟皮鞋。太艳、太奇、太露、太随便的服装,都不宜在办公室里穿着。

2. 言谈适度

出入写字间,应礼貌地与同事打招呼,"您好"、"早安"、"再会"之类的问候语要常挂在嘴边。办公时,要注意保持安静。讨论工作时,声音不宜太大,不要与他人争论不休。在写字间内大吼大叫、高谈阔论、乱开玩笑等,都是言语失分寸的表现。

3. 举止得体

写字间是公司的"窗口",每位职员都应举止稳重、得体。走路时要身体挺直、步履稳健;站立时不要斜靠门、墙、办公桌等;坐下时要端正,不要东倒西歪地靠在椅背上或桌子上;谈话时手势要适度,不要手舞足蹈,过于做作;开关门窗、橱柜、抽屉时,动作要轻缓;递物件时要讲究方向,如递文件等要正面朝上,并顺着文字自上而下的方向递给对方,递刀子或剪刀,也应把尖利的一端向着自己等。

4. 遵守制度

各公司都有自己的管理制度，这是公司工作正常进行的重要保证。例如，按时上下班，不迟到、不早退、不旷工；不在工作岗位上吃东西、刮胡子、看小说、睡觉、打扑克；不占用工作时间上街买菜、逛商店等。

5. 专心工作

在写字间工作，在上班期间应当各负其责，首先做好本职工作。若非上级要求进行必要的合作，同事之间在写字间里不要说闲话、开玩笑。当手头上的工作处理完时，可预备下一步的工作，或者整理一下手头的资料，不要跑到其他同事的办公桌旁，谈些与工作无关的话题，干扰别人的正常工作，更不要溜达到比邻的其他公司里去串门，或是站在楼道里"望风捕影"。

6. 公私分明

写字间的基本规则之一，是不要在写字间办私事。例如，不要在写字间里干私活，如写家信、会晤私交等，不要利用写字间的办公设备为自己服务，如打私人电话、收发传真或电子邮件、拷贝软件、复印资料等。公私要分明，是做人的一项基本原则。

7. 清洁卫生

清洁卫生是写字间礼仪的第一要求。写字间不仅是工作的地方，还是接待来访的场所。整洁舒适的工作环境，不仅能使人心情舒畅，提高工作效率，也会给来访者带来宾至如归的感受，体现了对客人的尊重。

8. 整齐有序

办公室的设备如文件柜、办公桌、坐椅、电话、传真、计算机、复印机等，要放置有序、整齐合理。在办公桌上不要堆放过多的书报、文件、文具等，更不要摆放自己的私人物品，如孩子的照片、恋人的信物、备用的化妆品、个人的收藏品等。暂时不用的物品，应分门别类地归置到抽屉里或文件柜内。

（二）商品推销礼仪

推销是指把商品直接或间接地送达消费者手中的一系列活动。在现代经济生活中，推销已变成商品流通一个不可或缺的重要手段。推销礼仪是一个推销能手必备的基本素质，在推销过程中，它起到举足轻重的作用。

1. 接近顾客

（1）讲究仪表。第一次接近顾客，建立良好的第一印象至关重要。初次见面，顾客容易以貌取人，因此，衣着要合体大方，与自己的身材、年龄、个性以及所推销产品的风格相配合。走路、说话、做事要稳重，切忌毛手毛脚。面部表情要自然，常带微笑，给人以亲切感和信任感。

（2）坦诚相待。由于推销员是陌生人，顾客会有怀疑和防备心理，因此，坦诚相待是推销之初最好的缩短双方距离的工具。首先要介绍自己的姓名、身份、愿望；其次要真诚地关心顾客，如顾客要选料做衣，推销人员就要代他（她）出主意怎样才能省料。俗话说："精诚所至，金石为开"，只有这样，才能赢得顾客的信任，并在交易过程中与顾客建立起互相信赖的关系。

2. 约见顾客

约见是指推销人员事先征得顾客的同意，协商相互见面接触的活动，它在推销过程中起着非常重要的作用。从礼仪角度看，事先约好顾客，充分体现了对顾客的尊重，也易于被顾客接受。

（1）时间适宜。约见的时间视顾客的方便而定，应选择天气良好、对方时间宽裕的时候，可以主动提出几种建议由顾客定夺。切记：约见时间一定要使双方都明确，不可含糊不清。推销人员务必按时到达，绝不可失约。

（2）地点方便。约见地点所造成的会见气氛，在一定程度上制约着推销的成败。所以，地点的选择，以顾客自选为最佳。如果由双方议定或由推销方确定，则应以方便顾客赴约为准，选择顾客熟悉的，安全、轻松的场所。现在的推销，常常安排在社交娱乐场所或风景旅游点，目的就是为了营造一种轻松的氛围。

（3）方式得当。约见顾客的方式多种多样，如电话预约、信函预约，也可以当面约见等。不论口头预约还是书面预约，都要注意措词得体。

3. 推荐产品

（1）尊重顾客。耐心细致地介绍商品，允许顾客随意插话、提问，不可轻易打断对方的谈话，或者自己一直滔滔不绝地说下去，可适时问一句："您看呢？""您觉得呢？"

（2）诚实客观。要诚实、客观地介绍商品。只说优点不谈欠缺的方式只会令顾客生疑，因此，正确的推销礼仪是全面、透彻地介绍商品的长处，同时简略地说明其他方面，给对方以诚实可信的感觉。

（3）耐心讲解。对顾客提出的异议要耐心讲解，有异议说明顾客开始关注这个商品，这时候更应热心地解释说明，即使对方的看法有误，也不要争辩，不要争吵，更不能面露不屑与不悦。应多听善说，引导、说服顾客而不要驳斥顾客。即使否定对方观点也要在遣词上维护对方，不可嘲笑对方。

（4）择机应对。对待顾客的提问要处理得当，一般性问题应立即回答，不能避而不答或含糊其辞。对有些技术性强的问题和异议，则应稍作思考或延缓回答，可表现出负责任的慎重态度，必要时可暂不回答，待查阅资料或请教专业人员、负责人之后再回答。

（5）热情适度。在推销过程中不可过度热情，恰当的热情可促使推销成功，但不要造成急于催促对方购买的印象和压力。推销时，应允许对方查看商品，但沉默时间不要过长，可适时插话，主动提出并分析对方担心的问题，这会显得热情而不急功近利。

4. 达成交易

成交是推销基本获得成功的标志，但并非意味着推销工作的结束，因为即使达成交易，对方也会更改意见，这时礼仪的表现显得尤为重要。

（1）保持常态。成交时不要喜形于色，失去了原有的沉稳。表情、态度要自然、平静，要保持常态。

149

（2）赞美顾客。要赞美顾客的选择，要将成交归功于对方，而不能沾沾自喜，否则容易令顾客反感，也许会使顾客失去购买兴趣。

（3）少言。既然已达成交易，就切忌再啰嗦地说个没完，一则令人生厌，二则可能会有口误，导致节外生枝。因此，成交后要少说话，谨慎用词。

（4）热情告别。成交后，可转换轻松的话题聊聊天，不可一成交就即刻走人。应面带微笑与顾客握手告别，表示谢意以及持久合作的意愿。

（5）善始善终。成交后，应留下联络地址及电话，表示有问题一定尽力解决。交易后一段时间，应主动联系顾客征求其意见和要求，这样才显得礼数周全、善始善终。

> **┃ 课堂任务 ┃**
>
> 两人一组，其中一名同学扮演商业推销人员，另一名同学扮演顾客，运用所学的公司业务礼仪知识进行推销，然后互换角色。

二、商场服务礼仪

商场作为买卖商品的地方，是商品流通的最后环节。消费者在这里购买商品，不但满足了生活需要，还能体验到新型人际关系和人格得到应有尊重的精神愉悦。因此，商场服务礼仪同样重要。

（一）柜台服务礼仪

1. 主动迎客

迎接顾客是商场营业员为顾客服务的第一步。

顾客进店，营业员应面带微笑，以和蔼的目光予以关注，以欢迎顾客的到来；当顾客走近柜台前停留时，应主动迎客，问候"您好"或"我能为您做点什么吗"，以拉近与顾客的心理距离。

2. 服务周到

从广义上讲，顾客进入商场，就意味着服务开始，但具体服务，是从顾客挑选商品时开始的，营业员应礼貌周到、热情耐心地接待每一位顾客，优质完成商品的销售工作。

（1）接待有序。顾客来到柜台前有先有后，营业员应按先后顺序依次接待服务。营业高峰时，应做到"接一顾二招呼三"，即手上接待第一位顾客，眼睛照顾第二位顾客，嘴里招呼第三位顾客，对其他顾客则微微点头示意。每当换一位顾客时，应礼貌地致歉："对不起，让您久等了。"

（2）一视同仁。在服务态度上，对待顾客应一视同仁。做到买与不买一个样，新老顾客一个样，内宾外宾一个样，男女老少一个样。这是商业的基本道德和基本原则。

（3）为客参谋。商场营业员对经营的商品特点、性能及市场行情、走势等知识，都要多懂得一些，应尽己所能，解答顾客的疑问，帮助顾客作出购物的判断，为顾客当好参谋。介绍商品要实事求是，夸大其词的介绍会误导顾客。

（4）百挑不厌。顾客购物总爱挑选，这是人之常情。应尽量满足客人的要求，做到百问不烦、百拿不嫌、百挑不厌，即不计较顾客要求的高低，不计较顾客挑选的次数，不计较顾客言语的轻重，不计较顾客态度的好坏。

3. 热情送客

当顾客离柜、离店时，要彬彬有礼地致谢道别，如"欢迎您再次光临"。这句用语也适用于结束一天工作、临近下班时间的告别服务。只要是在下班铃响之前进入商场的顾客，都应耐心接待，直到送走最后一位顾客才能开始清理款、货，搞好收尾事务。切不可提前关灯、挂帘、理货、对账，催促顾客。

（二）超市售货礼仪

由于超市售货不设柜台，营业员和顾客接触更为直接，距离更为接近，在服务礼仪方面也有了新的要求。

1. 用语规范

使用普通话，使用行业文明用语；重视语言修养，说话语气要和蔼可亲、语言要简单明确、用语要得体大方。

2. 姿态规范

站立端庄，或适当地走动于货架之间。站姿、行姿以及介绍商品时的手势、动作都应规范到位，比对柜台售货员的要求更高。

（1）站立候客时，不能叉腰、抱肩或手插口袋。

（2）不能因站立时间稍长，就倚靠货架斜立。

（3）不能直接坐在货架或大件货物上。

（4）不能走动频繁，使顾客误认为被监视。双手应自然交于腹前，或自然背于身后。

（5）介绍商品时，对顾客不要指指点点、拍拍打打；引领顾客时，不要拉拉扯扯。

3. 商品陈列规范

货真价实：上架商品要讲究货真价实。货真，即保证商品质量，如经营食品应注意其品质和保质期，切不可以次充好，要保证商品质量；价实，是指此类商品的销售价要真实，一般应低于大商店的柜台销售价。

陈列整齐：陈列在货架上的商品要整齐不乱，错落有致，具有立体感，色彩搭配要和谐自然。对顾客弄乱的商品，待顾客走后及时调整还原。

方便顾客：货位高低合理，同类商品摆放集中，以方便顾客自取。

4. 清点结账规范

顾客挑选好商品结账付款时，营业员应迅速地逐一清点商品，报价收款、出具票据，结账要准确快捷。最后，营业员把商品装进包装袋，礼貌地与顾客道别。

出口处清点结账，营业员不可按购物的多少来决定服务态度的好坏，顾客在超市购物与否，购多购少，营业员都应同样热情对待，并欢迎顾客再次光临。

> **课堂任务**
>
> 两人一组，其中一名同学扮演商场柜台或超市里的售货员，另一名同学扮演顾客，运用本节所学的商场服务礼仪知识进行交谈，然后互换角色。

三、宾馆服务礼仪

宾馆又叫作饭店、酒店，是指规模较大、设备较好、档次较高的旅馆，它向客人提供住宿、饮食、娱乐、购物等多方面的综合服务，是一个多层次、多部门、多功能的综合性企业。

（一）前厅服务礼仪

1. 门厅迎送服务礼仪

（1）见到宾客光临，应面带微笑，主动表示热情欢迎，问候客人："您好！欢迎光临！"并致15度鞠躬礼。

（2）对常住客人在称呼时应加上他（她）的姓氏，以表达对客人的礼貌和重视。

（3）当宾客较集中到达时，要尽可能让每一位宾客都能看到热情的笑容，听到亲切的问候声。

（4）宾客乘车抵达时，应立即主动迎上，引导车辆停妥，接着一手拉开车门，一手挡住车门框的上沿，以免客人碰头。如果是信仰佛教或伊斯兰教的宾客，因教规习俗，不能为其护顶。

（5）如遇下雨天，要撑伞迎接，以防宾客被淋湿。若宾客带伞，应为宾客提供保管服务，将雨伞放在专设的伞架上。

（6）对老人、儿童、残疾客人，应先问候，征得同意后予以必要的扶助，以示关心照顾。如果客人不愿接受特殊关照，则不必勉强。

（7）宾客下车后，要注意车座上是否有遗落的物品，如发现有，要及时提醒宾客或帮助取出。

（8）如遇出租车司机"宰客"现象，应维护宾客利益，机智处理。

（9）客人离店时，要把车子引导到客人容易上车的位置，并为客人拉车门请客人上车。看清客人已坐好后，再轻关车门，微笑道别："谢谢光临，欢迎下次再来，再见！"并挥手致意，目送离去。

（10）主动、热情、认真地做好日常值勤工作。尽量当着客人的面主动引导或打电话为其联系出租车。礼貌地按规定接待来访者，做到热情接待，乐于助人，认真负责，不能置之不理。

2. 行李服务礼仪

（1）客人抵达时，应热情相迎，微笑问候，帮助提携行李。当有客人坚持亲自提携物品时，应尊重客人意愿，不要强行接过来。在推车装运行李时，要轻拿轻放，切忌随地乱丢、叠放或重压。

（2）陪同客人到总服务台办理住宿手续时，应侍立在客人身后一米处等候，以便随时接受宾客的吩咐。

（3）引领客人时，要走在客人左前方二三步处，随着客人的步子行进。遇有拐弯处，要微笑向客人示意。

（4）乘电梯时，行李员应主动为客人按电梯按钮，以手挡住电梯门框敬请客人先进入电梯。在电梯内，行李员及行李的放置都应该靠边侧，以免妨碍客人通行。到达楼层时，应礼让客人先走出电梯。如果有大件行李挡住出路，则先运出行李，然后用手挡住电梯门，再请客人走出电梯。

（5）引领客人进房时，先按门铃或敲门，停顿三秒钟后再开门。开门时，先打开过道灯，扫视一下房间无问题后，再请客人进房。

（6）进入客房，将行李物品按规程轻放在行李架上或按客人的吩咐将行李放好。箱子的正面要朝上，把手朝外，便于客人取用。与客人核对行李，确无差错后，可简单介绍房内设施和使用方法，询问客人是否有其他要求，如客人无要求，应礼貌告别及时离开客房。

（7）离房前应向客人微笑礼貌告别，然后目视客人，后退一步，再转身退出房间，将门轻轻拉上。

（8）宾客离开饭店时，行李员进入客房前必须按门铃或敲门通报，得到客人允许后方可进入房间。

（9）客人离店时，应询问宾客行李物品件数并认真清点，及时稳妥地运送到车上。

（10）行李放好后，向客人热情告别："欢迎再次光临"、"祝您旅途愉快"，并将车门关好，挥手目送车辆离去。

3. 总台接待服务礼仪

（1）接待服务礼仪

① 客人离总台 3 米远时，应予以目光的注视。客人来到台前，应面带微笑热情问候，然后询问客人的需要，并主动为客人提供帮助，如客人需要住宿，应礼貌询问客人有无预订。

② 接待高峰时段客人较多时，要按顺序依次办理，注意"接一顾二招呼三"，即手里接待一个，嘴里招呼一个，通过眼神、表情等向第三个传递信息，使顾客感受到尊重，不被冷落。

③ 验看、核对客人的证件与登记单时要注意礼貌，"请"字当头。确认无误后，要迅速交还证件，并表示感谢。当知道客人的姓氏后，应尽早在称呼中加上客人的姓氏，让客人感受到热情、亲切和尊重。

④ 给客人递送单据、证件时，应上身前倾，将单据、证件文字正对着客人双手递上；若客人签单，应把笔套打开，笔尖对着自己，右手递单，左手送笔。

⑤ 敬请客人填写住宿登记单后，应尽可能按客人要求安排好房间。把客房钥匙交给客人时，应有礼貌地介绍房间情况，并祝客人住店愉快。

⑥ 如果客房已客满，要耐心解释，并请客人稍等，看能否还有机会。此外，还

可为客人推荐其他酒店，主动打电话联系，以热忱的帮助欢迎客人下次光临。

⑦ 重要客人进房后，要及时用电话询问客人："这个房间您觉得满意吗？""您还有什么事情，请尽管吩咐，我们随时为您服务"，以体现对客人的尊重。

⑧ 客人对酒店有意见到总台陈述时，要微笑接待，以真诚的态度表示欢迎，在客人说话时应凝神倾听，绝不能与客人争辩或反驳，要以真挚的歉意，妥善处理。

⑨ 及时做好宾客资料的存档工作，以便在下次接待时能有针对性地提供服务。

（2）预订服务礼仪

① 客人到柜台预订，要热情接待，主动询问需求及细节，并及时予以答复。若有客人要求的房间，要主动介绍设施、价格，并帮助客人填写订房单；若没有客人要求的房间，应表示歉意，并推荐其他房间；若因客满无法接受预订，应表示歉意，并热心为客人介绍其他饭店。

② 客人电话预订时，要及时礼貌接听，主动询问客人需求，帮助落实订房。订房的内容必须认真记录，并向客人复述一遍，以免出现差错。因各种原因无法接受预订时，应表示歉意，并热心为客人介绍其他饭店。

③ 受理预订时应做到报价准确、记录清楚、手续完善、处理快速、信息资料准确。

④ 接受预订后应信守订房承诺，切实做好客人来店前的核对工作和接待安排，以免出现差错。

（3）问讯服务礼仪

① 客人前来问讯，应面带微笑，注视客人，主动迎接问好。

② 认真倾听客人问讯的内容，耐心回答问题，做到百问不厌、有问必答、用词恰当、简明扼要。

③ 服务中不能推托、怠慢、不理睬客人或简单地回答"不行"、"不知道"。遇到自己不清楚的问题，应请客人稍候，请教有关部门或人员后再回答，忌用"也许"、"大概"、"可能"等模糊语言应付客人。

④ 带有敏感性政治问题或超出业务范围不便回答的问题，应表示歉意。

⑤ 客人较多时，要做到忙而不乱、井然有序，应先问先答、急问快答，使不同的客人都能得到适当的接待和满意的答复。

⑥ 接受客人的留言时，要记录好留言内容或请客人填写留言条，认真负责，按时按要求将留言转交给接收人。

⑦ 在听电话时，看到客人来临，要点头示意，请客人稍候，并尽快结束通话，以免让客人久等。放下听筒后，应向客人表示歉意。

⑧ 服务中要多使用"您"、"请"、"谢谢"、"对不起"、"再见"等文明用语。

（4）结账服务礼仪

① 客人来总台付款结账时，应微笑问候，为客人提供高效、快捷而准确的服务。切忌漫不经心，造成客人久等的难堪局面。

② 确认客人的姓名和房号，当场核对住店日期和收款项目，以免客人有被酒店多收费的猜疑。

154

③ 递送账单给客人时，应将账单文字正对着客人；若客人签单，应把笔套打开，笔尖对着自己，右手递单，左手送笔。

④ 当客人提出酒店无法满足的要求时，不要生硬拒绝，应委婉予以解释。

⑤ 如结账客人较多时，要礼貌示意客人排队等候，依次进行。以避免因客人一拥而上，造成收银处混乱引起结算的差错并造成不良影响。

⑥ 结账完毕，要向客人礼貌致谢，并欢迎客人再次光临。

（5）其他服务礼仪

① 如果有客人的邮件，特别是快件，应立即想办法送交客人，不得无故拖延。如果确定客人外出不在，应把邮件妥善放置，等客人回来时及时送交。收发邮件，一定要迅速、准确。

② 在承揽了为客人代购各种机票、船票、车票的业务时，应尽力按客人的需求去办。

③ 在为客人代办事项时，应问清代办事项的品名、数量、规格尺寸、颜色、形状及时间要求，并向客人预收款项。

4. 电话总机服务礼仪

（1）坚守岗位，集中精神，在接待服务中坚持使用礼貌用语，避免使用"喂"、"我不知道"、"我现在很忙"、"什么"等语句。

（2）接听电话动作要迅速，不让电话铃响超过3声；主动问候对方"您好"，自报店名和岗位，热诚提供帮助。如果业务繁忙，在铃响3声后接听，应向顾客致以歉意："对不起，让您久等了！"

（3）用电话沟通时，宜保持嘴唇与话筒约3厘米的距离，否则声音效果不好；使用左手接听电话，以方便右手做必要的记录。

（4）要面带微笑，使语言热情亲切、甜美友善，语调不宜太高，语速不宜太快，用词要简练得当。

（5）熟悉常用号码，按客人的要求迅速准确地转接电话。若转接的电话无人接听，忌用"不在"打发客人，应主动询问是否需要留言。

（6）随时在电话旁准备好便条纸和笔，当客人留言时，要认真倾听和记录，留言要重复一遍确认，并跟进、履行对客人的承诺，做到热心、耐心和细心。

（7）为客人接转电话和查找资料时，不能让对方等候电话超过15秒钟。要求对方等候电话，应向其表示歉意："对不起，请您稍候。"如果一时未能查清，应及时向对方说："正在查找，请您再稍等一会。"

（8）讲究职业道德，尊重他人隐私，不偷听他人电话。

（9）通话结束后，应热情道谢告别，待对方挂断电话后，方可挂机。

（二）客房服务礼仪

客房是宾客主要的休息场所，是客人临时的家。宾客希望在酒店住宿期间能拥有个人空间，受到尊重，感受到自在、舒适、方便、安全。因此，注重礼仪的客房服务，应在提供优质服务的同时，尽量避免与宾客过多接触，以免打扰宾客。

客房服务工作人员应保持仪表整洁自然，举止端庄大方，礼貌周到，尊重宾客，精神饱满地为客人提供优质服务。

1. 楼层接待服务礼仪

（1）在客人抵达前，要整理好房间，检查设备用品是否完好、充足，调节好房间的温度和湿度，为客人提供清洁、整洁、卫生、舒适、安全的客房。

（2）楼层服务员接到来客通知，要在电梯口迎接，主动问候客人："先生（小姐）您好，一路辛苦了，欢迎光临！"如果是常客，要在称呼中加上客人的姓氏。

（3）引导客人出电梯，主动帮助客人，征得同意后帮助提携行李。

（4）引领客人到客房，到达房间门口时先开门、开灯，侧身一旁，敬请客人进房，然后放置好客人的行李物品。

（5）客人进房后，根据人数和要求，灵活递送毛巾和茶水，递送时必须使用托盘和毛巾夹，做到送物不离盘。

（6）根据客人实际情况，礼貌介绍房间设备及其使用方法，简要介绍饭店内的主要服务设施及其位置、主要服务项目及服务时间，帮助客人熟悉环境。对房内需要收费的饮料食品和其他物品，要婉转地说明。

（7）接待服务要以客人的需要为准，体现为客人着想的宗旨。若客人不想被打扰，需要马上休息时，服务人员应随机应变，简化某些服务环节。

（8）在问清客人没有其他需求后，应向客人告别后立即离开。可说"请好好休息，有事尽管吩咐，请打电话到服务台"，并祝客人住宿愉快。退出房间后，轻轻地将门关上。

2. 日常服务礼仪

宾客住店期间的日常服务范围广、项目多，劳动强度大，需要工作人员有良好的身体素质、较强的责任感和动手能力，工作要细致耐心。

（1）客房清洁服务礼仪

① 客人一旦入住，客房即成为其私人空间，服务人员不能随意进出该房间。整理房间应尽量避免打扰客人的休息与工作，最好在客人外出时进行；动用客房内的任何一样东西，都应事先征得客人同意。

② 有事需要进入客房时，必须讲究礼貌。先按门铃两下，未见动静，再用中指关节有节奏地轻敲房门，每次为三下，一般为两次，同时自报"客房服务"，在听到客人肯定的答复或确信房间内无人后方可进入。进入客房，不论客人是否在房间，都应将房门敞开。

③ 敲门时，门已经打开或客人来开门，要有礼貌地向客人问好，并征得客人允许，方可进入客房服务。

④ 敲门时，房间内无人答应，进房后发现客人在房间或在卫生间，若客人穿戴整齐，要立即向客人问好，并征询客人意见，是否可以开始工作；若客人衣冠不整，应马上道歉，退出房间并把门关好。

⑤ 打扫客房时，不得擅自翻阅客人的文件物品，打扫完后物品应放在原处，不能随意扔掉客人的东西，如便签、纸条等；不可在客人房间看电视、听音乐；不可用客人的卫生间洗澡；不可取食客人的食品；不得接听客人的电话。

⑥ 清扫时，如宾客在交谈，不要插话，更不能趋近旁听，不向客人打听私事；如客人挡道，应礼貌打招呼，请求协助。

⑦ 客房清洁过程中，遇到客人回来时，服务员要礼貌地请客人出示房间钥匙或房卡，确定是该房间的客人，并询问客人是否可继续整理。如果客人需要整理，应尽快完成，以便客人休息。

⑧ 打扫完毕，不要在客房逗留。如客人在房间，离开时应轻声说："对不起，打扰了，谢谢！"然后礼貌地后退一步，再转身走出房间，轻轻关上门。

⑨ 清扫时，遇到宾客外出或回房间，都要点头微笑问候，切勿视而不见，不予理睬。在楼道中遇到客人，在离客人3米远处开始注视客人，放慢脚步，1米远时向客人致以问候，楼道狭窄时要侧身礼让客人。

⑩ 工作时，不能与他人闲聊或大声说话，做到说话轻、走路轻、操作轻。在过道内行走，不要并行，不得超越同方向行走的客人。遇事不要奔跑，以免造成紧张气氛，如有急事需要超越客人应表示歉意。

（2）访客接待礼仪

① 尽量记住住宿客人的姓名、特征等，并注意保守客人的秘密，不将客人的房号、携带物品及活动规律等告诉无关人员，不要给客人引见不认识的人员。

② 访客来访时，应礼貌问好，询问拜访哪位客人，核对被访者姓名、房间号是否一致。在征得客人同意后，请访客办理登记手续，才能指引访客到客人房间。未经客人允许，不要将来访者带入客人房间。

③ 访客不愿意办理来访登记手续，应礼貌耐心地解释，并注意说话技巧，打消来访者的顾虑，求得对方配合；如访客执意不登记，应根据来访者与被访者的身份、来访目的与时间，酌情处理。

④ 若住客不愿见访客时，要礼貌委婉说明住客不方便接待客人，不要将责任推给住客，同时不能让访客在楼层停留等待，应请访客到大堂问询处，为其提供留言服务。

⑤ 住客不在，若有访客带有客房钥匙要进房取物时，服务人员要礼貌了解访客对住客资料的掌握程度及与住客的关系；若有访客带有住客签名的便条但无客房钥匙时，服务员应将便条拿到总台核对签名。确认无误后办理访客登记手续，然后陪同访客到客房取物品。住客回店后，服务员应向住客说明。

⑥ 客人外出，交待来访者可以在房内等待，服务员应仔细询问来访者的姓名及特征，经过辨别确认后，请来访者办理访客登记。如访客要带物品外出，服务员应及时询问，并做好记录。

⑦ 宾客接待来访者时，要按客人的要求备足茶杯、供应茶水。

⑧ 服务员在岗时要保持相应警觉，对可疑来访者应上前有礼貌地询问清楚，坚持原则，刚柔相济，杜绝不良人员制造事端。

（3）其他服务礼仪

① 客人需要送洗衣物时，应认真核对件数、质料、送洗项目和时间，检查口袋里有无物件、纽扣有无脱落、衣物有无破损或严重污点等。

② 客人委托代订、代购和代修的事项要询问清楚，详细登记并重复确认，及时为客人服务。客人合理的服务要求，要快捷高效完成，不可无故拖延。

③ 服务员不得先伸手与客人握手，不与客人过分亲热；与客人接触，应注意文明礼貌，有礼有节，不卑不亢。

3. 离店服务礼仪

（1）得知客人离店的日期后，服务员要热情关照客人，仔细检查客人委托代办的项目是否已经办妥，主动询问是否需要提供用餐、叫醒、出租车等服务，主动询问客人意见，认真记录，并衷心感谢，但不要强求或过多耽误客人时间。

（2）客人离开房间要送至电梯口，礼貌道别，并欢迎客人下次光临。对重要客人和老弱病残者要送至前厅，并给予特别照顾。

（3）客人离开房间后要迅速检查房间，查看有无遗忘遗留物品，房间内的各种配备用品有无损坏或缺失，各种需要收费的饮料食品和物品有无消耗。如果发现遗留物品应尽可能归还原主，如果客人已走，则按酒店的遗留物品处理规定保管和处理。如果发现物品缺失或损坏，应立即打电话与总台联系，机智灵活地处理，不可伤害客人的感情和自尊心。

4. 特殊情况服务礼仪

（1）宾客在住宿期间生病，服务员应主动询问是否需要到医院就诊，并给予热情关照，切不可自行给客人用药或代客买药。若客人患突发性疾病，应立即报告大堂副经理，联系急救站或附近医院，不可拖延时间。

（2）宾客住店期间，若发生酗酒现象，服务员应理智、机警地处理，尽量安置酗酒客人回房休息，并注意房内动静，必要时应采取措施。对醉酒吵闹的客人，要留意其动静，避免出现损坏客房设备，卧床吸烟而引起火灾，扰乱其他住客或自伤等事件，必要时通知保安部人员。

对醉酒酣睡的客人，要同保安人员一起搀扶客人进房，切不可单独搀扶客人进房或为客人解衣就寝，以防客人醒后产生不必要的误会。

（3）客人称钥匙遗忘在客房，要求服务员为其开房门时，应请客人出示住房卡，核对日期、房间号、姓名等无误后，方可为其开门。若客人没有住房卡，应请客人到总台核对身份无误后，方可为其开门。

（4）客人在客房内丢失财物，服务员应安慰并帮助客人回忆财物丢失的过程，同时向保安部报告，协助有关人员进行调查，不能隐情不报或是自行其是。

> ▌课堂任务▐
>
> 两人一组，其中一名同学扮演宾馆服务人员，另一名同学扮演住宿宾客，运用前面所学的宾馆服务礼仪知识进行不同情景中的对话练习，然后互换角色。

四、导游服务礼仪

（一）迎送服务礼仪

1. 迎客礼仪

（1）接团准备

① 了解基本情况，包括旅游团名称、领队情况、旅游团人数，团员姓名、性别、年龄、职业、国籍、民族、饮食习惯、宗教信仰、受教育程度等。

② 了解接待标准，包括该团的费用标准和住房情况。

③ 掌握团队的游览日程和行程计划，包括抵达、离开旅游线路各站的时间以及航班车次、接站地点等。

④ 熟悉景点介绍。熟悉旅游团途经的各城市和旅游点的情况，包括历史、地理、人口、风俗、民情等。了解客人所在国家或地区的历史、地理、文化、政治、经济及近期重要新闻等。

⑤ 领取和备齐身份证、工作证、导游证、导游图、导游胸卡、个人名片、通信录、记事本、扬声器、导游旗、接站牌和旅途备用金。若去边境口岸、特区等地，还需事先办理有关的通行证。

⑥ 地陪要适时核对接待车辆、就餐安排、交通购票等落实情况，要确定与接待车辆司机的接头时间和地点。

（2）接站服务

① 导游员应按规定着装，佩戴导游胸卡、打社旗和持接站牌提前至少30分钟到达机场、车站或码头。

② 客人抵达后，导游员要主动持接站牌上前迎接，先自我介绍，再确认对方身份，核对团号、实际抵达人数、名单及特殊要求等，然后引导客人乘车。

③导游员协助客人上车就座后，应礼貌地清点人数，注意不要用手指点数，待一切无误后请司机开车。

④在途中应代表组团社或地接社及个人致欢迎词。致辞应包括热情的欢迎、诚恳的介绍（导游和司机）、提供服务的真诚愿望、预祝旅途愉快的祝愿等内容。

⑤在前往饭店的路上，导游员要注意观察客人的精神状况，如客人精神状况较好，可就沿途景观进行介绍，并向客人介绍日程安排、活动项目、停留时间等。

⑥抵达饭店途中，导游员要向客人介绍所住饭店的基本情况，包括饭店的历史、等级、建筑面积、客房数量、地理位置、各项设施、服务项目等有关情况。

（3）入住服务

① 导游员要协助团队办理入住手续，协助领队分配住房。导游员要了解客人住房位置、安全通道等，记住领队的房间号，同时将自己房间号、电话告之领队及游客。

② 核对客人的行李件数，同时督促行李员把客人的行李送至客人房间。

③ 要了解客人的健康状况，以便给予适当的照顾和安排。

④ 客人进房前应先介绍就餐形式、地点、时间及有关规定（如酒水费用是否需要自付等），并简单介绍游程安排，宣布第二天日程细节。

⑤ 客人用第一餐时，导游员要亲自带领他们进入餐厅，介绍用餐的有关事项。

⑥ 及时处理客房存在的问题。客人进入客房后，导游员应对客人行李是否未到或发错，房间是否清洁卫生，门锁有无故障，热水供应、空调运转是否正常等问题再次核实。

⑦ 如有需要，安排好电话叫早服务。

2. 送客礼仪

（1）旅游团离开本地之前，导游员应根据客人离去的时间，提前预订好下一站旅游或返回的机（车、船）票；客人乘坐的车厢、船舱尽量集中安排，以利于团队活动的统一协调。

（2）送客前安排好结算、赠送礼品、摄影留念、欢送宴会等事宜。赠送礼品应方便携带，突出地方特色，具有保存价值。

（3）协助办好行李交接。离开饭店前，导游员应提醒客人整理好自己的物品，打好托运的行李。

（4）出发前，要提醒客人不要遗忘自己的物品，不要带走房卡。上车后，仔细清点客人人数。要将客人的各种证件、护照等，亲手交给客人或领队。

（5）致欢送辞，应使对方感受到自己的热情、诚恳、有礼貌和有教养，祝大家旅途愉快。

（6）按导游工作程序规定的时间要求到达机场（车站、码头）：送国内航班，应提前 90 分钟抵达机场；送国际航班，应提前 2 小时抵达机场；送火车或轮船应提前60 分钟到达车站或码头。

（7）火车、轮船开动或飞机开始登机时，应向客人挥手致意，祝客人旅途一路顺风，然后再离开。若客人乘坐的车、船、飞机晚点，应主动关心客人，必要时须留下与领队共同处理有关事宜。

（二）带客游览服务礼仪

1. 出发前服务

（1）导游员应提前到达集合地点，并督促司机做好出发前的各项准备工作。

（2）核对、商定活动安排。在带客人游览之前，导游员应与领队商定本地活动安排并及时通知客人。

（3）出发前，导游员应在客人就餐时向客人表示问候，向客人报告当天天气情况，并了解客人的身体状况，重申出发时间，乘车或集合地点，提醒客人带好必备用品。

（4）客人上车后，导游员应及时清点人数，若发现有人未到，应向领队或其他团员问清原因，并将不参加活动的客人人数、姓名、原因及房间号通知旅行社；若有有病不能参加活动的客人，须确定是否需要医生治疗等；若出发时间已过，又不知未到者在何处，则应征求领队意见决定是否继续等候，若决定不等，导游员必须将情况通知旅行社内勤处理。

2．乘车服务

（1）出发乘车时，导游员应站在车门口照顾好客人上车，要主动帮助客人提拿物品，并轻轻放在车上。对客人中的老幼弱残者，要特别细心地予以照顾，上下车时应主动搀扶。客人中有男有女时，应照顾女士先上车。

（2）引导客人乘车，要注意位次。若乘小轿车，应安排年长或位尊者坐在车后排右边位置，导游员坐在后排左手位置或司机旁边的位置。乘面包车，其座位以司机之后车门开启处第一排座位为尊，后排次之；中型或大型巴士，以司机座后第一排，即前排为尊，后排依次为小。其座位每排的右侧优于左侧。

3．途中服务

（1）在去旅游点的路上，导游员切忌沉默不语，要向客人介绍本地的风土人情、自然景观，特别是沿途的景象，回答客人提出的问题。

（2）抵达景点前，应向客人简要介绍景点的概况，尤其是景点的历史、价值和特色。还可根据客人特点、兴趣、要求穿插一些历史典故、社会风貌等，以增加客人的游兴。

（3）到达景点时，应告诉客人该景点停留的时间、集合的时间和地点以及有关注意事项，如卫生间位置、旅游车车号等。

4．游览服务

（1）带客人游览过程中，导游员要认真组织好客人活动。应保证在计划的时间与费用内让客人充分地游览、观赏，做到讲解与引导游览相结合，适当集中与分散相结合，劳逸适度，并特别照顾老、弱、病、残的客人。导游过程中要照顾全体客人，不可只和一两个人说话而冷落了其他人。

（2）游览过程中，导游员的讲解要力求准确，应包括该景点的历史背景、特色、地位、价值等方面的内容，做到条理清楚、繁简适度。语言要生动形象，富于表现力。

（3）导游讲解时，表情要自然大方，声音大小要适中，使用扩音器的音量、距离要适当，讲解时可适当做些手势，但动作幅度不宜过大，不得手舞足蹈、指手画脚。

（4）游览途中，导游员要特别注意客人的安全，要自始至终与客人在一起并随时清点人数，以防客人走失。要提醒客人看管好所带财物，防止发生丢失、被盗现象。对于行走困难的地方，要陪伴照顾好年老体弱者，以防发生意外，客人提出要求或需要帮助时，应尽可能使客人满意。

（5）与客人交谈时，一般不要涉及疾病、死亡等不愉快的话题；不谈荒诞离奇、耸人听闻、黄色淫秽的事情；对方不愿回答的问题不要追问；遇到客人反感或回避的话题，应表示歉意，立即转移话题；与外宾交谈，不要议论对方国家的内政；不批评、议论团内任何人；不随便议论宗教问题；与女宾交谈要谨慎，不要开玩笑；不要询问宾客的收入、婚姻状况、年龄、家庭、个人履历等私人问题。

5．返回途中服务

（1）全天活动结束后，在返回途中，导游员要向客人宣布第二天的活动日程，早餐的时间与地点以及出发时间、地点等。

（2）抵达饭店后，导游员要主动向领队征求意见，了解客人对当天活动安排的反应，对当天遇到的问题要与领队和客人共同协商解决。

（3）与客人告别时，要表达良好的祝愿。

（4）向饭店前台确认电话叫早的服务时间。

（三）带客购物服务礼仪

（1）根据旅游团客人的要求，合理安排客人购物。如无此要求，不得强加于人。

（2）去购物途中，要向客人介绍本地商品的特色，教客人鉴别商品的知识，当好客人的购物顾问。下车前，要交代清楚停留时间及有关购物的注意事项。

（3）注意前后态度要一致，不能介绍景点时简单、敷衍，讲到购物就热情高涨，这样，会引起客人的猜疑和不信任。

（4）导游员应严格遵守导购职业道德，应将客人带到商品质量好、价格公平合理的商店，而不应该唯利是图，违背职业道德，与不法经营者相互勾结，从而损害旅游者的利益。

（5）如遇小贩强拉强卖，导游员有责任提醒客人不要上当受骗，导游本人不得向客人直接销售商品，不能要求客人为自己选购商品。

（四）导游语言服务礼仪

1. 导游语言的基本要求和运用原则

（1）导游语言的基本要求

① 语音、语调要适度、优美。在讲解过程中，导游员的声音要适度，不高不低，以使在场的客人听清为宜。

② 要正确掌握语言节奏。导游语言的节奏涉及说话的快慢、语句的停顿及声调的高低，节奏运用得当，不仅使旅游者听得清楚明了，而且可以使他们心领神会，情随意转，从而收到良好的信息传递效果。

③ 合理运用修辞手法和格言典故。导游员在导游讲解中可运用比喻、拟人、夸张、排比等修辞手法，并恰当地使用旅游者所熟悉的谚语、俗语、歇后语、格言、典故等。

④ 善于察言观色，注意把握时机。导游员在与旅游者谈话时，要能听话听音，随机应变，就地取材引出新的话题。

（2）导游语言的运用原则

① 准确。导游语言应当准确，这是导游员在导游讲解时必须遵守的基本原则。

② 清楚。导游语言的清楚性原则要求导游员在讲解和交谈时，口齿清楚，简洁明了，确切达意，措辞恰当，组合相宜，层次分明，逻辑性强。

③ 生动。旅游者在旅途中追求的是轻松愉快，在游览中向往的是导游员活泼风趣的讲解。

④ 灵活。导游讲解的灵活性原则要求导游员根据不同的对象和时空条件进行讲解，注意因人而异，因时制宜，因地制宜。

2. 致辞服务礼仪

（1）欢迎辞

专业的欢迎辞大多包括以下几个基本要素。

① 向团队客人问候，并代表旅行社表示热烈欢迎。

② 自我介绍，包括自己的姓名和职务，司机的姓名和所驾车的牌号以及其他参加接待人员的姓名和职务。

③ 简要介绍当地风土人情和游览目的地的基本情况，以及接团后的大致安排，使旅游者心中有数。

④ 表明自己的工作态度，即愿竭尽全力为客人搞好导游服务。

⑤ 祝愿客人旅行愉快，并希望得到客人的合作与谅解。

（2）欢送辞

欢送辞是旅行游览过程结束后，导游员为表示惜别、感谢合作、征求意见、期待重逢所作的口头演说。

欢送辞主要包括如下几个方面的内容。

① 表示惜别之情。不少游客在短短数天的游览中，已成了导游员的朋友，分别时依依不舍。

② 对游客的配合与支持表示感谢。一次成功的旅游活动是旅游者与导游员双方共同合作、共同努力的结果。

③ 欢迎批评。在旅游接待过程中，难免在服务中有欠缺和言行不当的地方，通过欢送辞也可向旅游者表示歉意，以求得他们的谅解。同时，也应表示出"欢迎批评"的意思，征求意见、欢迎批评往往会给游客留下非常好的印象。

④ 期待下一次重逢。可引用些名言、谚语等有文采的语言，表达一种"愿意再见"的情感，这是欢送辞的另一要素。

（五）突发事件处理礼仪

1. 路线与日程变更

旅游计划和活动日程一旦商定，各方面都应严格执行，一般不轻易更改。但是有时因天气突变、交通问题等不可预料的因素迫使旅游计划、线路和活动日程变更。

（1）如遇接团社没有订上规定的航班、车次，而更改了航班车次或日期，应向客人做好解释，并提醒接团社及时通知下站。

（2）如遇天气或其他原因飞机临时取消航班，不能离开所在城市时；应注意争取领队合作，稳定客人情绪，并立即与内勤联系，配合民航安排好客人的用餐和休息问题。

（3）如遇景点关闭等特殊情况，不得不改变活动项目，导游员应该以精彩的介绍、新奇的内容和最佳的安排激起客人的游兴，让他们高兴地随导游员去游览替代的景点。

2. 行李丢失和损坏

（1）在机场发现行李丢失，应凭机票及行李牌在机场行李查询处挂失，并保存好挂失单和行李单，并将所下榻的饭店的名称、房间号、电话号码告诉查询处，同时记

163

下查询处的电话、联系人和航空公司办事处的地址、电话，以便联系。

（2）如果行李是在接团后丢失的，应冷静分析情况，先设法寻找。若未找到，应把详细情况向旅行社领导汇报，由旅行社安排内勤、外勤和其他工作人员帮助寻找丢失的行李。

（3）行李损坏，应掌握谁损坏谁赔偿的原则。一时查不清责任，应答应给受损失者修理或赔偿，费用掌握在规定标准内，请客人留下书面说明，发票由地陪签字，以便向保险公司办理索赔。

3. 旅游者病危或死亡

（1）旅游者病危时，导游员要及时向接团社汇报，积极组织抢救。

（2）尽快与旅行社取得联系，报告情况，并请旅行社派人到医院照料病人。

（3）如患者病危而其亲属又不在中国的，应请领队迅速与患者所属国家的驻华使、领馆联系，请其做主或电告病人家属，凡事听他们的意见，导游人员从旁协助。

（4）患者需要住院动手术时，应征得患者亲属、领队或使、领馆代表同意并签字后方可进行。

（5）如在医院抢救无效死亡，由参加抢救的医师向死者亲友、领队、当地旅行社代表详细报告抢救经过，并写出《抢救经过报告》及《死亡诊断证明》，由主治医师签字盖章后交给领队或死者亲属，同时复制 3 份交给有关部门和人员收存。

（6）如果是非正常死亡，导游员要保护好现场，立即向公安局和旅行社报告，协助查明死因。

（7）导游员应协助领队清理死者遗物，开列清单，各方签字后让亲属或领队带回。

4. 旅游者财物被盗

（1）旅游者如丢失护照，导游人员应首先详细了解丢失情况，找出有关线索，努力寻觅。

（2）如发现客人财物短缺，应迅速了解物品丢失前后经过，作出正确判断，是失主不慎丢失，还是被盗。

5. 交通事故

（1）立即组织抢救。电话呼叫救护车或立即拦车将伤员送往距出事地点最近的医院抢救，并立即向接团社和组团社汇报，请示事后处理意见。

（2）保护现场。保护现场肇事痕迹，不要在忙乱中破坏现场，尽可能防止肇事者逃跑，以便交通警察和治安部门调查处理。如果有两个以上导游员在场，可由一人指挥抢救，另一人留下保护现场。

（3）迅速报告交通、公安部门（交通事故报警电话 122），让其派人前来调查处理，同时，向旅行社报告事故的伤亡情况，请求派人前来指挥事故的处理，并要求派车前来将未受伤和轻伤者接送至饭店。

（4）做好全团人员的安定工作。事故发生后，除有关人员留在医院外，应尽可能使其他团员继续按原定活动计划参观游览。

（5）做好事故善后工作。交通事故的善后工作将由交通部门、公安部门和旅行社出面处理,导游人员应照顾好受伤游客,写好事后情况报告,请医院开具诊断和治疗书,请公安局开出交通事故证明书,以供客人向保险公司索赔。

(6)交通事故处理就绪或该团接待工作结束后,导游员应写出书面报告,详细报告事故发生的时间、地点、性质、原因、处理经过、最后结论,以及司机的姓名、车型、车号、伤亡情况、医生诊断结论、治疗情况等。

6. 其他特殊情况

如发现客人就餐后出现头晕、头痛、恶心、呕吐等不适症状,导游员除立即劝阻客人停止进餐外,应迅速护送客人前往医院就诊,同时尽快报告接团社和卫生检疫部门,妥善安排善后处理事宜。

> **┃课堂任务┃**
>
> 　　选择3名同学,分别让其扮演导游员并运用本节所学的导游服务礼仪知识进行迎送时、游览时、带客人购物时3种不同情景中的练习。其他同学运用所学知识给以点评。

开阔眼界

顾客心理的把握

在导购推销之中,顾客的心理活动十分复杂,但绝非变化巨测。导购人员、推销人员若能对自己所服务的顾客的心理活动多一分了解,成功的把握便会多一分。

如欲取得导购、推销的成功,在摸清顾客的心理活动方面,以下4点是必须要去做的。

(1)促使顾客加深认识。许多时候,顾客往往会对自己所感兴趣的某些商品和服务心存疑虑。在此情况下,导购人员、推销人员应尽量向对方提供更为详尽的有关信息,如有关商品或服务的明显特点、主要性能、基本用途、价格优势、使用方法、制造原料、销售情况、售后服务等,以促使顾客早做决断。

(2)促使顾客体验所长。在导购、推销之时,为顾客创造一些直接接触目标商品、目标服务的机会,如请对方对商品试穿、试戴、试用、试看、试听、试尝、试玩等。让对方直接体验其所长,是非常必要的。这种做法,可以加强对顾客感觉的刺激,促进对方对商品实际效用的认识,达到启迪对方的目的。

(3)促使顾客产生联想。在导购、推销的具体过程中,导购人员,推销人员可根据具体对象的不同,从商品或服务的命名、商品、包装、造型、色彩、价格、知名度、消费圈等方面,适当地揭示其某些迎合顾客购买的心理需要的相关寓意或特征,提示商品消费、服务享用时所带来的乐趣与满足,借以丰富顾客的联想,使其产生未来因进行消费而获得心理满足的美妙憧憬,满足其追求美好事物的心理欲望。

(4)促使顾客有所选择。为了避免顾客在购买商品、服务时对其质量、用途、价格、售后服务等存在心理障碍,导购人员、推销人员最好为顾客多提供几种选择。例如，可取出一定数量的商品由其自行比较、挑选，或者将自己正在进行推介的服务与其他同类服务进行比较。这样做，一方面可以大大地增强顾客对自己的信赖，另一方面也可以帮助对方进行思考，满足顾客反复权衡商品、服务利弊的心理需要。

实践任务

实训项目十一　表情实训

【实训目标】

通过实训，掌握正确的微笑礼仪和眼神礼仪，熟练运用各种表情变化。

【实训要求】

1."三度"微笑及其运用

（1）"一度"微笑。只牵动嘴角肌，适于客人刚到时。

（2）"二度"微笑。嘴角肌、颧骨肌同时运动，适用于交谈进行中。

（3）"三度"微笑。嘴角肌、颧骨肌与其他笑肌同时运动，是一种会心的微笑，适用于生意成功或欢送宾客时，一般以露出"6～8颗牙"为宜。

2. 多种眼神的训练

（1）柔和、亲切的眼神。

（2）困惑、烦恼的眼神。

（3）激动、兴奋的眼神。

（4）高兴、快乐的眼神。

【实训口号】

微笑是人际交往的通行证！

眼睛会说话！

【实训内容】

一、微笑训练

1. 微笑训练以教师传授要领后学生个人对着镜子自我训练为主，学生对着镜子来调整和纠正"三度"微笑。

2. 情景熏陶法，通过美妙的音乐创造良好的环境氛围，引导学生会心地微笑。

3. 发"一"、"七"、"茄子"、"威士忌"等音，牵动咀嚼肌，使嘴角露出微笑。

4. 把手指放在嘴角并向脸的上方轻轻上提，使脸部充满笑意。

5. 同学之间通过打招呼、讲笑话来练习微笑，并相互纠正。

二、眼神训练

1. 眼神运用的具体要求

（1）正视客户的眼部，向客户行注目礼。接待客户时，无论是问话答话、递接物品、收找钱款，都必须以热情柔和的目光正视客户的眼部，向其行注目礼，使之感到亲切温暖。

（2）视线要与客户保持相应的高度。在目光运用中，正视、平视的视线更能引起人的好感，显得礼貌和诚恳，应避免俯视、斜视。俯视会使对方感到傲慢不恭，斜视易被误解为轻佻。例如，站着的服务人员和坐着的客户说话，应稍微弯下身子，以求拉平视线；侧面有人问话，应先侧过脸去正视来客再答话。

（3）运用目光向来客致意。当距离较远言辞不易传达时，服务人员应用亲切的目光致意，不致使来客感到受冷落。

（4）眼神的组成。眼神主要由视线接触的时间长短、视线接触的方向以及瞳孔的变化3方面组成。

① 接触时间。据心理学家研究表明，人们视线相互接触的时间，通常占交谈时间的30%～60%。时长超过60%，表示彼此对对方的兴趣大于交谈的内容，特殊情况下，表示对尊长者的尊敬；时长低于30%表示对对方本人或交谈的话题没什么兴趣，有时也是疲倦、乏力的表现。

视线接触时，一般连续注视对方的时间最好在3秒以内。在许多文化背景中，长时间的凝视、直视、侧面斜视或上下打量对方，都是失礼的行为。

② 接触方向。可分为视线接触三区。

a. 上三角区（眼角至额头），处于仰视角度，常用于学生对老师、下级对上级的场合，表示敬畏、尊敬、期待、服从等。

b. 中三角区（眼角以上面部），处于平视、正视的角度，表示理性、坦诚、平等、自信等。

c. 下三角区（前胸），属于隐私区、亲密区，不能乱看。视线向下，处于俯视角度，表示爱护、宽容。

③ 瞳孔的变化。瞳孔的变化即视觉接触瞳孔的放大或缩小。不能死盯着对方看，也不要躲躲闪闪、飘忽不定或眉来眼去，更应避免瞪眼、斜视、逼视、白眼、窥视等不礼貌的眼神。

2. 在眼神训练中，同样可采用面对镜子完成各种眼神练习的方法。

3. 手张开举在眼前，手掌向上提并随之展开，随着手掌的上提、打开，使眼睛一下子睁大有神。

4. 综合训练时，在教师监督下学会正确运用表情，注意微笑与眼神协调的整体效果。不当之处由教师现场指出、修正。

三、实训检测

考核项目	考核内容		分　值	自　评　分	小组评分
微笑	1. 三度微笑的技巧	"一度"微笑	10		
		"二度"微笑	10		
		"三度"微笑	10		
	2. 展示个人最好的微笑		10		
眼神	不同情境的眼神表现		30		
综合	微笑眼神与形体的协调表现		30		

【模拟演练】

结合本模块所学知识，观察和体会身边的公司业务人员、商场服务人员、宾馆服务人员、导游员等商贸服务人员的礼仪行为，并从中选择一个典型案例加以分析点评。

模块小结

1. 写字间礼仪：服饰规范，言谈适度，举止得体，遵守制度，专心工作，公私分明，清洁卫生，整齐有序。
2. 商品推销礼仪：接近顾客，约见顾客，推荐产品，达成交易。
3. 柜台服务礼仪：主动迎客，服务周到，热情送客。
4. 超市售货礼仪：用语规范，姿态规范，商品陈列规范，清点结账规范。
5. 前厅服务礼仪：包括门厅迎送服务礼仪，行李服务礼仪，总台接待服务礼仪，电话总机服务礼仪。
6. 客房服务礼仪：包括楼层接待服务礼仪，日常服务礼仪，离店服务礼仪，特殊情况服务礼仪。
7. 导游服务礼仪：包括迎送服务礼仪，带客游览服务礼仪，带客购物服务礼仪，导游语言服务礼仪，突发事件处理礼仪。

综合练习

1. 写字间礼仪有哪些要求？
2. 销售人员约见顾客时应该注意哪些礼仪？
3. 门厅迎送服务礼仪有哪些要求？
4. 楼层接待服务中应注意哪些礼仪？
5. 导游员带领客人购物要注意哪些礼仪？
6. 欢迎辞和欢送辞分别由哪些内容组成？

模块十二　商务洽谈礼仪

应知导航

学习本模块要了解会见、会谈及商务谈判的含义；了解会见与会谈的基本程序、场所的布置与座次的安排；理解商务谈判礼仪的基本原则；掌握会见与会谈的具体礼仪；掌握商务谈判的准备礼仪；掌握谈判步骤及其相应的礼仪。

谈判之前有学问

谈判翻译林娟于上午 7:50 带领外方到达公司会议室。中国开发公司陈总走上前去，和布朗先生一行一一握手，其他人则在谈判桌旁原地起立挥手致意。陈总请外方人员入座，服务员立即沏茶。下面是陈总（A）和布朗先生（B）在正式谈判之前的寒暄、介绍和致词。

A：昨天在现场跑了一天，一定很累吧！

B：不累。北京的城市面貌很美。来北京的第二天就开始"旅游"，这样的安排简直太好了。

A：北京是一座千年古都，有很多不同于西方的文化古迹和自然景观，如长城、故宫、颐和园和天坛。

B：东方文化对我们来讲的确十分神秘。有时间的话，我们首先想去参观长城，当一回好汉；其次去一趟故宫，体验一下中国皇帝的待遇。

A：好的。那我们就言归正传，尽早完成谈判。

首先，我代表中国开发公司的全体员工对美国机械代表全体成员表示热烈的欢迎。

参加今天技术交流的各位昨天都已经认识了，就用不着我一一介绍了。我方对技术交流十分重视，特地请我公司顾问、××农业大学教授、乳制品机械专家张教授参加。

（张教授起立，点头致意）

中国是一个巨大的、正在高速增长的市场。随着人民生活水平的不断提高，普通百姓对高档乳制品的需求越来越大。我公司在 4 年前引进的年产 4 000 吨奶粉生产线已经远远不能满足市场的需求，而且产品档次亟待提高。因此，我们决定在今年再引进一套年产 8 000 吨奶粉的生产线。

美国机械是国际知名的食品机械生产厂家，其质量得到中国用户的一致好评。我们相信，这次和美国机械的合作一定能够取得双赢的结果。

现在热烈欢迎布朗总经理讲话。

B：我们十分高兴来到美丽的、充满活力的北京。我们对你们为本次谈判所做的细致的准备工作表示感谢。特别是国际知名的张教授能在百忙之中参加今天的技术交流，我们感到十分的荣幸。

美国机械的主要产品为仪器机械，其中以乳制品设备尤为著名。从 1985 年开始，我们已经向中国境内的企业（包括一些外资企业）提供了 15 套乳制品生产线。随着在中国的客户越来越多，我们于 2004 年在上海建立了一个制造、维修中心，从而可以为中国的用户提供更加便利、经济的售后服务。和 20 年前相比，我们的产品不仅质量更加可靠，而且价格更加便宜，服务更加周到。我们相信有远见的中国开发公司一定会选择我们的设备。

现在，请我公司的技术副总、技术专家鲍尔·史密斯先生首先向大家介绍我公司产品的性能……

一、商务会见与会谈

在商务交往活动中，商务人员为了融洽双边或多边关系，保持接触，建立联系，促进彼此之间的了解与合作，或以经济利益为目的，为达成某种合作意向或协议，经常需要在宾主双方约定的地点与合作对方及其他相关人士进行会见和会谈。会见与会谈是一种十分重要的交往形式，应目标明确，有备而至，周密组织，不失礼仪。

（一）会见与会谈的含义

1. 会见

会见在国际上一般称为接见或拜见。按国际惯例，身份高的人会见身份低的人或是主人会见客人，称做接见或召见。身份低的人会见身份高的人或是客人会见主人，称做拜会或拜见。我国不作上述区别，统称为会见。会见按内容分为礼节性的、政治性的和事务性的 3 种。礼节性会见不涉及具体实质性问题，话题广泛，会见时间一般较短。政治性会见涉及双边关系、国际局势等重大问题。事务性会见指外交交涉、业务洽谈等，时间一般较长。接见或拜会后的回访，称做回拜。

2. 会谈

会谈是双方或多方就某些重大的政治、经济、文化、军事以及其他共同关心的实质性问题交换意见，进行讨论；或为求得某些具体问题的解决而进行的严肃的商谈。会谈内容较为正式，按会谈内容性质，可分为政治性会谈和专业性会谈两种。专业性会谈包括各国贸易代表、各国企业、公司之间关于商务、经济合作等方面的会谈。会谈首先要组成会谈小组，确定主谈人。主方主谈人的职位要与客方主谈人相同或相近。会谈人数大体双方相等。其次是准备会谈提纲，如需在会谈结束时双方签署会谈纪要或协议书，应事先草拟好文本。会谈由主谈人主持，其他人员未经主谈人许可不得随便发表意见。如有不同看法，可写条子递给主谈人，供主谈人参考。如主谈人请大家做补充发言，其他人可按主谈人的谈话口径做适当补充，但不能提出与主谈人意见相反的看法。

在涉外交往中，会见与会谈是十分重要的交往形式。它们既具有礼仪性，又具有实质性，并有广泛的适用范围，可以在不同的层次和不同方面的人员间进行。

（二）会见与会谈的程序

会见、会谈一般均须经双方事先约定。会见一般是礼节性的交流较多，而会谈则往往要进行一些实质性的交流，虽然两者谈话的内容与时间长短不同，但程序大体上是一致的。具体程序如下所述。

1. 提出要求

希望拜会的一方应将己方要求会见者的姓名、身份，以及要求会见对方的什么人、会见的目的等告知对方。接到要求的一方应尽早给予回复，不应无故拖延或置之不理。因某种原因不能接见时，应向对方婉言解释。

2. 接受要求

如果接到拜会要求的一方同意对方的请求，则应将主方的参加人员名单通知对方，并与对方协商确定会见、会谈的时间、地点等具体事宜。前往会见的一方也应提供自己一方的出席人员名单。双方人员的人数和身份应符合对等原则。

3. 准备工作

经双方或多方协商确定下来的会见、会谈的时间、地点及各方出席人员名单，应及早通知有关部门及有关人员，以便做好各项难备工作。参加涉外会见、会谈的双方均应对对方的背景资料、风俗习惯、礼仪特征等有所了解，这样可在会见、会谈中争取主动地位，并使会见、会谈在融洽的气氛中顺利进行。参加会谈前还应做好文字资料的准备，必要时还要准备好外文资料。

（三）场所布置与座次安排

根据会见、会谈的地点不同，可分为主场会见、会谈，客场会见、会谈，以及中立会见、会谈。因为会见、会谈地点的确定会直接影响到会见、会谈中战术的运用以及会见、会谈的结果，所以具体确定会见、会谈地点时，既不应当对对手听之任之，也不应当固执己见，应当从礼仪角度出发，先由各方各抒己见，再由大家协商确定。一般商务性的会见、会谈，在国外多在主人的办公室内进行，在我国多在会客室或会议室进行。在主场会见、会谈的情况下，身为东道主，应自觉地做好现场的布置及座次的安排工作。

1. 会见、会谈的场所布置

从礼仪角度讲，在涉外商务活动中，布置好会见、会谈的场所环境，使之有利于双方会见、会谈的顺利进行，一般应考虑以下几个因素。

（1）会见、会谈场所应舒适明亮、整洁大方。这一方面是对外宾的礼貌和尊重，另一方面也可以向外宾展示企业的整体形象。

（2）会见、会谈场所的家具、门窗、墙壁的色彩要力求和谐一致，室内的陈设与装饰应简洁、实用、美观、整洁，并在室内安装类似黑板的视觉中心。此外，会客室应安排足够的座位，并事先在现场放置座位卡，座位卡需用中英文对照的，上部写中文，下部写英文。

（3）会客室一般不设录音设备，除非双方都同意才能配备。经验证明，录音设备对双方都有可能起副作用，使用这些设备之后，人们本能地难于畅所欲言。如果会客室面积较大，应准备好扩音器、麦克风等音响设备和灯光设备。

（4）会见、会谈的场所周围应备有完好的通信、传真、复印设备及必要的文具，以备临时急需。

（5）会见、会谈时还应备有招待用的饮料。我国一般准备茶水，夏季加冷饮，会谈时间过长时，可准备咖啡等。

此外，会见、会谈时用适当的工艺品、花卉加以布置环境，会营造祥和、生机盎然的气氛。

2. 会见、会谈的座次安排

会见、会谈的座次有着严格的规定，它既是会见、会谈者对规范的尊重，又是会见、会谈者给予对方的礼遇。遵照国际惯例，会见、会谈时宾主座次均由主方负责安排。

（1）会见的座次安排

按照商务礼仪，涉外商务会见的座次排列方法主要有以下几种。

① 主宾相对式：宾主分别坐在桌子的两侧，双方的主谈者居中坐在平等而对的位子上，双方参与会见的其他人员根据身份高低按照右高左低的原则自近而远分别坐在主谈者的左右两例。这种座位的安排显得正式、礼貌、尊重、平等。

② 主宾分列式：宾主各坐一边，座位呈八字形或半圆形放置，主宾在右侧，主人在左侧，译员与记录员坐在主人和主宾的后面。其他宾客按顺序坐在主宾一例，主方其他人员坐在主人一例。座位不够时可在后排加座。

③ 主宾并列式：宾主并排而坐，客人居右侧，主人居左侧。这种方式适于小规模的双边会见。

（2）会谈的座次安排

举行正式会谈时，会谈气氛严肃，对等性强，座次要求严格，礼仪性很强。按参加会谈的利益主体的数量划分，座次排列通常可分为以下两种情况。

① 双边会谈。双边会谈指的是由两方面的人士所举行的会谈。在一般性会谈中，双边会谈最为多见。双边会谈的座次排列主要有如下两种形式。

其一是会谈桌横置式，是指在室内横放长方形桌，宾主相对而坐。面对正门一侧为上，由客方就坐，背对正门一侧为下，由主方就座。双方主谈者在自己一方居中就座，其他人士则应依其具体身份的高低，先右后左、自近而远地分别坐在宾主方自己的一侧。双方主谈者的右侧，在涉外会谈中则应由翻译人员就座。

其二是会谈桌竖置式，是指在室内竖放长方形桌，以进门时的方向为准，右侧为客方，左侧为主方。具体排列方式与会谈桌横置式排座相似。

② 多边会谈。多边会谈是指三方或三方以上人士所举行的会谈。多边会谈的座次排列可分为以下两种形式。

其一是主席式，是指在会谈室内面向正门设置一个主席台，由各方代表发言时使用，其他各方人士则一律背对正门、面对主席台就座。各方代表发言后应下台就座。这种形式适合于参加者较多、注重介绍讲解的大型会谈。

其二是自由式，即各方人士在谈判时自由就座，甚至相互穿插地坐在一起无须事先正式安排座次。这种形式适合于参加者较少、会谈内容轻松的小型会谈。

另外，在多边会谈中，为避免失礼，按照国际惯例，都以圆桌为会谈桌来举行圆桌会议，此时，各方的主谈者应该就座于圆桌相应的椅子上，翻译人员及其他谈判工作人员一般围绕各自的主谈者分列两侧而坐，也可坐于主谈者的身后。主方人员不应在客方人员之前就座。

无论是双边会谈还是多边会谈，桌子和椅子的大小应该与环境和会谈级别相适应。会议厅越大，或会谈级别越高，桌子和椅子通常也相应越大、越宽绰，否则就会对会谈者心理造成压抑感或不适。与长方形会谈桌不同，圆形会谈桌通常给人以轻松自在感，所以，在一些轻松友好的会见场所一般采用圆桌。

（四）会见与会谈的具体礼仪

（1）主人应提前到达会见或会谈场所，迎候客人的到来。客人到达时，主人应在门口迎候，既可在大楼正门迎候，也可在会客室正门口迎候。主宾会面时，主人与客人握手、致意，然后主人在主宾左侧陪伴客人步入会客室。

（2）领导人之间的会见或会谈，除双方的陪见人员和必要的翻译人员、记录员外，其他工作人员待安排就绪后应立即退出。谈话过程中，旁人不要随意进出。

（3）为保证会谈顺利进行，公关人员应准确掌握会见时间、出席人员等事项，随时了解变化情况，与各方面保持密切联系。会谈时，公关人员应及时处理临时情况；对较长时间的会谈，应根据参加会谈人员精力变化的规律，适当安排中间休息，以获得理想的会谈效果。

（4）在会见或会谈中，应为宾主准备茶水、咖啡、矿泉水等，夏天还可准备一些冷饮。服务人员上饮料时，应尽量不发出声响。

（5）宾主双方如需合影，应事先做好合影位次排列表，人数众多时应准备梯架。合影时，一般由主人居中，主宾双方间隔排列，以右为上。主要身份者在第一排，其余按顺序排后。按惯例，两端通常由主方人员把边。注意将全部人员摄入镜头。

（6）会见或会谈结束时，主人应送宾客至车前或门口，与客人握别并目送客人离去后再返回。

课堂任务

选择几位同学并将其分为两组，各代表一方公司，然后运用以上所学知识进行商务会见与会谈模拟训练（会见与会谈内容自拟）。

二、商务谈判礼仪

商界人士所进行的谈判，又称商务洽谈，是指在商务交往中，为了建立联系、达成交易、拟定协议、签署合同、要求索赔，或是为了处理争端、消除分歧而进行的面对面的讨论与协商。商务谈判是商务人员的重要商务活动之一。因谈判而举行的多方会晤，称为洽谈会。凡是正规、正式的谈判，都是按照一定的礼仪和程序来进行的。只有了解并能熟练应用谈判的策略和礼仪的商务人员才能称得上是称职的商务人员。

商界人士在为进行谈判而着手准备时，要将重点放在技术性准备和礼仪性准备这两个方面。这里主要阐述商务谈判礼仪方面的准备。

（一）商务谈判礼仪的基本原则

1. 知己知彼的原则

俗话说："知己知彼，百战不殆。"谈判之前的准备无非是"知己"和"知彼"两个方面。

"知彼"，就是通过各种方法了解谈判对手的礼仪习惯、谈判风格和谈判经历。不要违反对方的禁忌，以免因一些文化礼仪问题致使谈判出现不愉快的局面。

"知己"，则是指要对自己的优势与劣势非常清楚，知道自己需要准备的资料、数据和要达到的目的以及自己的退路，分析对方会从哪些方面去谈，自己应该怎样应答，只有用自己的长处去应对对方的短处才能立于不败之地。

2. 互惠互利的原则

所谓互惠互利的原则，是要求商界人士在准备进行商务谈判时，以及在谈判过程中，在不损害自身根本利益的前提下，应当尽可能地替谈判对手着想，主动为对方保留一定的利益。有经验的商界人士都清楚，最理想的谈判结局，不应当是"你死我活"、"鱼死网破"，而应当是有关各方的利益和要求都得到了一定程度的照顾，即达成妥协。在谈判中，为对手留下余地，不但有助于保持与对方的正常关系，而且会使商界同仁对自己刮目相看。如果把商务谈判视之为"一次性买卖"，甚至要与对手拼个"你死我活"，争取以自己的大获全胜断送与对手的进一步合作，必然会使社会上对己方产生"心狠手辣"、"不能容人"的恶劣印象。

现代谈判是一种既有竞争又需要合作的过程。如果你把利益的要求提高到足以损害谈判对手的前提之上，那么你就失去了与人合作的基础，从长远看是危险的。现代的商界社会，最讲究的是伙伴、对手之间同舟共济，既要讲竞争，更要讲合作。自己所获得的利益，不应当建立在伤害对手或伙伴的基础上，应当彼此互利。对于这种商界的公德，商务人员在洽谈中务必应当遵守。

3. 平等协商的原则

谈判是智慧的较量，谈判桌上，唯有确凿的事实、准确的数据、严密的逻辑和艺术的手段，才能将谈判引向自己所期望的胜利。谈判是在双方平等和尊重的基础上展开的；那种竞争斗气、压倒对方的谈判作风，是与谈判的真谛相悖的，只能将谈判引向破裂，难以达到求同存异的谈判目标。因此，以理服人、不盛气凌人是谈判中必须遵循的原则。

以理服人，平等相待，坚持平等相待原则，就是在商务谈判中做到：谈判双方不论人员多少，组织大小，实力强弱，都应在享受平等的权利和义务的基础上，以平等的地位参与洽谈协商，而不附带任何其他条件。对于谈判中出现的不同观点和意见，也只能以协商的方法妥善解决，以适当的让步寻求一致。

在谈判中要坚持平等协商，重要的是要注意两个方面的问题：一方面，是要求谈判各方在地位上要平等一致、相互尊重，不允许仗势压人、以大欺小，如果在谈判的一开始有关各方在地位上便不平等，那么就很难达成让各方心悦诚服的协议；另一方面，则要求谈判各方通过协商，求得谅解，而不是通过强制、欺骗来达成一致。

4. 人与事分开的原则

在谈判会上，谈判者在处理己方与对手之间的相互关系时，必须要做到人与事分别而论。要切记朋友归朋友，谈判归谈判，二者之间的界限不能混淆。在谈判桌上，大家既定的目标都志在必得、义不容情。因此，既不要指望对手之中的老朋友能够"不忘旧情"，良心发现，对自己"手下留情"，也不要责怪对方"见利忘义"、"不够朋友"、对自己"太黑"。对"事"要严肃，对"人"要友好。对"事"不可以不争，对"人"不可以不敬。在商界，有一句行话，叫做"君子求财不求气"。它再次告诫各位：意气用事，在商务交往中的任何场合，其中自然也包括洽谈会在内，都是弊大于利的。

5. 求同存异的原则

商务谈判要使谈判各方面都有收获，大家都是胜利者，就必须要坚持求大同存小异的原则。就是要注意在各种礼仪细节问题上要多多包涵对方，一旦发生不愉快的事情也以宽容之心为宜。不要求全责备，不要因为细小的问题而伤了和气。更不要因小失大，而使双方的利益受损。

6. 礼敬对手的原则

礼敬对手，就是要求谈判者在谈判的整个进程中，要排除一切干扰，始终如一地对自己的对手讲究礼貌，时时、处处、事事表现出对对方不失真诚的敬意。在谈判过程上，不管发生了什么情况，都始终坚持礼敬对手，这无疑能给对方留下良好的印象，而且在今后的进一步商务交往中，还能发挥潜移默化的功效，即所谓"你敬我一尺，我敬你一丈"。调查结果表明，在谈判会中，能够面带微笑、态度友好、语言文明礼貌、举止彬彬有礼的人，有助于消减对手的反感、漠视和抵触心理。在谈判桌上，保持"绅士风度"或"淑女风范"，有助于赢得对手的尊重与好感。与此相反，假如在谈判的过程中，举止粗鲁、态度刁蛮、表情冷漠、语言失礼，不尊重和体谅对手，则会大大加强对方的防卫性或攻击性，无形之中伤害或得罪对方，为自己不自觉地增添了阻力和障碍。

7. 预审的原则

所谓预审的原则，含义有两个：一是指准备谈判的商界人士，应当对自己的谈判方案预先反复审核、精益求精；二是指准备洽谈的商界人士，应当将自己提出的谈判方案，预先报请上级主管部门或主管人士审查、批准。虽然负责洽谈的商界人士拥有一定的授权，在某种特殊的情况下可以"将在外，君命有所不受"，或是"先斩后奏"。但是这并不等于说谈判者可以忘乎所以、一意孤行。在谈判之前，对自己的方案进行预审，既可以减少差错，又可以群策群力、集思广益，使方案更完美。

（二）商务谈判的准备礼仪

商务谈判过程往往是一个短暂的过程，但它可能要解决的是对组织来说生死攸关的重要问题，因此，详细周到的准备工作是赢得谈判成功的必要步骤。谈判的礼仪性准备，是指要求谈判者在安排或准备谈判会时，应重点熟悉谈判步骤、自己的仪表，预备好谈判的场所、布置好洽谈的座次，并且以此来显示我方对于谈判的郑重其事以及对于谈判对象的尊重。

1. 商务人员的准备礼仪

第一，语言以和为贵，在谈判中一定要满足对方获得尊重的需要，为未来的合作奠定基础。谈判中多用敬辞，如"很荣幸能与您谈判此项目"、"有关谈判的议程悉听尊便"等，都是让人感到舒服的敬辞。有人将谈判的过程比喻为播种，而签订合同才是"收获"，如果你想获得丰厚的收获，千万注意播种的方式。

第二，幽默诙谐。幽默诙谐被喻为谈判中的润滑剂，它有助于使双方关系融洽轻松，欢快愉悦，幽默语言还可以暗示意图，传递感情，并使被暗示者欣然领悟。

第三，最好不要直接拒绝对方。不要用"不"字，不要经常用"你"，而多用"我们"，例如，"我们的争执令我感到很不愉快"就比"你总是和我争个不休"听上去顺耳一些。此外，要注意倾听对方的谈话。

2. 商务谈判时的个人礼仪

（1）谈判人员的仪表礼仪

出席谈判会的商界人士重视的就是服装，因为洽谈会关系大局，所以商界人士在这种场合，理应穿着简约、高雅、正规的礼仪服装。男士应穿深色西服、白衬衫、打领带、配深色袜子和黑色皮鞋，不要穿夹克衫、牛仔裤、短袖衬衫、T恤衫，配旅游鞋或凉鞋。女士则须穿深色西服套裙和白衬衫，配肉色长筒袜或连裤式丝袜和黑色高跟鞋或半高跟皮鞋，不要穿紧身装、透视装、低胸装、露背装、超短装，不要戴过多的首饰。此外，需要特别注意的是着装选择要与年龄、体形、职业和所处的场合（包括国家、地区、谈判场所与谈判议题等）相适宜，并注意色彩及整体搭配要协调。例如，如果你去日本和韩国谈判时，最好穿得老成一点好，因为这两个国家的人认为年纪轻的人没有经验和地位。另外，要注意在异地谈判时，要在谈判前充分地休息好，携带必须的资料和计算机等设备，预订好房间，保持良好的精神状态，以减少不适应带来的紧张与不适。

（2）谈判人员的仪态礼仪

会谈之初，双方接触的第一印象往往十分重要，双方的言谈举止要尽量有利于谈判时友好轻松的气氛。在谈判这样的特定环境中，坐姿、握手、行姿，以及互相介绍等，往往能反映出内心隐藏的秘密，因而也需要注意。

① 握手。这是最常见的见面礼节，在谈判时要主动和对方握手表示友好、感激和尊重。在客人登门拜访时，主人应先伸手与其握手。在主场谈判的人应先同客场谈判的人握手。在离别和谈判结束时，作为主方的谈判人员切忌主动先和客场谈判的人员握手，因为这时主动握手无异于催促对方赶快离开。因此，先应由客方先伸手，表达再见或对接待的感谢。

② 介绍与自我介绍。谈判活动中的介绍与自我介绍是常见而又重要的一个环节。第一次见面时介绍得体，一开始就会给对方一个先入为主的好印象，这有助于创造良好的气氛，使谈判得以顺利进行。适时递上名片，同时稍稍点头为礼。主动递交名片可以使人感到有礼貌，同时也为以后的联系、合作提供方便。如果希望得到对方的名片时，不妨以请求的口吻说，"如果方便的话，能否请您给我一张名片。"接受别人的名片时，一定要表示恭敬地看一遍，决不能一眼不看就收起来。在非正式的、较小范围的业务洽谈中，不必过于拘泥礼节，不特别讲究介绍先后的规则，

一般可先说一句："让我来介绍一下"，然后就做简单介绍。如果都是同行，则便以自然、轻松为宜。较小范围的业务洽谈，双方也可以采取自我介绍的方式。自我介绍要大方得体，不必过于拘泥。介绍时应适当提高嗓音，吐字清楚，说话速度不要太快，以免别人听不清。自报姓名后，可以简单说明工作单位、职务等。自我介绍时，目光应始终注视对方，如果对方有两人以上，那么最好环视大家，以显示出对对方的尊重。切忌一边自我介绍，一边四处张望，目光不集中，这样令人感到态度冷淡，有失礼貌。

③ 谈判坐姿。谈判时最好是从椅子的左边入座和从座位左边站立。坐下时不要有跷二郎腿或把腿分开过大等不良的习惯动作。从谈判者自然流露出来的坐姿上也能反映出一些有用的信息，例如，挺直腰杆的坐姿表示对对方的谈话有兴趣，同时也显示出对对方的一种尊敬，这种坐姿一般都能有效地激发对方的讲话，提高其兴趣；弯腰（并非记录时）是表示对谈话不感兴趣或感到烦闷，有时为了回绝一个厌烦的提议，也往往采用这种姿态；斜身而坐一般表示心情愉快或有某种优越感，这是一种轻松的姿势；双手放在膝上是一种等待、试探的表示，有时也反映出心中有所顾及；一边坐着，一边用双手摆弄东西是一种不感兴趣或漫不经心的情况。

3. 商务谈判的具体准备工作

（1）确定谈判人选，组建谈判小组。参与谈判的人员必须熟知双方的情况，懂业务，口才好，善应变，工作效率高，能够准确分析问题，当机立断，拍板定案。企业据此选择确定参与谈判的人员，组成谈判小组。谈判小组人员宜精不宜多，一般二至四人为宜。且注意小组人员的知识、能力、性格等素质的合理配置，形成协调一致、有机统一的整体，在谈判时能够充分发挥其整体功能。

（2）制定谈判方案和进程。在搜集信息，知己知彼的基础上，分析对方可能提出的条件和要求，双方可能出现的分歧和对立，彼此可能妥协让步的标准，确认我方认为可接受的谈判条件以及签订谈判协议的基础条款，制定出谈判的初步方案。这个方案一般包括：谈判项目、谈判目标、谈判对象、谈判地点、谈判方式的策略、谈判步骤与进度、谈判的日程安排等。谈判方案可以由一方或双方准备，或各方准备两个方案，谈判时再进行协商统一。为了防止突发事件和应急需要，可能需定出几套方案。

（3）谈判地点的选择。谈判地点的选择，往往涉及一个谈判环境的问题，它对于谈判效果具有一定的影响，有利的地点，能够增强己方的谈判地位和谈判力量。美国谈判学家泰勒尔和他的助手曾经做过一个有趣的实验，结果表明许多人在自己家的客厅与人谈话，比在别人家客厅里更能够说服对方。根据商务洽谈举行的地点不同，可分为客座洽谈、主座洽谈、客主座轮流洽谈以及第三地点洽谈四种方式。

客座洽谈，即在洽谈对手所在地进行的洽谈。一般来说，只有在下列的情况才在客场进行：必须亲自检验查看对手的某些资料，寻找新的市场或合作伙伴，在谈判客场进行对谈判结果不会有很大影响。

主座洽谈，即在我方所在地进行的洽谈。

客主座轮流洽谈，即在洽谈双方所在地轮流进行的洽谈。

第三地点洽谈，即在不属于洽谈双方任何一方的地点所进行的洽谈。

这四种谈判地点的确定，应通过各方协商而定。一般说来，谈判双方利益尖锐对立，关系紧张，则选择第三地点。对于日常的谈判活动，最好能够争取在己方的地点进行，在自己的地点与对方谈判，各方面都比较习惯，可以随时向上级领导或专家请教，在生活起居、气候等方面都不受影响，自己处于主动状态，谈判的成功率就高。

（4）接待、迎接等准备工作。倘若主方担任东道主，出面安排洽谈，一定要在洽谈会的迎送、款待、照顾对手等方面充分准备并认真组织实施，赢得客方的信赖，获得理解与尊重。

① 成立接待班子。由负责翻译（涉外谈判）、后勤保障、医疗、交通、通信等环节的人员构成。

② 收集对方的有关信息与资料。首先要了解对方对这次谈判的要求，抵达和离开的时间，参观、访问的愿望，以及对方的宗教信仰、生活习惯、饮食爱好与禁忌等。同时，要索取对方全体成员的名单，作为安排礼仪接待、乘车接待和住房安排的依据。

③ 拟定接待方案。除了谈判日程以外，还包括其他各项活动的内容、项目、日程及具体时间表，主要活动为迎送、宴请、会见、参观游览、外地访问等。日程确定后，应译成对方使用的文字（涉外谈判）并打印好，以与对方沟通，有时也可放在对方住房桌上。同时，要落实对方的食、宿、行等重点项目。除了由我方主动邀请并事先说明承担其费用外，谈判代表团的费用一般自理，东道主可视情况举行接风、送行的宴会或招待会，安排能提供一定优惠的饭店下榻。

④ 迎送。准确掌握对方抵离时间，通知有关迎送人员。所有迎送人员都应先于来客到达指定地点，并由接待人员提前办妥有关手续。来客抵达后前往住地或离开时由住地前往机场、码头、车站，一般都应安排迎送人员陪同乘车。

（5）会场的准备与座次的安排。谈判的会场布置应体现出礼仪的规范和对来客的尊重。一般用长方形或椭圆形桌子，通常是宾主各坐一方，座位不够时可在后面安排加座。小范围的会谈，可只设沙发，不设长桌。座次问题包括两方面，一方面是谈判双方的座次位置，另一方面是内部的座次位置。谈判的座次应该充分体现主宾之别。举行双边洽谈时，应使用长桌或椭圆形桌子，宾主应分坐于桌子两侧。若桌子横放，则面对正门的方为上，应属于客方；背对正门的一方为下，应属于主方。若桌子竖放，则应以进门的方向为准，右侧为上，属于客方；左侧为下，属于主方。如果是多边谈判，适合用圆形座位，不分首席。在进行洽谈时，各方的主谈人员应在自己一方居中而坐。其余人员则应遵循右高左低的原则，依照职位的高低自近而远地分别在主谈人员的两侧就座。如需译员，则应安排就座于主谈人员之右（或后面）。举行多边洽谈时，按照国际惯例，一般均以圆桌为洽谈桌举行"圆桌会议"。在具体就座时，有关各方的与会人员尽量同时入场，同时就座。注意，主方人员不应在客方人员之前就座。

（6）其他准备。谈判前需要准备的工作还有以下几项。

① 准备好谈判中所需的一切书面文字资料。

② 聘请准备咨询的有关方面的专家。

③ 安排好谈判中的宴会、旅游或文艺活动。

④ 准备必要的小纪念品。

⑤ 安排好双方的食宿事宜。

总之，谈判前的准备越充分，谈判成功的希望越大。在正式谈判之前，最好在自己内部先进行一次模拟谈判，这样有助于发现可能出现的问题和自身的薄弱环节，从而修正谈判对策，并使谈判人员能有一个充分的身临其境的准备过程。

4. 谈判的一般礼仪

参见"会见与会谈的具体礼仪"（第173页）。

（三）谈判步骤及其相应的礼仪

1. 开局阶段

"良好的开端是成功的一半"，开局阶段是通过介绍和被介绍使参与谈判双方相互认识的过程。开局阶段对谈判成功与否影响很大，它决定能否制造一个互谅互让，积极、融洽的谈判气氛，是影响整个谈判过程气氛的关键。谈判开始，双方代表步入谈判室，彼此见面时，简单而松弛的闲聊是为双方打好基础的必要步骤，可以谈一谈体育新闻或个人的爱好或回忆双方以前的交往经历，从而引起双方的共鸣，为下面的沟通做好准备，留给对方亲切、坦诚的印象，营造轻松自然的气氛。

2. 概说阶段

概说阶段中，双方简要阐述各自的谈判目的，自己希望达成的目标和设想。此阶段是认识双方的"第一印象"阶段，因此必须注意做到：开始发言时，要言简意赅，注意感情色彩。概说阶段时间短，争取得到对方的首肯，有了最初的首肯，便是开启了通向成功的大门。言辞或态度尽量不要引起对方的焦虑和愤怒。激起对方的自卫，只会丧失可能得到的协助和支持的机会。在讲完自己的意见后，要倾听对方的发言，理解其讲话的内容。

3. 明示阶段

在此阶段应及早确认双方的不同意见，确认事实。为了解决双方的不同意见，达成协议，必须以坦诚的态度对待自己的需要和对方的需要，彼此互相的需要及外表不易觉察的内蕴需求。追求自己的需要是谈判的目的，但同时又要适当满足对方的需要，这是谈判得以成功的关键。为此做到：对己所求，需要合理，不要过分苛刻；对方所求，不要过分谴责。

4. 交锋阶段

双方的真正对立、竞争状态在这个阶段才明显展开。彼此双方就其观点、目标的对立进行实质性会谈。由于谈判双方都想获得利益并占优势，有时甚至感到如临大敌的紧张气氛。在这种情况下，谈判人员要做到坚定自己的立场和正确分析双方的分歧和差异。既要用事实说明自己的观点，找出各方面的分歧和差异所在，又要运用谈判技巧和合理的妥协来缓和气氛，使谈判心平气和地讨论下去，最终消除分歧差距，寻求一致，达成协议。

5. 妥协阶段

在妥协阶段，谈判人员需要注意：既要坚持原则立场，又不要伤害对方的感情和影响今后的合作；既要精于计算、权衡利弊得失，以求更大的利益，又不应锱铢必较地大做文字游戏。双方应在坚持基本要求的基础上，寻找出共同点，寻求各方面所能接受的折中方案，使争议得到合理解决。保持清醒头脑，把握妥协尺度。

6. 协议阶段

通过洽谈，双方认为已基本实现了自己的理想，便表示拍板同意，然后由双方谈判者代表自己一方在协议上签名、盖章，握手言和，以保持相互之间的亲切感，为下次谈判创造良好的感情基础。

（四）参观

在安排客方参观日程时，要根据接待计划，并经有关部门同意后，再与客方商谈。对客方的合理要求，在条件允许时，应尽可能地予以满足，如不能满足，也应做好解释工作。参观日程一旦确定后，应尽快通知参加接待的有关单位和部门予以落实。无特殊情况，不应随便更改日程，如必须更改，也应尽可能保证整个活动的衔接。如果是涉外的参观活动，接待单位应事先准备好相应语种的中外文对照的情况介绍，如该语种不通用，或难度较大，也可只准备中英文对照介绍。介绍材料力求简明扼要，体现参观单位的特点，内容实事求是，对谈判有实际意义。接待单位还要针对外宾的情况与要求，以及可能提出的问题进行准备。接待中间还要注意保密问题，对需要保密的产品、车间和实验室，不要引导外宾参观，没有把握的事情不要轻易表态，更不要随意允诺和送给外宾样品、资料等。引导来宾参观的人，要走在左前方。介绍情况时，尽可能全面照顾，以免冷落其他人。在参观中如果碰到了午餐时间，在单位内的餐厅就餐就可以了，不必规格过高，否则反而使人产生不良印象。

（五）馈赠礼品

谈判人员在交谈中馈赠礼品，一般在表示友好、进一步增加友谊和今后联络感情的愿望外，更主要的是表示对此次合作成功的庆贺，以及对再次合作的期望。因此，需要选择表达心意的适度时机，并针对不同的对象选择合适的礼品。

（六）出国谈判的注意事项

这里主要介绍出国进行商务谈判对名片、约会、电话、参观及礼貌方面的一些常识。

1. 名片

在国外，名片一般分商务用和交际用两种。商务谈判用的名片需要记载公司名称和职位，私人交往用的名片则只需名字和地址。当我国商务人员赴他国谈判时，在自己的名片上要一面印上中文,另一面用洽谈国家文字或英文。当谈判班子人数较多时,可将成员的名字、职业、职务等,连同个人的照片,印在明信片大小而稍厚的纸上,领队在稍作寒暄之后递给对方。这样,在个别交谈时,对方可随时对照照片,而无须别人介绍。

2. 注意彼此的约定

出国谈判以前,要通知对方你方的预定日程。由于有的外国公司秘书权限较大,一般只要和其联系即可。到了谈判方所在的国家以后,如要去对方的公司,最好问清楚,坐车要多少时间才能到达。在让对方了解你的日程的同时,也应当尊重对方的安排。此外,用电话联络时,最好将对方所讲的日期、时间、地点重复一遍,进行核对,以免发生错误。约好以后,一定要遵守时间,一定要在约定时间之前到达约定地点。

3. 其他注意事项

(1)为了保密,应避免在会议室以外的地方谈论合作,以免对自己和对方造成不必要的损失;如果去访问公司或家庭,一定要事先约好再去,要如时赴约,如果可能会迟到,就一定要先用电话联络;寒暄、答谢要适可而止。在访问告辞时,寒暄一下就得马上离开,切忌拖拖拉拉一再答谢,讲个没完,反而失礼。

(2)在国际商务谈判中,不同的国家有着不同的历史、政治、经济和文化传统及风俗习惯,价值观念和谈判风格有着明显的不同。所以,在谈判的时候,一定要事先了解各国的不同的谈判礼仪与禁忌,做到有备无患,只有这样,才能在尊重对方的同时,更好地创造友好的谈判气氛,更加有的放矢、因人而异地采取与其特点相适应的谈判策略,灵活有效地运用谈判技巧,来获得更好的谈判效果。避免在谈判中因为不懂礼仪而致使谈判不愉快或使谈判破裂。

① 文化的差异。世界上的各个民族都有自己的独特文化,谈判中要尊重这些不同国家和地区的文化内容及其独特的信仰,否则会影响甚至破坏整个谈判过程。

② 民族性格的差异。民族性格在商务交往中有重要作用,所以,在与不同的国家谈判的时候,要了解他们独特的民族性格以及由性格与文化带来的礼仪上的禁忌,这样使自己处于主动与友好的状态中。

> **┨ 课堂任务 ┠**
>
> 选出若干名同学,然后根据谈判厅要求安排他们模拟布置谈判室(分工一定要明确、具体)。在这些同学准备好谈判桌、台布、花饰、水杯和欢迎标语后,其他同学再运用所学知识加以点评。

◉ 开阔眼界

说服别人的六大妙法

一、调节气氛,以退为进

在说服时,首先应该想方设法调节谈话的气氛。如果你和颜悦色地用提问的方式代替命令，并给人以维护自尊和荣誉的机会，气氛就是友好而和谐的，说服也就容易成功；反之，在说服时不尊重他人，拿出一副盛气凌人的架势，那么说服多半是要失败的。

二、争取同情，以弱克强

渴望同情是人的天性，如果你想说服比较强大的对手时，不妨采用这种争取同情的技巧，从而以弱克强，达到目的。

三、善意威胁，以刚制刚

很多人都知道用威胁的方法可以增强说服力，而且还不时地加以运用。这是用善意的威胁使对方产生恐惧感，从而达到说服目的的技巧。

四、消除防范，以情感化

一般来说，在你和要说服的对象较量时，彼此都会产生一种防范心理，尤其是在危急关头。这时候，要想使说服成功，就要注意消除对方的防范心理。从潜意识来说，防范心理的产生是一种自卫，也就是当人们把对方当做假想敌时产生的一种自卫心理，那么消除防范心理的最有效方法就是反复给予暗示，表示自己是朋友而不是敌人。这种暗示可以采用种种方法来进行，如嘘寒问暖，给予关心，表示愿给帮助等。

五、投其所好，以心换心

站在他人的立场上分析问题，能给他人一种为他着想的感觉，这种投其所好的技巧常常具有极强的说服力。要做到这一点，"知己知彼"十分重要，只有了解对方，才能从对方立场上考虑问题。

六、寻求一致，以短补长

习惯于顽固拒绝他人说服的人，经常都处于"不"的心理组织状态之中，所以自然而然地会呈现僵硬的表情和姿势。对于这种人，如果一开始就提出问题，绝不能打破他"不"的心理。所以，你得努力寻找与对方一致的地方，先让对方赞同你远离主题的意见，从而使他对你的话感兴趣，然后再想办法将你的意见引入话题，最终求得对方的同意。

实践任务

实训项目十二　商务谈判礼仪

【实训目标】

通过实训，掌握商务谈判中的各种礼仪。

【实训要求】

准备 16 开本子 14 本，笔 14 支、杯子 14 只等；每 4 人一组，每组选定主谈人及组长，配置好成员角色。

【实训口号】

没有不可能，谈判找双赢！

【实训内容】

某银行总部需要购置空调 100 台，作为年终奖励。试就此项目的买卖洽谈进行策划，并组织面对面的模拟谈判。

准备：选定 7～8 家空调供应商进行调查，如海尔、海信、松下、三菱、长虹、三星、日立、LG。

策划：拟定一份关于销售或购买空调的谈判方案。

布置：会议室布置（场地环境布置装饰、各类会议桌的摆放、双方席位安排）。

模拟谈判举行（在谈判过程中座位安排、举止表情、语言表达、思维策略等）。

【模拟演练】

学生自设场景，分若干小组进行。每组内由同学分别扮演甲方和乙方，并就某一分歧问题进行谈判（谈判问题自拟）。

模拟演示要求：谈判双方必须要进入情景之中，要注意接待礼节中的细节，讲究语言艺术，注意体态语，把握好表情。此外，还要充分发挥提问、应答、说服的语言技巧。

模块小结

1. 会见在国际上一般称为接见或拜见。会谈是双方或多方就某些重大的政治、经济、文化、军事以及其他共同关心的实质性问题交换意见、进行讨论或为求得某些具体问题的解决而进行的严肃的商谈。

2. 按照商务礼仪，涉外商务会见的座次排列方法主要有主宾相对式、主宾分列式和主宾并列式。

3. 按参加会谈的利益主体的数量划分，座次排列通常可分为双边会谈和多边会谈两种情况。

4. 商界人士所进行的谈判又称为商务洽谈，是指在商务交往中，为了建立联系、达成交易、拟定协议、签署合同、要求索赔，或是为了处理争端、消除分歧而进行的面对面的讨论与协商。

5. 商务谈判礼仪的基本原则包括：知己知彼的原则，互惠互利的原则，平等协商的原则，人与事分开的原则，求同存异的原则，礼敬对手的原则，预审的原则。

6. 商务谈判的准备礼仪包括：商务人员的准备礼仪，商务谈判时的个人礼仪，商务谈判的具体准备工作。

7. 商务谈判步骤分为开局阶段、概说阶段、明示阶段、交锋阶段、妥协阶段和协议阶段。

综合练习

1. 简述会见与会谈的一般程序。

2. 试述会见与会谈的具体礼仪。

3. 什么是商务谈判？

4. 商务谈判礼仪的基本原则有哪些？

5. 简述商务谈判步骤及其相应的礼仪。

模块十三　商业仪式和专题活动礼仪

应知导航

学习本模块要理解开业仪式、剪彩仪式、签字仪式和展览会仪式的基本内涵；掌握以上各种仪式的基本操作程序；熟练掌握各种仪式的基本礼仪要求。

案例引入

别具特色的开业典礼

2008 年 8 月 8 日，借北京举办奥运会这一契机，北方某市新建大酒店隆重开业。

这一天，酒店上空彩球高悬，四周彩旗飘扬，身着鲜艳旗袍的礼仪小姐站立在店门两侧，她们的身后是摆放整齐的鲜花、花篮，所有员工服饰一新，面目清洁，精神焕发，整个酒店沉浸在喜庆的气氛中。

开业典礼在店前广场举行。

上午 11 时许，应邀前来参加庆典的有关领导、各界友人、新闻记者陆续到齐。正在举行剪彩之际，天空突然下起了倾盆大雨，典礼只好移至厅内，一时间，大厅内聚满了参加庆典人员和避雨的行人。典礼仪式在音乐和雨声中隆重举行，整个厅内灯光齐亮，使得庆典别具一番特色。

典礼完毕，雨仍在下着，厅内避雨的行人短时间内根本无法离去，许多人焦急地盯着厅外。于是，酒店经理当众宣布："今天能聚集到我们酒店的都是我们的嘉宾，这是天意，希望大家能同我店共享今天的喜庆，我代表酒店真诚邀请诸位到餐厅共进午餐，当然一切全部免费。"霎时间，大厅内响起雷鸣般的掌声。

虽然酒店开业额外多花了一笔午餐费，但酒店的美名在新闻媒体及众多顾客的宣传下迅速传播开来，使酒店日后的生意格外红火。

一、开业仪式

开业典礼是现代商业活动中，各类企业、商场、酒店等在成立或开张时，经过精心策划，按照一定的程序专门举行的一种庆祝仪式。

举行开业仪式有助于塑造出本单位的良好形象，提高知名度与美誉度；有助于扩大本单位的社会影响，吸引社会各界的重视与关心；有助于让支持过自己的社会各界与自己一同分享成功的喜悦，为日后的进一步合作奠定良好的基础；有助于增强本单位全体员工的自豪感与责任心，从而为自己创造出一个良好的开端，增强组织的凝聚力。

（一）开业仪式礼仪的准备

开业仪式礼仪通常包括两项基本内容，一是开业仪式的筹备，二是开业仪式的运作。

开业仪式尽管进行的时间极其短暂，但要营造出现场的热烈气氛，取得一定的效果，需要下功夫做好准备工作。筹备开业仪式时，对于舆论宣传、邀请来宾、场地布置、接待服务、礼品馈赠和程序拟定六个方面的工作，需要事先做好认真安排。

1. 舆论宣传

（1）运用传播媒体刊登广告，以引起公众的关注，营造气氛。这种广告的内容一般包括：开业仪式举行的日期、地点，开业之际对顾客的优惠，开业单位的经营特色等。

（2）邀请有关传播媒体人士在开业仪式举行之时到场进行采访、报道，引导他们对本单位进行正面宣传。

2. 邀请来宾

来宾身份的高低与其数量的多少是直接影响开业典礼效果的重要因素，因此，要尽量多邀请一些来宾参加开业仪式。地方领导、上级主管部门与地方职能管理部门的领导、合作单位与同行单位的领导、社会团体的负责人、社会贤达、媒体人员等都是邀请对象。请柬要由专人提前送达对方，以便对方及早做出安排。

3. 场地布置

开业仪式多在开业现场举行，其场地可以是正门之外的广场，也可以是正门之内的大厅。按惯例，举行开业仪式时宾主一律站立，故一般不布置主席台或座椅。为显示隆重与敬客，可在来宾尤其是贵宾站立之处铺设红色地毯，并在场地四周悬挂横幅、标语、气球、彩带、宫灯等。此外，还应当在醒目之处摆放来宾赠送的花篮、牌匾。来宾的签到簿、本单位的宣传材料、待客的饮料等，也要提前备好。对于音响、照明设备，以及开业仪式举行之时所需使用的用具、设备，必须事先认真进行检查、调试，以防其在使用时出现问题。

4. 接待服务

在举行开业仪式的现场，除了本单位的全体员工以主人翁的身份热情待客、有求必应、主动相助之外，更重要的是分工负责，各尽其职。在接待贵宾时，需由本单位主要负责人亲自出面。在接待其他来宾时，则可由本单位的礼仪小姐负责。来宾较多时，要准备好专用的停车场、休息室。

5. 礼品馈赠

举行开业仪式赠予来宾的礼品，若能选择得当，必定会产生良好的效果。根据常规，向来宾赠送的礼品应具有如下三大特征。其一，宣传性。可选用本单位的产品，也可在礼品及其外包装上印有本单位的企业标志、广告用语、产品图案、开业日期等。

其二，荣誉性。要使礼品具有一定的纪念意义，并且使拥有者对其珍惜、重视，并为之感到光荣和自豪。其三，独特性。它应当与众不同，具有本单位的特色，使人一目了然，并且可以令人过目不忘。

6. 程序拟定

从总体上来看，开业仪式大都由开场、过程、结局三大基本程序所构成。开场即奏乐，邀请来宾到位，宣布仪式正式开始，介绍主要来宾。过程是开业仪式的核心内容，它通常包括本单位负责人讲话，来宾代表致词，启动某项开业标志等。结局则包括开业仪式结束后，宾主一道进行现场参观、联欢、座谈等，它是开业仪式必不可少的尾声。为使开业仪式顺利进行，在筹备之时，必须要认真草拟具体程序，并选定好仪式主持人。并让主持人熟悉来宾、知晓仪式的整个程序，以防忙中出错。

（二）开业典礼的程序及礼仪要求

开业典礼活动所用的时间不长，但事关重大，所以对典礼活动的程序及人员要求都很严格。

1. 开业典礼的程序

开业典礼的程序是指典礼的进程。典礼的效果如何，主要由程序决定，因此，制定程序要符合相关礼仪的要求，一般来说开业典礼的程序由以下七个方面组成。

（1）迎宾

接待人员在会场门口接待来宾，并请来宾签到后，引导来宾就位。

（2）典礼

由主持人宣布开业典礼正式开始，全体来宾起立，宣读重要来宾名单。

（3）致贺词

由上级领导和来宾致贺词，主要表达对开业单位的祝贺。对外来的贺电、贺信等不必一一宣读，但对其署名的单位或个人应予以公布。

（4）致答词

由本单位负责人致答词，其主要内容是向来宾及祝贺单位表示感谢，并简要介绍本单位的经营特色和经营目标。

（5）揭幕或揭牌

由本单位负责人和一位上级领导或嘉宾代表揭去盖在牌匾上的红布，宣告企业的正式成立或活动的正式开始，参加典礼的全体人员鼓掌祝贺。

（6）参观

如有必要，可引导来宾参观，介绍本单位的主要设施、特色商品等。

（7）迎接首批顾客

迎接首批顾客可以采取让利销售或提供各种优惠服务，也可以采取邀请具有代表性的消费者参加座谈会的方式，虚心听取他们的建议来拉近与消费者的距离。

上述过程可以根据具体情况来定夺，不必样样照搬去做。总之，成功的开业典礼的标志是内容紧凑、仪式简洁、喜庆效果好。

2. 参加开业典礼的礼仪要求

（1）主办方礼仪。对于开业典礼的组织者来说，整个仪式过程都是礼待宾客的过程，每个人的仪容、仪表都很重要，此外，还要注意以下几点要求。

第一，服饰要规范。有条件的单位最好穿统一的服装。没有条件的，应要求每个人穿着正式的服装。

第二，准备要周到。首先，请柬的发放应及时，不得有遗漏。另外，要为来宾准备好迎送车辆等。

第三，要遵守时间。遵守仪式的起始时间，不要拖延，以免让人觉得言而无信。

第四，态度要友好。开业庆典的特点是喜庆气氛的营造，所以，主办方的每位参与者都要热情友好，为庆典铺垫良好气氛。

（2）宾客礼仪

第一，要守时。要准时参加开业典礼，为主办方捧场。如有特殊情况不能到场，应尽早通知主办方，以让对方另作安排。

第二，宾客应在开业典礼前或开业典礼时送些贺礼，如花篮、楹联等，并在贺礼上写明庆贺对象、庆贺原由、贺词及祝贺单位。

第三，见到主人应向其表示祝贺，并说祝顺利等吉利话，入座后应礼貌地与邻座打招呼，可通过自我介绍、互换名片等方式结识更多的朋友。

第四，在典礼上祝贺词时，应简短精练，不能随意发挥，拖延时间。而且要表现得冷静沉着、心平气和，注意文明用语。

第五，在典礼的进行过程中，宾客要做一些礼节性的附和，如鼓掌、跟随参观、写留言等。

第六，宾客离开时要与主办单位领导、主持人、服务人员等握手告别，并致谢意。

▌课堂任务▐

假设某家酒店将于 2011 年 8 月 6 日开业，该酒店负责人请你为其编制一份开业庆典仪式文件，编写原则是仪式要按照开业典礼的一般程序进行（重要领导和来宾名单的单位、职务可由学生自己拟订）。

二、剪彩仪式

在形式各异的开业形式中，剪彩是一项重要的程序，有时它被单独分离出来，成为人们所说的剪彩仪式。

剪彩仪式指的是商界的有关单位，为了庆贺公司的设立、企业的开工、宾馆的落成、商店的开张、银行的开业、大型建筑物的启用、道路或航线的开通、展销会或博览会的开幕等，而隆重举行的一项礼仪性仪式。因其主要活动内容是邀请专人使用剪刀剪断被称之为"彩"的红色缎带，故此被人们称为剪彩。

（一）剪彩仪式的准备

从操作的角度来进行探讨，目前所通行的剪彩礼仪主要包括剪彩的准备、剪彩的人员、剪彩的程序和剪彩的做法4个方面的内容。

1. 剪彩用具的准备

剪彩仪式准备工作与开业典礼有相同之处，如需要舆论宣传、发送请柬、布置场地、注意环境卫生和灯光与音响、人员的培训等。除此之外，要特别准备剪彩仪式上所需的红色缎带、新剪刀、白色薄纱手套、托盘以及红色地毯等特殊用具。

（1）红色缎带即剪彩中的"彩"，按照传统作法，它是用一整匹未曾使用过的红色绸缎，在中间结成数朵花团而成。现在有些单位为了节约，一般用两米左右的红色缎带或者以红布条、红线绳、红纸条代替。

一般来说，具体要结多少花团，其具体数目同现场剪彩者的人数直接相关。红色缎带上所结花团的具体数目有两类模式可依，一是花团的数目较现场剪彩者的人数多一个，二是花团的数目较现场剪彩者的人数少一个。第一种模式可使每位剪彩者总是处于两朵花团之间，比较正式。第二种模式则不同常规，亦有新意。

（2）每位现场剪彩者人手一把崭新、锋利的剪刀，以确保剪彩时一举成功。在剪彩仪式结束后，主办方可将剪刀包装之后，送给对方以资纪念。

（3）白色薄纱手套是专为剪彩者所准备的，以示郑重其事。一般情况下可以不准备。

（4）托盘是供盛放红色缎带、剪刀和白色薄纱手套用的，通常首选银色的不锈钢制品。为了显示正规，可在使用时铺上红色绒布或绸布。在剪彩时，可以用一只托盘依次向各位剪彩者提供剪刀与手套，并同时盛放红色缎带；也可以为每一位剪彩者配置一只专为其服务的托盘，而红色缎带另用一只托盘盛放。后一种方法显得更加正式一些。

（5）红色地毯主要用于铺设在剪彩者正式剪彩时的站立之处，其长度可视剪彩者人数的多寡而定，其宽度应在一米以上。在剪彩现场铺设红色地毯，主要是为了提升档次，并营造一种喜庆的气氛。

2. 剪彩人员必须审慎选定

在剪彩仪式上，除主持人之外，剪彩人员主要是由剪彩者和礼仪员组成。

（1）剪彩者。在剪彩仪式上担任剪彩者是一种很高的荣誉。剪彩仪式档次的高低，往往也同剪彩者的身份密切相关。根据惯例，剪彩者可以是一个人，也可以是几个人，但是一般不应多于5人。通常，剪彩者多由上级领导、合作伙伴、社会名流、员工代表或客户代表所担任。

名单一经确定，应尽早告知对方，并征得对方同意。需要由数人同时担任剪彩者时，应分别告知每位剪彩者届时他将与何人同担此任。必要时，可在剪彩仪式举行前，将剪彩者集中在一起，告之他们有关的注意事项，并稍作排练。按照常规，剪彩者应着套装、套裙或制服，并将头发梳理整齐，不允许戴帽子或戴墨镜，也不允许穿着便装。

剪彩者仅为一人时，则其剪彩时居中而立即可。剪彩者不止一人时，则按照中间高于两侧，右侧高于左侧的规则排列位置。

（2）礼仪员的选定。为了增加剪彩仪式热烈而隆重的喜庆气氛，可以邀请专业的礼仪员，或由东道主的女职员担任礼仪员，她们分别担任迎宾员、引导员、服务员、拉彩员、捧花员、托盘员等，礼仪员的一般要求是身材高挑、模样大方、着装高雅，服装应整齐划一。

3. 场地的选定

在正常情况下，剪彩仪式应在行将启用的建筑、工程或者展销会、博览会的现场举行。正门外的广场、正门内的大厅，都予以优先考虑。活动现场应简单装饰以烘托气氛，如在剪彩之处悬挂写有剪彩仪式具体名称的大幅标语等。

（二）剪彩的程序

剪彩既可以是开业仪式中的一项具体程序，也可以独立出来。独立举行的剪彩仪式，通常应包含如下5项基本的程序。

1. 来宾就座

在一般情况下，剪彩者应就座于前排。由数人剪彩时，按照剪彩时的具体顺序就座，即主剪者位于中间，距离主剪者越远，位次越低，并且右侧位高于左侧位。

2. 仪式开始

主持人宣布仪式正式开始，全场起立或请乐队奏乐来烘托现场的热烈气氛，并向全体到场者介绍到场的重要来宾。

3. 讲话与发言

仪式上应安排一个简短的发言或讲话。发言者一般有东道主单位的代表、上级主管部门的代表、地方政府的代表、合作单位的代表等。这种场合的发言应言简意赅，两三分钟即可，发言的重点应为介绍、道谢与致贺等。

4. 剪彩开始

礼仪员应排成一行率先登场，可从两侧同时登台，或是从右侧登台均可。登台之后，拉彩员与捧花员应当站成一行，拉彩员处于两端拉直红色缎带，捧花员各自双手手捧一朵花团。托盘员须站立在拉彩员与捧花员身后一米左右，并且自成一行。在剪彩者登台时，引导员应在其左前方进行引导，使之各就各位。剪彩者登台时，宜从右侧出场。当剪彩者均已到达既定位置之后，托盘者应前行一步，到达前者的左后侧，以便为其递上剪刀、手套。剪彩者不止一人时，则其登台时亦应列成一行，并且使主剪者行进在前。在正式剪彩前，剪彩者应首先向拉彩员、捧花员示意，待其有所准备后，右手持剪刀，表情庄重地将红色缎带一刀剪断。花团应准确无误地落入托盘员手中的托盘里，切勿使之坠地。为此，需要捧花员与托盘员的合作。剪彩者在剪彩成功后，可以右手举起剪刀，面向全体到场者致意。然后放下剪刀、手套于托盘内，举手鼓掌。接下来，可依次与主人握手道喜，并列队在引导者的引导下退场。退场时，一般宜从右侧下台。剪彩者退场后，其他礼仪小姐方可列队由右侧退场。

多名剪彩者同时剪彩时，其他剪彩者应注意主剪者的动作，与其主动协调一致，力争大家同时将红色缎带剪断。

5. 参观现场

在剪彩仪式结束以后，按照商界惯例，东道主请来宾参观被剪彩的项目，并宴请来宾，或以纪念性的小礼品相赠。

一般来说，剪彩仪式宜紧凑，忌拖沓，在所耗时间上愈短愈好。短则一刻钟即可，长不宜超过一个小时。

┃ 课堂任务 ┃

假设你所在的公司将于 2011 年 7 月 9 日举行剪彩仪式，你作为公司的秘书，公司要你编制一份剪彩仪式文件。编写原则：按照剪彩仪式的一般程序进行（重要领导和来宾名单的单位、职务可由学生自己拟订）。

三、签字仪式

签字仪式是组织与对方经过会谈、协商，形成了某项协议或协定，再互换正式文本的仪式。它是一种比较隆重的活动，礼仪规范也比较严格。

↜ （一）签字仪式的准备

签字仪式具有"里程碑"的意义，应予以充分准备，做到万无一失。

1. 准备待签文本

洽谈或谈判结束后，双方应指定专人按照谈判达成的协议做好待签文本的定稿、翻译、校对、印刷、装订、盖印等工作，文本一旦签字就具有法律效力。

在准备文本的过程中，除了要核对谈判协议条件与文本的一致性以外，还要核对各种批件，主要是项目批件、许可证、设备分交文件、用汇证明、订货卡等是否完备，合同内容与批件内容是否相符等。审核文本必须对照原稿件，做到每字不漏，对审核中发现的问题，要及时互相通报，通过再谈判，达到一致谅解，并相应调整签约时间。在协议或合同上签字的有几个单位，就要为签字仪式提供几份样本。如有必要，还应为各方提供一份副本。与外商签定有关的协议、合同时，按照国际惯例，待签文本应同时使用宾主双方的母语。

待签文本通常应装订成册，并以仿皮或其他高档质料作为封面，以示郑重。其规格一般为大 8 开，所用的纸张务必高档，印刷务必精美。作为主方应为文本的准备提供准确、周到、快速的条件和服务。

2. 布置签字场地

签字场地有常设专用的，也有临时以会议厅、会客室来代替的。布置的总原则是：庄重、整洁、清净。

一间标准的签字厅，应在室内铺满地毯，除了必要的签字用桌椅外，其他一切陈设都不需要，正规的签字应为长桌，在上面最好铺设深绿色的台呢。

按照仪式礼仪的规范，签字桌应当横放。在其后可摆放适量的坐椅。签署双边合同时，可放置两张坐椅，供签字人就座。签署多边合同时，可以仅放一张坐椅，供各方签字人签字时轮流就座，也可为每位签字人都提供一张坐椅。

在签字桌上，应事先安放好待签文本、签字笔、吸墨器等签字时所用的文具。

与外商签署涉外商务合同时，须在签字桌上插放有关各方的国旗。插放国旗时，在其位置与顺序上，必须依照礼宾序列而行。例如，签署双边文本时，有关各方的国旗须插放在该方签字人坐椅的正前方；签署多边文本时，各方的国旗应依一定的礼宾顺序插在各方签字人的身后。

3. 安排签字人员

在举行签字仪式之前，有关各方应预先确定好参加签字仪式的人员，并向其有关方面通报。客方尤其要将自己一方出席签字仪式的人数提前报给主方，以便主方安排。签字人要视文件的性质来确定，可由最高负责人签字，但双方签字人的身份应该对等。参加签字的有关各方事先还要安排一名熟悉签字仪式详细程序的助签人，并商定好签字的有关细节。其他出席签字仪式的陪同人员，基本上是双方参加谈判的全体人员，按一般礼貌做法，人数最好大体相等。为了表示重视，双方也可对等邀请更高一层的领导人出席签字仪式。

由于签字仪式的礼仪性极强，签字人员的穿着也有具体要求。按照规定，签字人、助签人以及随员，在出席签字仪式时，应当穿着具有礼服性质的深色西服套装或西服套裙，并且配以白色衬衫与深色皮鞋。

在签字仪式上出现的礼仪、接待人员，可以穿自己的工作制服，或是旗袍一类的礼仪性服装。

（二）签字仪式的程序

虽然签字仪式的时间不长，但它是合同、协议签署的高潮，其程序规范、庄重而热烈。其程序主要有以下几项。

1. 签字仪式开始

有关各方人员进入签字厅，在既定的位次上坐好。签字者按照主居左，客居右的位置入座，对方其他陪同人员分主客两方各自职位、身份高低为序，自左向右（客方）或自右向左（主方）排列站于各签字人之后，或坐在己方签字者的对面。双方助签人分别站在己方签字者的外侧，协助翻揭文本，指明签字处，并为业已签署的文件吸墨。

2. 签字人签署文本

签字人签署文本通常的做法是先签署己方保存的合同文本，再签署他方保存的合同文本，这一做法在礼仪上称为"轮换制"。它的含义是在位次排列上，轮流使有关各方有机会居于首位一次，以显示机会均等，各方平等。

3. 交换合同文本

双方签字人交换经有关各方正式签署的文本，交换后，各方签字人应热烈握手，互致祝贺，并相互交换各自方才使用过的签字笔，以志纪念。这时全场人员应该鼓掌，表示祝贺。

4. 共同举杯庆贺

交换完已签署的合同文本后，礼宾小姐会用托盘端上香槟酒，请有关人员，尤其是签字人当场干一杯香槟酒，这是国际上通用的旨在增添喜庆色彩的做法。

5. 有秩序退场

签字仪式结束后，请双方最高领导者及客方先退场，然后东道主再退场。整个签字仪式以半小时为宜。

| 课堂任务 |

选择若干名学生，分别扮演签字双方相关角色，然后根据签字仪式的一般程序模拟举行签字仪式。其他同学运用所学知识加以点评。

四、展览会

展览会简称为展览，或称之为展示、展示会。展览同时又进行销售称为展销会。对商界而言，主要是指有关单位和行业组织，甚至是政府所组织的推广介绍商业产品和技术、促进商品宣传和流通的商业性聚会。在展览会上，参展单位利用陈列实物、模型、文字、图表、影像资料等形式介绍本单位的业绩，展示本单位的成果，推销本单位的产品、技术或专利，收集有关商贸信息，进行商贸谈判，促进商贸发展。展览会有各种形式和内容，展览会可以由参展单位自行组织，展览本单位的产品和成果，邀请或不邀请其他单位参加，而更多的是行业组织或专业公司，甚至当地政府等出面组织，邀请有关商界单位参加的专业性或综合性展览。

展览会是现代社会传达和交流信息的重要手段之一，它可以通过具有说服力和感染力的现场演示和说明，达到广泛地交流信息，广交朋友的作用，使有关主办单位和参展单位的信息广为传播，提高其名气和声誉。正因为如此，几乎所有的商界单位都对展览会倍加重视，踊跃参加。

展览会礼仪，主要是指有关单位在组织、参加展览会时，应当遵循的规范与惯例。

（一）组织展览会的礼仪

展览会的组织者需要确定参展单位，确定展览场所，分配展示位置，进行展览内容宣传，做好安全保卫，提供辅助服务等后勤工作。

（1）主办单位事先应联系展览场所，初步确定展览时间，制定展览方案，然后根据展览会的内容对拟参展的单位发出正式的邀请或召集，将展览方案告知对方，并成立相应的组织机构。

（2）参展单位的确定，必须两厢情愿，不得勉强。对于报名参展的单位，主办单位应根据展览会的主题与具体条件进行必要的资格审核，资格审核通过后，在通过资格审核的单位中确定参展单位的正式名单，名单确定后，主办单位应及时以专函形式正式发出通知，让获准参展单位尽早有所准备。

（3）对展览会和展览内容进行宣传。宣传形式可以采用公开刊发广告、张贴有关展览会的宣传画、举办新闻发布会、邀请新闻界人士到场进行参观采访、发表有关展览会的新闻稿、赠送展览会门票、现场散发宣传性材料和纪念品，在举办地悬挂彩旗、彩带或横幅，举办专题活动等。

（4）规划布置展览现场，划分展览分区，分配展位。分配展位的方法可以采用竞拍、投标、抽签，或是按正式报名的先后顺序。

（5）在展览会入口处或展览会的门券上，应将参观的具体注意事项正式说明，使观众心中有数。

（6）依法履行常规的报批手续，做好安全保卫工作。组织者可以到保安公司聘请保安人员维持秩序，如必要可与有关各方正式礼仪签订合同或协议，并且进行公证。为了安全，可找保险公司买保险。重大展览活动要做好安全事故应急预案，组织者要请当地公安部门配合。

（7）为参展单位提供一切必要的辅助性服务项目，且收费合理。主要包括：展品的运输与安装，车、船、机票的订购，与海关、商检、防疫部门的协调，跨国参展时有关证件、证明的办理，电话、传真、计算机、复印机等现代化的办公设备，举行洽谈会、发布会等商务会议或休息所使用的适当场所，餐饮服务，展览时使用的零配件的提供，供参展单位选用的礼仪、讲解、推销人员等。

（二）参加展览会的礼仪

1. 努力提高展位访问率

如何提高自己展位的访问率是参展单位最关心的。所以，应围绕这个宗旨来设计和安排。

（1）事先向可能来参观的单位和个人发出邀请函，并注明有礼物发放，这样被参观的概率就会更高。有的公司还通过将礼物一分为二的方法来吸引参观者，即把其中一份随函寄去，另一份等亲自到场才能得到。有调查资料显示，参观者参观那些展前寄发过邀请函的参展公司比未发函的公司的概率大四倍。

（2）参展单位应突出自己展位的新颖性，在展板的设计、产品的摆放等外观设计上要力求完美无缺，既要整齐美观又要讲究主次，布置上要兼顾主题的突出与观众的注意力。

2. 积极传播参展信息

如何更好地传播信息是参展单位关心的第二个问题，参展公司应该注意以下事项。

在展览会上向观众直接散发的有关资料，要印刷精美、图文并茂、内容丰富，并且注有参展单位的主要联络方法，如公关部门与销售部门的电话、电传、邮政编码、通信地址、E-mail 等。说明材料与单位名片应常备于展台上，由观众自取。有的公司还将当地的交通图和旅游线路提供给参展者。

3. 参展单位服务人员的礼仪

（1）在展位上工作的人员应当统一着装。最佳的选择是身穿本单位的制服，或者是穿深色的西服、套裙。参展单位安排迎宾员迎接宾客时，最好请其身穿色彩鲜艳的单色旗袍，并佩戴写有参展单位或其主打展品名称的大红色绶带。每年在北京国际展览中心举办的汽车展，公关公司都要求礼仪员穿旗袍或鲜艳的、深色的套装。全体工作人员除礼仪员以外，都应佩戴标明本人单位、职务、姓名和有本人彩照的胸卡。

（2）要努力维护整体形象。工作人员不应佩戴首饰，男士应当剃须，女士则最好化淡妆。站立迎客，不迟到、不早退，不无故脱岗、不东游西逛，时时注意礼貌待人。

（3）当观众走近自己的展位时，不管对方是否向自己打招呼，工作人员都要面含微笑，主动地向对方说："您好！欢迎光临!"随后，还应面向对方，稍许欠身，伸出左手，掌心向上，指尖直指展台，并告知对方："请您参观"。

（4）解说人员要训练有素，熟悉有关单位和产品的基本情况，熟悉有关资料，在解说的时候能够应对自如。要善于使解说围绕着参展单位与公众的双向沟通而进行，在必要时，还可邀请观众亲自动手操作，或由工作人员为其进行现场示范。

（5）当观众在本单位的展位上进行参观时，工作人员可随行于其后，以备对方向自己进行咨询；也可以请其自便，不加干扰。假如观众较多，尤其是在接待组团而来的观众时，工作人员也可在左前方引导对方进行参观。对于观众所提出的问题，工作人员要认真做出回答，不允许置之不理或以不礼貌的言行对待观念。

（6）当观众离去时，工作人员应当真诚地向对方欠身施礼，并说"谢谢光临"，或是"再见!"

（7）在任何情况下，工作人员均不得对观众恶语相加或讥讽嘲弄。对于极个别不遵守展览会规则而乱摸乱动、乱拿展品的观众，仍需以礼相劝，必要时可请保安人员协助。

课堂任务

选择若干名学生，让他们扮演故宫文物展览会工作人员，其他同学扮演参观者。然后根据展览会仪式的一般程序模拟举行展览会，以进一步学习展览会礼仪。

开阔眼界

剪彩溯源

20世纪初叶，在美国的一个乡间小镇上，有家商店的商主慧眼独具，从一次偶然发生的事故中得到启迪，以它为模式开一代风气之先，为商家独创立了一种崭新的庆贺仪式——剪彩仪式。

事情的原委是这样的：当时，这家商店即将开业，店主为了阻止闻讯之后蜂拥而至的顾客在正式营业前耐不住性子，争先恐后地闯入店内，将用以优惠顾客的便宜货争购一空，而使守时而来的人们得不到公平的待遇，便随便找来一条布带子拴在门框上。谁曾料到这项临时性的措施竟然更加激发起了挤在店门之外人们的好奇心，促使他们更想早一点进入店内，对行将出售的商品先睹为快。

事也凑巧，正当店门之外人们的好奇心上升到极点，显得有些迫不及待的时候，店主的小女儿牵着一条小狗突然从店里跑了出来，那条"不谙世事"的可爱小狗若无其事地将拴在店门上的布带子碰落在地。店外不明真相的人们误以为这是该店为了开张志喜所搞的"新把戏"，于是立即一拥而入，大肆抢购。让店主转怒为喜的是，他的这家小店在开业之日的生意居然红火得令人难以设想。

向来有些迷信的他便追根溯源地对此进行了一番"反思"，最后他认定，自己的好运气全是由那条被小女儿的小狗碰落在地的布带子所带来的。因此，此后在他旗下的几家"连锁店"陆续开业时，他便将错就错地如法炮制。久而久之，他的小女儿和小狗无意之中的"发明创造"，经过他和后人不断"提炼升华"，逐渐成为一整套的仪式。它先是在全美，后是在全世界广为流传开来。在流传的过程中，这一形式被人们赋予了一个极其响亮的鼎鼎大名——剪彩。

剪彩从一次偶发的"事故"发展为一项重要的活动程序，再进而演化为一项隆重而热烈的仪式的过程中，其自身也在不断地吐故纳新，有所发展，有所变化。例如，剪彩者先是由专人牵着一条小狗来充当，让小狗故意去碰落店门上所拴着的布带子；接下来，改由儿童担任，让他单独去撞断门上所拴着的一条丝线；再后来，剪彩者又变成了妙龄少女，她的标准动作，就是要勇往直前地去当众撞落拴在门口上的大红缎带；到了最后，剪彩则被定型为邀请社会贤达和本地官员用剪刀剪断礼仪小姐手中所持的大红缎带。

据历史记载，剪彩的头一次亮相是在 1912 年，地点是美国圣安东尼奥州的华狄密镇。而这位因发明剪彩仪式而一时出尽风头的店主，叫作威尔斯。时至今日，了解这一切的人不一定很多，可是知道剪彩仪式的人肯定不会太少。

从剪彩的发展过程中可以看到，它最初只不过是人们用以促销的一种手段，到了后来，它才渐渐地演变为商务活动中的一项重要的仪式。

🗐 **实践任务**

实训项目十三　签字、剪彩仪式实训

【实训目标】

通过实训，掌握并熟练运用签约、剪彩、交接、庆典 4 种常见仪式的流程和礼仪规范，为学生日后走上工作岗位参加各种仪式打下必要的礼仪基础。

【实训要求】

每 4 人一组。

【实训口号】

开业大吉——打响第一炮！

【实训内容】

1. 分别收集一段签字、剪彩、交接和庆典仪式的场景，运用现代化的教学手段与讲解相结合，让学生生动、直观地学习各项仪式的规范礼仪。

2. 将学生分成 4 人一组，按照相应的规则和程序选择设计一个模拟的仪式场景，以熟悉整个仪式的流程和重点，再进行课堂讨论，互相交流和点评。

3. 请学生按照拟好的仪式方案，进行模拟表演，并由学生代表和老师组成评审小组进行评比，以便充分地调动起学生的积极性和参与性，使他们投入到表演中，使训练达到最佳的效果。

4. 收集信息，组织学生参加 1～2 次校外的仪式活动，采用学习—练习—再学习—再实践的方式，起到巩固知识的作用。

5. 举行仪式礼仪大赛或相关的主题班会。

6. 将学校有关的颁奖、签字、典礼或授牌仪式等规范化，让学生参与设计仪式的有关程序，并将仪式礼仪规范运用于这些活动中。

7. 实训检测

考核项目	考核内容	分　值	自评分	小组评分	实得分
签字仪式	签字的座次安排	10			
	接待人员的礼仪规范	15			
剪彩仪式	礼仪小姐的着装规范	10			
	剪彩时的做法准确	15			
交接仪式	仪表服饰、精神面貌	10			
	交接仪式程序正确	15			
庆典仪式	庆典的礼仪要求	10			
	庆典活动的程序规范	15			

【模拟演练】

假设你所在的乳业公司将迎来一批来自德国乳富集团的商务考察团，你公司准备借此机会向乳富集团订购一批更为先进的设备。因为在这次活动中要进行谈判，并将签署合同，举行签字仪式。为此，领导要求你草拟一份签字仪式的准备方案，并将签字厅布置妥当。请你结合所学知识模拟演示。

模块小结

1. 开业典礼是现代商业活动中，各类企业、商场、酒店等在成立或开张时，经过精心策划，按照一定的程序专门举行的一种庆祝仪式。

2. 开业典礼的程序包括迎宾、典礼、致贺词、致答词、揭幕或揭牌、参观、迎接首批顾客。

3. 剪彩仪式指的是商界的有关单位，为了庆贺公司的设立、企业的开工、宾馆的落成、商店的开张、银行的开业、大型建筑物的启用、道路或航线的开通、展销会或博览会的开幕等，而隆重举行的一项礼仪性仪式。因其主要活动内容是邀请专人使用剪刀剪断被称之为"彩"的红色缎带，故此被人们称为剪彩。

4. 签字仪式是组织与对方经过会谈、协商，形成了某项协议或协定，再互换正式文本的仪式。

5. 签字仪式的程序包括签字仪式开始，签字人签署文本，交换合同文本，共同举杯庆贺，有秩序退场。

6. 展览会简称为展览，或称之为展示、展示会。展览同时又进行销售的称为展销会。对商界而言，主要是指有关单位和行业组织，甚至是政府所组织的推广介绍商业产品和技术、促进商品宣传和流通的商业性聚会。展览会礼仪，主要是指有关单位在组织、参加展览会时，应当遵循的规范与惯例。

综合练习

1. 简述开业典礼的一般程序。
2. 在开业典礼仪式中，对于宾客在礼仪方面有哪些要求？
3. 什么是剪彩？
4. 剪彩仪式的必备物品是什么？
5. 简述签字仪式的一般程序。
6. 在举办展览会时，对于参展单位的服务人员，在礼仪方面有哪些要求？

模块十四　应聘礼仪

应知导航

学习本模块要了解择业前和离开原单位前应做哪些准备工作；学会进行职业规划；掌握求职简历的写作；重点掌握写求职信、拨打求职电话和面试时的具体礼仪要求。

案例引入

红桃A

阿智大学毕业时，在宣传广告栏的一张海报上看到一则招聘销售主管的广告，率性不羁的他马上决定去一试锋芒。

他首先制作了一份个人简历，简历中他称自己已大学本科毕业，品学兼优，且在大学阶段已有一段丰富的工作经验。做好简历后，他用计算机将自己满意的一张照片进行加工，将照片的背景变为扑克牌中的红桃A，这样，英俊的他就置身于一片"红桃"之中。他又在照片底部写上："我将是您手中的一张好牌。"这一切都做好了，他便用扫描仪把这份简历和照片扫描到他的个人主页中，传送到那家公司的电子信箱内，同时他又将介绍信和照片通过邮局寄到公司。

一天之后，阿智来到公司人事部。参加面试的似乎只有他一个人，他很奇怪。考官问了他一些问题，他很轻松地对答如流。最后，考官叫他写点东西，他想到刚才在办公楼外见到的一些现象：员工们的自行车、摩托车乱放；门卫迎接客人时懒洋洋的，一句招呼也不打；走廊上灰尘很多……他下笔有神，很快就写出一篇"管理公关之我见"。

很快，他就被考官请到了总经理办公室。总经理很随意地和他聊起天来，他问："知道为什么今天就你一个人来面试吗？"他摇摇头。"我们最先收到你的个人资料，你可能是唯一通过 E-mail 发送个人简历的应聘者！"他恍然大悟。"你的照片背景为什么不是王牌，却是一张红桃 A 呢？"总经理问，阿智镇定地、胸有成竹地说："你们的招聘广告上不是写着'招纳贤士，共创大业'吗？我不想做王，只希望为老总你横刀立马，冲锋陷阵，共创大业！"

三天后，阿智收到了熠熠闪光的聘书，成为了销售主管。

人尽其才，才尽其用，家国两利，各得其所。这是求职者和求才者双方共同追求的目标。由于供求双方信息交流的不完全和信息的不对称以及信息交换成本的存在，在茫茫人海中常常存在"千里马找不到伯乐，伯乐找不到千里马"的情况，许多求职者面临找工作的困难，许多怀才不遇者感叹英雄无用武之地。随着市场经济的发展，就业机制的改变和产业结构的调整，新毕业大学生和失业人员都面临找工作，到社会中就业谋职问题；随着社会的发展，人才流动的速度加快，已经就业的人员也会给自己重新进行定位，在社会中重新谋职。如何选择职业以及如何求职应聘已经成为人们就业谋职中的重要问题，掌握谋职礼仪意味着成功的概率更大。

一、求职前的准备

找到一个能发挥所长、工资水平高、福利待遇好、未来发展空间大的工作，是每一位求职者的最大心愿。作为一位求职者应先了解求职面谈的意义及重要性，做好充分的准备，才能表现出自信而从容的态度。

（一）择业应聘前应做的准备

1. 进行职业规划

职业规划就是将人才与职业进行匹配，既要分析自己的特点和长处，找出优势所在，又要分析职业和社会的发展趋势。一种有效的职业规划有利于明确人生未来的奋斗目标，它能帮助一个人认清自己，在困境中百折不挠，最终走向成功。有的失败者，并不是他们没有足够的知识才能，而是失败于他们走错了门，入错了行，没有对自己进行职业规划，或者没有进行正确的职业规划设计，没有找到适合于他们发展的职业目标与发展机会。

（1）分析自己，把握自己，为自己准确定位。择业前有必要正确审视一下自己。一定要从自己的理想、兴趣、爱好和特长出发去选择自己的职业。客观地认识自己和评价自己，千万不要把高薪和生活舒适作为择业的唯一目标。

（2）选择单位要考虑的因素还有单位是否在走上坡路，应把发展态势较好的单位作为首选，而不要投身于正在萎缩、没落的单位。另外，要考虑用人单位的岗位，看哪一个单位能给自己一个施展才能、拓展事业的空间，发展是最重要的。当然，在正规的大企业里工作能接受到正规的职业训练，能学习到过硬的本领和技术，对一个人以后的发展是受益匪浅的。当你在一个大公司有过工作经验，不论你将来干什么，都是你人生的重要阅历和资本。

2. 利用机会建立人际关系

美国著名职业战略学家阿黛尔·席尔这样说："不管你怎样认为，成功择业往往以'你认识多少人'而不是以'你知道多少东西'来衡量的。"虽然他的说法有些极端，但事实上，人际关系确实是择业成功的一个非常重要的砝码。因此，努力学习虽然很重要，但仅此而已是远远不够的，还必须拓展你的人际关系网，如在学校内和老师、同学建立良好的人际关系，参与实践时多交些朋友，都有利于择业。人际关系网络除了能够提供信息外，还能培养你的人际交往能力。任何一个单位都愿意录用一个能够与大家和睦相处的人。社会的发展对一个人的合作精神和人际交往能力提出了越来越高的要求。

3. 了解用人单位需求及用人单位情况

应聘者可以通过报纸、电台、电视台、杂志、网络等传媒了解招聘信息，通过劳务市场、人才交流会、职业介绍所等了解招聘信息，还可以到用人单位登门拜访，借助亲朋好友和熟人了解用人单位信息等方法，获得公司的发展前景、人际公关、所聘职务、上班时间、服务地点、薪金待遇等信息，来决定自己是否应聘该公司。

4. 努力增强竞争实力

竞争实力是从事某种职业劳动的技能与知识特长以及有效发挥这种特长的能力。它包括两方面：一是基础素质，包括心理素质、知识素质、品德素质、体能素质；二是职业技能、特长。应聘某项工作应具备某一方面的职业技能，所以应聘前应努力提高自己的素质，多读一些关于应聘方面的书。

（二）想离开原单位的人应做的准备

1. 判断该不该离开

对于想要换单位的人，在以下情况下可以考虑离开：公司对人不公平；公司前景暗淡；薪金太低，与你的能力、成绩不符；工作性质与自己的专业、兴趣不符；公司没有令你大展身手的环境。

如果是以上原因，可以考虑离开。但如果是由于自己的工作不力，人际关系处理不好等原因想离开，就应该首先反省自身、改变自己，应努力工作、和善待人，以改变自己的处境。

2. 欲离开原单位的人应注意的事项

未找到新的职业前不要辞职，一来自己生活无保障，二来会让新单位觉得你是走投无路才来的，会低估你的能力；避免在公司繁忙、缺人手的时候辞职，否则不近人情，表明此人个性不成熟、不负责任；找职业时应选择与自己的专业、个性及与原单位工作有关的职业；保持有始有终的负责态度，不要以为要辞职就可以对工作马马虎虎，这样对原单位不利，如果新单位到你原工作单位调查你的情况，对你自己也不利；向公司借用的物品或金钱应归还原主；业务工作的交接要认真负责；以书面报告形式提出辞呈；写辞呈要注意使用白色信笺，用黑色或蓝色钢笔，简明列出理由，如"健康不佳"或"因家庭原因"等，不要指责公司或攻击某人；具体原因口头报告，如"不能发挥才干"等；辞呈直接交到主管领导手上，不要越级辞职，这样做不礼貌。

（三）写履历表应注意的礼仪

回顾自己的经历，列出引以为自豪的部分，实事求是地写在履历表上；不能随意夸大自己的情况，只能根据事实强调你适合用人单位的方面；层次分明，语言清晰明了；字迹不能潦草，不能有错别字或遗漏字；用标准格式的纸张。写履历表时应注意到不同的单位要准备内容有差异的简历，如果是应聘到行政部门的简历就多写你的社会经历和管理方面的才能；如果是应聘到广告公司，就要将你学习的功课与实践经历写上。

课堂任务

选择两名学生，其中一人扮演将要辞职的员工，另一人扮演单位领导，进行口头辞职模拟训练。其他同学运用所学知识给予点评。

二、求职礼仪

求职礼仪是谋职人的重要谋职手段，所以应该认真对待，来不得半点马虎，更不能在自我推荐的过程中有欺骗的行为。

（一）求职信的礼仪要求

1. 求职信的内容

（1）个人情况。个人信息里最重要的是你的能力的表现，你曾经做过什么工作，其结果怎样。这里体现了你的领导能力、你的聪明程度等。将你的学位证书、培训经历和其他证书都列在简历里。

（2）申请的工作岗位。

（3）胜任工作的条件。你在什么方面能够胜任你申请的工作，你曾经做过这方面的哪些工作，有什么样的经验。

（4）附上精心选择的自己满意的照片。

2. 写求职信时应注意的礼仪

（1）全面、真实地介绍自己的情况。

（2）反复斟酌字句，不要写错字。

（3）书写简明扼要，重点突出。

（4）不要过分强调学习成绩，应多强调自己完成工作的能力。

（5）介绍特长时应真实、具体，不要泛泛而谈。

（6）书写纸张应用质地好的信纸，用钢笔书写或用计算机打印。

（7）书写篇幅在 2 页以内。

（8）设置漂亮的字体打印，注意排版格式。

（9）附上有关证书的复印件。

（10）将电子信箱、传真号码、电话号码和居住地址详细列上，方便用人单位联系。

例如：

尊敬的××公司领导：

你们的招聘启事为一个刚刚离开校门的年轻人提供了诱人的机会。为您这样颇有影响的公司进行关于消费者的研究，是我最喜欢的工作。下面谈谈我自己的情况：

我今年 22 岁，相貌端正，人际关系融洽。我好询问、好分析——喜欢将事情搞个水落石出。我机敏、俏皮——有让人说真话的本事。

这些品质加上热情、恒心和吃苦耐劳的精神，能够使我一个初学者的工作得到您的满意。今年 7 月我毕业于南开大学，我主修市场营销专业，我的老师给我写了评价较高的推荐信。我希望能有机会把这封信给您看看。我研究过消费过程，理解统计表上所标出的购买习惯和趋势的含义。如果能到贵公司就职的话，我将是一名称职的市场营销专业人员。

随信附上邮资明信片，上面有我的通信地址，希望能用它通知我和您们会晤的时间。如愿打电话，我的电话号码是××××××。

此致

敬礼！

×××

××年×月×日

（二）求职电话的礼仪要求

（1）选择好通话时间，一般宜在上午或下午的工作时间拨打电话。临下班前半小时不宜打电话，午休及晚上 10 点半以后，早上 7 点钟之前，三餐时间都不宜拨打电话。

（2）接通后，应礼貌地核对单位名称，提出要找的人的姓名，对方去找人或表示转告时应致谢。

（3）应简明扼要地叙述，不要啰唆，并记清楚与对方约好见面的时间、地点。

（4）说话的语速不急不缓，语气、声调不要太大或太小，语言顺畅，不要结巴。

（5）打完电话应致谢并说再见，然后轻轻放下话筒。

（三）面试的礼仪要求

求职的重要一关是面试，面试时要注意一定的应聘礼仪，谈吐要适当，不要急于求成，要有组织认同感，面试结束时也不要忘了周全的礼仪，要善始善终，因为这些代表着你的修养，会给考官留下深刻的印象。另外，往往在面试考官中就有你的未来上司，面试中的交流就决定了你的上司对你的印象和态度。个人的天赋、学历、工作经验是重要的，但更重要的是经理对你的感觉。有时录取或拒绝一个面试者往往说不出理由，这就更说明外表形象与个人的谈吐是至关重要的。在应聘时注意并恰当地遵守这些礼仪，有助于你择业成功。

1. 面试前的准备

求职者的外表形象往往关系到应聘效果，因为人的第一印象中，70%是由外表决定的，所以应聘的偶然性决定了应聘者必须注意自己在应聘、面试那一刻的形象。

（1）外表修饰。"漂亮是推荐自我的资本"，在国外，大约有 15%的招聘者把应聘者的外表看成是决定录取与否的非常重要的因素。外貌是应聘的敲门砖。虽然应聘者的五官相貌很难改变，但其穿着打扮、风度气质、言谈举止是可以训练改变的，并能给人留下深刻的印象。有一些求职者本身很有实力，只是因为面试时的仪表问题，导致丧失了工作机会。2005 年重庆市的公务员考试，仪表仪容的测评占面试分数的 10%，由此可以看出仪表在面试成败中的重要性。

① 应聘者的形象设计。应聘者的基本外表形象要求是服装合体，搭配合理，色调和谐，服装整洁，尤其注意领口、袖口不要脏。女性的最佳效果是端庄、干练，尽量化淡妆，不要浓妆艳抹，否则给人以轻浮的印象。男性不要留长发，将鼻毛和胡须修好，使人显得面部光洁神采奕奕，最好穿西服、系领带。

② 应聘者形象方面的注意事项。

第一，女士应聘者的注意事项。女士的着装要大方得体，应注意服饰整体的搭配，以简单朴素为主。不穿超短裙，也不穿极薄透明的或紧绷的衣服；可穿西服套裙，西服应稍短，以充分体现腰部等的曲线美，裙子不宜太长，以免因紧张而不慎绊倒，但也不要穿太短；如果要配裤子，上装要稍长为宜，可以将衬衫的下摆扎进裤子里。皮鞋要擦亮，鞋带要系紧。昂贵的珠宝及饰品绝不适合佩戴，饰品数量也不宜过多。若擦香水，则宜用香味清新的，而不要用香气过浓烈或奇特的。

第二，男士的穿着以正式的西服为宜，领带要打端正，若有领带夹应夹在衬衫第三与第四个扣子中间的位置。袜子颜色要配合西服颜色。

第三，不管男士还是女士，在应聘时要注意自己的修饰，注意一些细节，如将新衣服的价签取下来，不然的话，考官会认为你做事粗心大意，不注意细节。女士一定要穿丝袜，并随时检查是否有脱线或破损的情形。应试出门前应再检查一遍整体仪容是否整洁，扣子、拉链是否扣好、拉好，衣领及袖口是否有破损或弄得皱皱的，鞋子是否干净光亮，鞋底是否有磨损。面试当天除脸部清洗干净外，还应注意耳朵、脖子的清理和指甲的修剪。注意吃好早餐，否则因空腹会产生胃气，妨碍口气清新。清新自然的形象有助于取得应试成功。

第四，面试前应选择适当的服饰。如果可能，宜在一个月前就将面试穿着的服装准备好并试穿过，以免当天因穿新衣而有不舒适的感觉。参加面试者的衣着应视工作性质而定，表现出来的形象愈专业愈好。

（2）面试前的心理准备。谋职者在面试前必须做好心理准备，人人都希望在面试时留给主考官一个优良而深刻的印象，以增加录取的可能性。因此，了解主考官一般在主持面试时会关心些什么，对应试者而言是非常重要的第一步。主考官考核应聘者的内容往往包括以下几个方面。

① 主考官会先评价一个应试者的衣着、外表、仪表及行为举止。例如，一位经理登报招聘一位商务人员，约有 50 人前来应聘，但是这位经理最后选中的是一位没有任何奇特特点的应聘者，其原因是这位应聘者衣着整齐、指甲修得干干净净。

② 主考官也通过提问或交谈对应试者的专业知识、口才、谈话技巧、反应灵敏与否等做整体性的考核。有的时候招聘者往往通过与你闲聊感受你的反应灵敏与否、专业知识扎实与否等，虽然他问的问题很随意，但却是在试探你、感受你，所以，你要顺其自然，不要志在必得，造成不必要的紧张，从而影响你的正常发挥。因为有些问题本身就没有标准答案，仁者见仁，智者见智。

③ 主考官可能会从与你短暂的谈话中去了解你的性格及人际关系、情绪状况、人格成熟度。主考官可能会通过诸如："面对压力你怎样工作？""你能形容一下你自己吗？""遇到恃强凌弱者，你如何处理？""当你的老板经常批评你时你应该怎样处理？"这些问题是很随意的，但是却能考察你的处理人际关系的能力和人格的成熟程度。所以，如果说某一个人怎么那么幸运得到一份别人追求了很长时间的工作，其原因在于，应聘者看中了他的某一方面长处，这是一个人长期素质培养的结果而不是短期能够培养的。

④ 主考官也会从面谈中观察应试者对工作的热诚度及责任心，了解应试者对人生的理想、抱负及上进心。一个人的专业知识和技术水平往往是在工作中磨炼出来的，而有没有责任心和对工作是否热爱则是决定他能否经受住工作中的各种困难考验的决定性因素。我们把这种素质叫做"敬业精神"或"职业道德"，这是公司最需要的。对一项工作的热爱是一个人出成绩的根源，它是一个人百折不挠的精神动力源泉。同样，主考官也会问"你将来准备做什么？""你的人生的最终目标是什么？"等问题来考察你的上进心和抱负，一个没有上进心的人很难不断学习和求上进，将工作做得完美。

对于主考官将会问你什么问题，一般没有固定程序化的东西，主考官可以现场发挥，这是很难预测的，你唯一能够准备的是你的沉着、镇定与自信。

2. 面试礼节

（1）提前 10 分钟赶到。面试当天应根据交通状况拟定好出门时间，应比原定时间早 5～10 分钟到达面谈地点。这样既可先熟悉这家公司附近环境并整理仪容，又可免去迟到的尴尬。但如果早到 10 分钟以上，千万别在接待区走来走去，此时可向别人询问盥洗室在哪里，再一次检查自己的服装仪容。

（2）进入室内时，应先敲两下门，等对方答应"请进"时方可进入，然后向对方行点头礼或鞠躬礼后，再关上门。

（3）走到椅子旁边时，应恭敬地自我介绍："我是某某"。

（4）如果有指定座位，则坐上指定的位子，若无指定位置时，叫以选择主考官对面的位子采取桌角座次，和主考官成桌角位落座。如此方便与主考官面对面交谈。

（5）当对方请你坐下时，说声"谢谢"再坐下。如对方未请你坐下，应礼貌地询问："我可以坐下吗？"然后应等主考官示意坐下才可就座。

（6）坐姿端正，两手自然轻放在膝上，千万不要两手下垂，或放在胸前，或背后交叉。

203

双眼注视对方讲话的神情，静心聆听问题的内容，然后从容回答，不可半途插嘴、反问。

（7）简明扼要地回答一切问题，如果谈论自己的设想、建议、计划等，则可详细谈论，但言谈必须有礼貌，提到公司要称"贵公司"。

（8）面带微笑，举止得体，不要紧张。

（9）称呼准确。"小姐、先生、女士"之类称呼在公司里普遍使用。

（10）面谈结束后，行礼、握手后再离开，离开时要先采用"后退步"的走法，然后离开。走出考场之前，再次站在门前行礼才出去。

3. 面试时如何回答提问

当主考官提问时，切记要尊重面试者提出的每一个问题，要面带微笑，紧紧围绕主题诚恳回答，不要答非所问。

（1）谈谈你自己。当你在求职过程中过关斩将进入面试时，在基本的寒暄之后，应试者的第一个问题往往是"谈谈你自己吧！"有的求职者往往会认为"我不是已经都写在简历中了吗？为什么还要问呢？"因而面露难色，甚至有的人会说"我在简历中都已经写得很清楚了。"其实，由于面试者多，或主考官忙于其他事务，也许记不清每个人的所有情况，而请求职者做自我介绍，就可以将你的经历和你的人对应起来，形成感性印象。在你介绍时，考官可以根据你的介绍产生疑问，做出初步判断，逐渐进入角色。谈谈你自己是"自我推销"的大好时机，如果这道题回答得好，令对方印象深刻，可能在接下来的时间内如顺水推舟，非常顺利。

谈自己时不要谈些无关紧要的事，要围绕考官的思绪进行叙述，并且重点突出。考官在听你的介绍时，主要关心你是谁，什么来历，干过什么，有什么背景，是否适合应聘的岗位，我是否愿意和他做同事等。你应简要地介绍自己的姓名、年龄、毕业学校，重点介绍自己的能力、成绩；只讲正面的事情，并且用具体事例、具体成绩来说明你的能力和取得的成绩；讲优点和成绩时要实事求是。介绍内容要集中在与这一工作有关的能力上，简单明晰。一般不要超过 5 分钟，时间太长会令主考官觉得冗长无趣。如主考官想更深入地了解家庭背景及成员，你再简单地加以介绍即可。介绍说明越简洁越好，说得过于繁杂会显不出重点所在，效果反倒不好。

（2）谈谈你的优点和缺点或优势和不足。讲优点和优势要自信，要实事求是，要简洁并且合情合理。讲缺点或不足时，可坦诚地将缺点变成优点，如"刚从学校毕业，经验不足，相信随时间积累会干好"之类。可以谈些无关紧要的缺点或很明显的缺点，如字写得不太好等，但对应聘者来讲不是致命的缺点才行。如可以说"我对自己期望过高"，但不可过分地说"我是个完美主义者"。有时在这个问题中还隐含应聘岗位所应具备的条件，应聘者要先回答出你认为所应聘岗位需要的条件，再根据自己的情况审势作答，不要强调与主题无关的细枝末节。

（3）你的人际关系如何。这个问题应举实例证明，不要高谈阔论地说大话，可以说"我和我的同学、老师相处得很好，并且成了好朋友"，并举出事例，以此来证明自己的人际关系融洽。

（4）为什么辞职到我单位工作。不要单纯说是工资待遇高，这样让主考官认为你是为了薪金而来，也会为了更高的薪金而离去。可以说在原单位不能发挥自己才干，专业不对口之类。

除了问以上问题外，主考官还可能根据你的言行举止决定是否录用。如故意让你等半个小时，以观察你的举止是否"原形毕露"。为避免这种情况发生，应聘时最好带一本书，没轮到自己应聘时可以阅读书籍。但关键是平时修养要好，这样才能自然、随便，而又不失礼。日本有的公司使用"特殊考试"办法，如根据应聘者的用餐速度来确定录取与否。速度快的证明身体强壮、办事效率高，速度慢的则相反；还有根据打扫厕所的干净与否来录取，以此证明应聘者的吃苦精神、认真与否。

4. 应聘时需注意的问题

① 应聘前不喝酒、不吃辛辣味的食物。喝酒会使人的大脑反应迟钝，并且说话时带酒味，会给主考官留下"酒鬼"的印象；吃辛辣味的食物，如葱、蒜等会使你说话时口气里带有葱、蒜味，给主考官的印象也不好。如果有口臭，最好应聘前多喝几杯茶，少吃些食物。

② 应聘时应提前 10 分钟赶到，不要迟到。如迟到，一般认为有 70%的几率不利于获得工作机会，有 50%的几率使你失掉工作机会。例如，有位年青女士去一家电器公司应聘，通知她去面试文秘，说好了时间是上午 9 点，可是那天因为她出门前打扮得太久，耽误了时间，加上路上堵车，结果整整迟到了 45 分钟。她到后，工作人员向她扬起手上一堆报名表对她说："女士，你不适合做文秘，只适合做老总。"

③ 应聘时不要带陪伴，带陪伴说明你缺乏自信。

④ 不要带过多的物品。随身除了带公文包或手提包外，不要带其他物品。自己随身带的物品，不可放置于考官办公桌上。可将公文包、大型皮包放置于座位下右脚的旁边，小型皮包则放置在椅子侧面或背后，不可挂在椅背上。

⑤ 应聘时不要抽烟，不要嚼口香糖。与人谈话时，口中嚼东西或叼着香烟都会给人不庄重的感觉，也显得不尊重对方。

⑥ 注意精神面貌。别弯腰垂头，这不但显得没朝气、精神不振，也会令人觉得你对此面谈缺乏兴趣。正确的姿势应是腰杆挺直，双手放置适当位置，双眼直视对方双目并面带微笑。

⑦ 注意谈话的礼貌。当对方谈兴正浓时，不要轻易转移话题。谈话时不要抢话头，不要连珠炮式地发问。不要轻率地下断语，不要乱开玩笑。

谈话时不可使用夸张的动作言语，不可用主考官听不懂的方言或行话。不要攀龙附凤，如说你单位某某是我的什么人，一来对证明自己才干不利，二来即使被对方单位录用，也不易和其他人搞好关系。

与主考官谈话，不要引起争辩。因为即使你争辩成功了，伤了主考官的自尊，一般情况下他不会录取你。即使考官所提问题非常不礼貌，身为求职者，也不能意气用事或表现出不礼貌的言词。你可以拒绝，但口气及态度一定要彬彬有礼。

⑧ 不可要求茶点，除非咳嗽或需要一杯水来镇定自己。

5. 讨价技巧

对于每一个应聘者来说，除了为了找到一份工作以实现自己的社会价值，实现自己的人生理想外，还有一个重要的因素就是获得好的报酬以养家糊口，满足生活的消费要求。求职者怎样谈薪水问题和怎样把握火候是一门艺术，下面介绍几种方法。

（1）了解对方基本的报酬制度。求职者在应聘之前应该事先了解该单位的报酬制度，心中有底，在谈判的过程中，才会说话比较恰当，或者事先决定你去不去面试。

（2）选择适当的询问时机。求职者不要在第一次见面就和对方谈判工资待遇的问题，应等到对方有意要你时再谈这个问题。

当雇主有意聘你时要注意把握分寸，最好为自己和对方留一点余地。不纠缠在某个小数字上，因为许多公司的工资是因人而异的，也许当你工作表现好时对方自然会加薪给你的。不要给对方以威胁，如说"少于多少就不行"，那样就会失去很多好的机会。商谈薪水的原则是坚定而灵活，达到或接近了期望目标就可以了。

（3）降薪求职。目前的职场动态是一些管理岗位竞争激烈，不少白领人士针对此情况，在应聘时主动提出降低月薪待遇，借此增加求职成功的机会。近来，由于就业竞争压力大，一些企业从降低成本着手，借助计算机和信息系统进行公司管理系统扁平化，压缩行政管理人员，精简机构，这样就使得管理岗位的竞争更加激烈。在这样的情况下，一些高级人才为了增加应聘的机会争取上岗，便主动采取降低薪水的办法来得到想要的位置。大学毕业生王某日前按照招聘广告，到一家集团公司应聘部门经理，当他看到应聘者很多，其中还有研究生、博士生。于是，他在报名表中指明："要求月薪1 500元左右即可，其他待遇按公司规定执行。"结果引起用人单位的重视，被优先面试，并很快上岗工作。反之，有些虽然有高学历高职称的人应聘时最低也要七八千元，多则上万元，往往高不成，低不就，找工作的难度较大。

（4）不要耻于谈薪金。学生往往有一个误区，认为找工作时千万不能谈工资，谈工资讲待遇会给用人单位留下不好的印象。下面这个案例就会让我们吸取教训，不要耻于谈薪金。有些企事业单位认为这一点很重要，需要首先谈。毕业生小王学的是商务英语，学业很好，与外商谈判、翻译绰绰有余，得心应手。她去某外贸公司应聘，人事经理问："你了解我们公司吧？"小王答："了解。""你来我们公司应聘的目的是什么？想要多少报酬？"小王自以为聪明地回答："我来应聘主要是想在贵公司锻炼锻炼，施展自己的才华，工资问题并不重要，只要能给个机会就行。"然而，小王却并没有被录用。人事经理的理由是：我们公司不是培养生手的摇篮，每人都有自己相应的工作。一个连工资都不敢报价的人，一方面说明意识落后，另一方面也说明对自己缺乏信心。

6. 面试后续礼仪

当面试结束以后，什么时候是询问对方结果的最佳时机，什么样的礼仪会使双方更愉快，是需要注意的问题。

（1）感谢主考官。感谢对方的方式有打电话或者写感谢信，这可以帮助主试者在决定雇用何人时想到你，你的提醒会给对方留下深刻的印象。不要在感谢函中提及能否被录用的问题，因为感谢信的用意是要感谢主试者在你的面试上花费了时间，而非增加对方的困扰。感谢函应比电话询问早 3 天以上寄出。

（2）打电话询问。当你打电话时，若得到的回答是对方尚未决定，那就说声"对不起，打扰您了"，然后问一下对方什么时候可以再打电话。如果主试者曾告知有问题可以打电话询问的话，你就可以打电话询问是否还有面试以及自己是否已被注意到等问题。或者等到公司有回音时再问会比较妥当一些。

（3）写感谢函给被你拒绝的公司。当自己表现出色，被许多家公司同时录用，并且每家都积极争取你的加入时，该怎么办呢？此时若你已决定接受其中一个职位，也必须寄出感谢函给被你拒绝的公司，也许有一天你会换到那家公司工作，这封感谢函将留给别人良好的印象。给被你拒绝的公司去感谢函应直接署名给最后决定给你工作的人，信中只需表达你的谢意，以及说明你已接受其他的工作，但不必解释你接受的工作及理由，甚至不必提及那家公司的名字。如此有礼貌，会给他人留下深刻的印象。

┃ 课堂任务 ┃

请运用本节所学知识，为自己设计一份求职简历。

⊙ 开阔眼界

面试常见问题汇总

1. 简要介绍你自己。
2. 你为什么对这份工作感兴趣？
3. 谈谈你的优势。
4. 谈谈你最大的弱点是什么？
5. 为什么你认为自己适合这个职位？
6. 谈谈你的简历上有些什么值得特别关注的吗？
7. 你为什么选择这个专业？
8. 你有哪些兴趣爱好呢？
9. 你的短期目标和长期的目标是什么？
10. 如果我向你的朋友或者家人询问对你的评价，你认为他们会怎样说？
11. 用简单的词，描述你的三项最突出的优点和一个缺点。
12. 你争取成功的动力是什么？
13. 哪些品质在你看来对成功是最重要的？
14. 哪些之前的经历帮助你获得了这些品质？

15. 你能列举一个展现了你的团队活动和领导力的例子吗？

16. 你经历过最大的挑战是什么？你是如何跨越它的？

17. 我为什么要从这么多应聘者中选择你呢？

18. 你有一些什么问题吗？

19. 去年的收入是多少？你对于报酬有什么样的期望？

20. 在过去的日子里，你觉得自己最大的成就是什么？

21. 曾经有人要求你去做一些不道德的事情吗？如果有，你是怎么处理的呢？

22. 如果你完全不同意你的直接领导提出的某个要求，你怎么处理？

23. 你在团队中通常的作用是什么？

24. 你怎么激励团队达到成功？

25. 如果你所处的团队并不是每个成员都承担着相同的工作量，你怎样处理这种情况？

26. 你怎样在一堆根本做不完的工作任务中区分轻重缓急？

27. 为什么下水道的井盖是圆的？

28. 讲述一件你的经历，你为自己设定了目标，制订计划，实施计划达到目标。

29. 你总是能实现自己为自己设定的目标吗？

30. 有哪些因素可能会让你失去动力或信心？

31. 对于你来说，与团队一起工作和独自干活哪样效率更高？

32. 积极的态度对你有多重要？

33. 你怎样定义成功？

34. 你大学阶段最大的遗憾是什么？

35. 你曾经做过的最难的决定是什么？

36. 你理想的工作是什么？

37. 到现在为止，你还应聘过别的公司吗？进行得怎样？

实践任务

实训项目十四　应聘礼仪实训

【实训目标】

通过实训，掌握应聘时的礼仪要求。

【实训要求】

每3人一组，根据演员表安排角色，选择一个场景进行表演；教师及时进行评价。

演员表如下。

格林大酒店人事部经理：黄小姐

场景一的应聘者：严××

场景二的应聘者：蒋××

场景三的应聘者：胡××

地点：人事部经理办公室

【实训口号】

展现最好的自己！

【实训内容】

格林大酒店招聘会

（旁白）由于旅游旺季即将到来，格林大酒店决定面向社会招聘一批酒店从业人员，为了能够招到优秀的从业人员，人事部经理黄小姐安排了一场特殊的面试……

场景一

（旁白）第一位来应聘的是一位身着 T 恤和牛仔裤，性格较活泼的女生。

（敲门，三下之后……）

黄：请进（看着严××走到面前，不语）

严：您好，我是严××，哦，对了，这是我的个人简历。（走到经理面前双手递上，并退回原地）我先自我介绍一下吧！（经理示意"请"），本人毕业于浙江经贸学院酒店管理专业，现已过了英语三级，我的个性比较外向，开朗，善与人沟通，我对餐饮部这方面的知识掌握得比较全面，并且实习单位对我的评价也较好，因此，我想应聘餐饮部有关的岗位。

黄：您先请坐吧！（手势示意）

严：好的，谢谢！（走到椅子前坐下，跷起二郎腿）

黄：（抬头看了一下严××的坐姿，并停留了一会儿）

严：（意识到了经理的目光，并矫正了自己的坐姿）

黄：我能问你几个问题吗？

严：可以啊。

黄：你认为对客人最有亲和力的是什么呢？

严：我认为应该是微笑吧。

黄：你可以示范一下吗？

严：当然可以啊。（微笑）

黄：很好，还是蛮专业的……假设现在有一对情侣来到我们酒店餐厅用餐，你该如何安排他们的座位呢？

严：我觉得靠窗的座位比较适合他们吧。

黄：（起身走到严身边，严××立即起身）现在请你把我当作客人，我来你们餐厅用餐，该怎么接待我。

（经理走到门口，扮起了客人的角色）

严：小姐，欢迎光临我们餐厅（微笑，鞠躬），请问您有预订吗？

黄：没有，还有座位吗？

严：是的，小姐，座位还有，请问您是一位吗？

黄：是的。

209

严：小姐，请这边走（用手示意，引路），这边靠窗的座位您觉得满意吗？

黄：可以欣赏这个城市的风景也不错嘛。

严：您觉得满意就好，这是菜单，请过目（双手递给黄，黄双手接下）。

黄：可以，就这样吧！你的表现不错，现在你可以先回去等我们的通知了。

严：那请问我在何时能接到您的通知？

黄：我们会在半个月内与你联系的。

严：好的，再见。（握手，告别）

黄：再见。

（严××退出办公室）

场景二

（旁白）第二位来应聘的是一位很文雅的女孩，这是一个没有任何工作经验的应聘者，经理为了考验她，声称不在，假装自己是经理的秘书，于是……

（蒋××敲门）

黄：请进。

蒋：（走到椅子边）您好！我叫蒋××，有幸来你们酒店应聘。

黄：请坐，真不好意思，我们经理临时有事不在，恐怕你要多等一会儿了。

蒋：好的，没关系的。

黄：哦！我是他的助手，你可以把你的简历先交给我。

蒋：麻烦你了。

黄：不客气，（把简历放在桌上）看你的样子好像刚从学校毕业吧！

蒋：对啊。

黄：今天来应聘的人蛮多的嘛。

蒋：但是需要人的岗位也挺多的啊。

黄：是啊，有没有想过加入我们酒店哪个部门呢？

蒋：我也不是很清楚，我刚毕业，又没有这方面的经验，不过我很自信，而且我的适应能力也很强，我对我自己做的事情都要求做到最好。

黄：那我们酒店对新进人员是都有一个培训期的，有自信还是好的（起身，一边为蒋倒水一边说），我觉得你的自身条件不错，我估计前台接待挺适合你的，但这个岗位对外语的要求还是挺严格的（双手递水给蒋，蒋起身接下）。

蒋：谢谢，（放到茶几上）我主修两门外语，而且通过了等级考试，平时也都挺注意口语练习的。

黄：那太好了。（黄起身）我们经理估计还要好一会儿才能回来。我拿一本我们酒店的简介给你看看，让你了解一下我们酒店。

蒋：谢谢！

黄：（递简介的时候故意把茶几上的茶碰倒，茶水流到了蒋雪自的长裙上）啊！真对不起！看我多粗心。

蒋：（起身擦裙）哦！没事没事！你也不是故意的，衣服干了就没事了。

黄：我是故意的。

蒋：啊！（很吃惊）

黄：哈哈哈，其实我就是经理，你可以先回去了，如果有需要我们会通知你的，再见！

蒋：再见！（握手道别）

场景三

（旁白）第 N 位来应聘的是一位身着套装，看上去十分精明能干，有丰富工作经验的人……

（胡××敲门，每次敲 3 下）

黄：请进！

胡：（走进门时，身边的扫把倒在地上，蹲下身扶好扫把，走向经理，并双手把简历递给经理）这是我的简历。

黄：（双手接过）请坐！

胡：谢谢。（走到椅子正前方，坐下时左手扶一下裙子，坐姿正确。）

黄：你以前在五星大厦工作过 3 年吧？

胡：是的，我们的酒店是私人经营的，因为经济不景气而破产了，而我一个在您酒店工作的朋友告诉我，你们酒店因为旅游旺季的到来而要招聘工作人员，而你们酒店是杭州口碑最好的一家，并且员工的待遇很好，而且对有能力的人一定会提拔的，所以我想成为你们酒店的一员。

黄：今天的应聘人有很多，你觉得你的优势在哪里？

胡：最主要的是我的工作经验较丰富，我在以前的酒店的各个部门都做过一段时间，能很好地处理各种问题，虽然我的外语书写能力不是很强，但我的口语是很强的。

黄：那，如果我是 VIP 客人，我忽然到你们饭店，应如何接待。我们来试试，我从门边走过来，你接待。

（经理先走到门边，胡××站在门边过来一点，经理走到胡××身边时，胡××微笑地说："您好！欢迎到我们酒店，您是黄小姐吧。"）

黄：对啊！你怎么知道？

胡：（做出手势，请客人这边走）您是我们这里的常客，我当然能认出您了，我们酒店存有您的档案。

黄：（经理跟着胡向前走）是嘛！

胡：（把客人带到前厅）请先在前台登记（在经理登记好后，胡××站在经理的右侧前方，做出请的手势）我现在带您去您的房间，请。（片刻后，指一下房间）这是您的房间。

（胡××向经理拿了钥匙，先敲门，后开门，请经理先进，胡××再进，并介绍客房）。

黄：就这样吧！你对接待很有经验，也很清楚操作步骤。

胡：是的。

黄：好的，我知道了，请你等我们的电话。

胡：好的，希望您能给我这个机会。（站起来，向门走去，打开门，轻轻地关上）

（旁白）在众多的应聘者中，人事部经理最后决定录用严、蒋、胡等人，严××是个个性外向的女生，善于与人沟通，于是经理决定把她安排在餐厅接待。蒋××有着较为扎实的外语会话能力，处事较为细心，自身修养较高，便于前台接待。胡××有着丰富的工作经验，处理事件井井有条，比较适合管理层的工作。

【模拟演练】

请结合自身实际情况，为自己做一个职业规划。

模块小结

1. 择业应聘前应做的准备包括进行职业规划，利用机会建立人际关系，了解用人单位需求及用人单位情况，努力增强竞争实力。

2. 求职信的内容应包括个人情况和用人消息，申请的工作单位，胜任工作的条件，附上精心选择自己满意的照片。

3. 面试前的准备包括外表的修饰和面试前心理的准备。

4. 应聘时需注意的问题有应聘前不喝酒、不吃辛辣味的食物；应聘时应提前 10 分钟赶到，不要迟到；应聘时不要带陪伴，带陪伴说明你缺乏自信；不要带过多的物品；应聘时不要抽烟，不要嚼口香糖；注意精神面貌；注意谈话的礼貌；不可要求茶点，除非咳嗽或需要一杯水来镇定自己。

5. 面试后续礼仪包括感谢主考官，打电话询问，写感谢函给被你拒绝的公司。

综合练习

1. 如何进行职业规划分析？

2. 如果想离开原单位，那么在礼仪方面应该注意哪些问题？

3. 一般来说，一封合格的求职信应该包含哪些内容？

4. 简述写求职信时应注意的礼仪。

5. 面试礼节包括哪些内容？

项目五

涉外商务礼仪

模块十五　涉外商务礼仪

应知导航

学习本模块要了解亚洲、欧洲、美洲、大洋洲等主要国家的饮食习惯和节庆习俗；重点掌握以上主要国家的礼节礼貌与禁忌。

案例引入

不合时宜的手帕

2010年4月，国内某家专门接待外国游客的旅行社，有一次在接待来华的意大利游客时准备送每人一件小礼品。于是，该旅行社订购制作了一批纯丝手帕，是杭州制作的，还是名厂家的名产，每个手帕上绣着花草图案，十分美观大方。手帕装在特制的纸盒内，盒上印有旅行社社徽，是一件很不错的小礼品。

旅游接待人员带着盒装的纯丝手帕，到机场迎接来自意大利的游客。欢迎词致得热情、得体。在车上旅游接待人员代表旅行社赠送给每位游客一盒包装好的手帕，作为礼品。

没想到车上一片哗然，议论纷纷，游客显出很不高兴的样子。特别是一位夫人，大声叫喊，表现极为气愤，还有些伤感。旅游接待人员心慌了，好心好意送人家礼物，不但得不到感谢，还出现这种情况，这是为什么呢？

原来在意大利和西方一些国家有这样的习俗：亲朋好友相聚一段时间告别时才送

手帕，取意为"擦掉惜别的眼泪"。在本案例中，意大利游客兴冲冲地刚刚踏上中国大地，准备开始愉快的旅行，你就让人家"擦掉离别的眼泪"，人家当然不高兴。那位大声叫喊而又气愤的夫人，是因为她所得到的手帕上面还绣着菊花图案。菊花在中国是高雅的花卉，但在意大利则是祭奠亡灵的，人家怎能不愤怒呢？

所谓礼俗，是指礼仪礼节方面的风俗习惯，它是一个社会经过长期的文化积淀而形成的不易改变的风尚、习惯、习俗、行为的总称。

一、亚洲主要国家的礼俗与禁忌

（一）日本

1. 礼节礼貌

日常交往中，日本人见面多以鞠躬为礼。一般人们相互之间是行 30 度和 45 度的鞠躬礼，鞠躬的度数、鞠躬的时间以及鞠躬的次数，往往同向对方所表示尊敬的程度成正比。在行见面礼时，必须同时态度谦恭地问候交往对象。与他人初次见面时，通常都要互换名片，名片交换是以地位低或者年轻的一方先给对方，递交名片时，要将名片正对着对方。称呼日本人时，可称之为"先生"、"小姐"或"夫人"，也可以在其姓氏之后加上一个"君"字，将其尊称为"某某君"。在交际场合，日本人的信条是"不给别人添麻烦"，忌讳高声谈笑。

日本人在正式场合，通常穿西式服装。在隆重的社交场合或节庆日，时常穿着自己的国服和服。到日本人家里做客时，进门前要脱下大衣、风衣和鞋子。脱下的鞋要整齐放好，鞋尖对着房间门的方向。拜访日本人时，切勿未经主人许可，而自行脱去外衣。参加庆典或仪式时，都要穿套装或套裙。

2. 饮食习惯

日本饮食，一般称之为和食或日本料理。主食以大米为主，副食多用海鲜、蔬菜，讲究清淡与味鲜，忌讳油腻。典型的和食有寿司、拉面、刺身、天妇罗、铁板烧、煮物、蒸物、酢物、酱汤等。此外，还有饭团与便当。其中，尤以刺身，即生食鱼片最为著名。

日本人非常爱喝酒，斟酒讲究满杯。日本人普遍爱好饮茶，特别喜欢喝绿茶，讲究"和、敬、清、寂"四规的茶道，有一整套的点茶、泡茶、献茶、饮茶的具体方法。

3. 节庆习俗

日本的节假日较多。新年 1 月 1 日，庆祝方式类似我国的春节。前一天晚上吃过年阖家团圆面，"守岁"听午夜钟声，新年第一天早上吃年糕汤，下午举家走亲访友。1 月 15 日是成人节，是庆祝年满 20 周岁的男女青年成人自立的节日，女子过成人节时都要穿和服。女孩节是 3 月 3 日，又称"雏祭"，凡有女孩子的家庭要陈设民族服装和玩具女娃娃。3 月 15 日至 4 月 15 日是樱花节，此期间人们多倾城出动赏花游园，饮酒跳舞，喜迎春天。5 月 5 日是男孩节，旧称"端午节"，习俗类似我国的端午节，此时家家户户都要挂菖叶、吃粽子。9 月 15 日是敬老节，社会各界和晚辈会向高龄者赠送纪念品。11 月 3 日是文化节。

4. 禁忌

日本人忌讳绿色，认为绿色是不祥的颜色。忌荷花图案，认为荷花是老花。探望病人时忌讳送菊花、山茶花、仙客来花、白色的花和淡黄色的花。对金色的猫以及狐狸和獾极为反感，认为它们是"晦气"、"贪婪"与"狡诈"的化身。日本人有不少语言禁忌，如"苦"、"死"，数字"4"、"9"、"13"也忌讳，原来，"4"在日文里发音与"死"相似，而"9"的发音则与"苦"相近，而"13"是不祥的数字，在日本的宾馆里没有"13"层楼和"13"号房间。日本人还忌讳 3 人并排合影，他们认为中间被左右两人夹着是不祥的预兆。

日本人很爱送人小礼物，但不宜送下列物品：梳子、圆珠笔、T 恤衫、火柴、广告帽等。在包装礼品时，不要扎蝴蝶结。同他人相对时，日本人觉得注视对方双眼是失礼的，通常只会看着对方的双肩或脖子。

日本人不给别人敬烟。在宴客时，忌讳将饭盛得过满，并且不允许一勺盛一碗饭。日本人在用筷子时，有"忌八筷"之说，即①舔筷；②迷筷，手拿筷子，拿不定吃什么，在餐桌上四处寻游；③移筷，动一个菜后又动一个菜，不吃饭光吃菜；④扭筷，扭转筷子，用舌头舔上面饭粒；⑤插筷，将筷子插在饭上；⑥掏筷，将菜从中间掏开，扒弄着吃；⑦跨筷，把筷子骑在碗、碟上面；⑧剔筷，将筷子当牙签剔牙。除此之外，还忌讳用一双筷子让大家依次夹取食物。饮食禁忌是不吃肥猪肉和猪的内脏，也有一些人不喜欢吃羊肉和鸭肉。

（二）韩国

1. 礼貌礼节

韩国人见面时的传统礼节是鞠躬。晚辈下级走路时遇到长辈或上级应鞠躬、问候，站在一旁让其先行，以示敬意。男人之间见面打招呼互相鞠躬并握手。在行握手礼时，讲究使用双手，或单独使用右手。当晚辈、下属与长辈、上级握手时，后者伸出手来之后，前者须先以右手握手，随后再将自己的左手轻置于后者的右手之上。韩国人的这种做法，是为了表示自己对对方的特殊尊重。韩国妇女在一般情况下不与男子握手，代之以鞠躬或者点头致意。韩国小孩子向成年人所行的见面礼，大多如此。

同他人相见或告别时，若对方是有地位、身份的人，韩国人往往要多次行礼，有个别的韩国人甚至还会讲一句话，行一次礼。称呼他人时常用尊称和敬语，很少直接叫出对方的名字。喜欢称呼对方能够反映其社会地位的头衔。与外人初次打交道时，韩国人非常讲究预先约定，遵守时间，并且十分重视名片的使用。

韩国人在交际应酬时通常都穿西式服装，着装朴素整洁、庄重保守。在某些特定的场合，尤其是在逢年过节的时候，韩国人喜欢穿本民族的传统服装。韩国人民族传统服装是：男子上身穿袄，下身穿宽大的长裆裤，外面有时还会加上一件坎肩，甚至再披上一件长袍；妇女则大都上穿短袄，下着齐胸长裙。

韩国人进屋之前需要脱鞋时，不准将鞋尖直对房间之内，否则会令对方极度不满。

2. 饮食习惯

韩国人饮食的主要特点是辣和酸。主食主要是米饭、冷面。爱吃的菜肴主要有泡菜、烤牛肉、烧狗肉、人参鸡等。一般都不吃过腻、过油、过甜的东西，并且不吃鸭子、羊肉和肥猪肉。男子通常喜爱烧酒、清酒、啤酒等，妇女则多不饮酒。韩国人与长辈同桌就餐时不许先动筷子，不可用筷子对别人指指点点，在用餐完毕后要将筷子整齐地放在餐桌的桌面上。吃饭的时候不宜边吃边谈、高谈阔论。吃东西时，嘴里忌讳发出响声。

3. 节庆习俗

韩国节庆较多。农历正月初一至正月十五的节日活动类似我国春节。农历正月十五为元宵节。传统饮食是种果（栗子、核桃、松子等）、药膳、五谷饭、陈茶饭等。农历 4 月 8 日为佛诞节及颂扬女性的春香节。农历 5 月 5 日为端午节，家家户户都以食青篙糕、挂菖蒲来过节。农历 8 月 15 日为中秋节，农历 9 月 9 日为重阳节。

4. 禁忌

由于发音与"死"相同的缘故，韩国人对"4"这一数目十分厌恶。受西方礼仪习俗的影响，也有不少韩国人不喜欢"13"这个数。与韩国人交谈时，发音与"死"相似的"私"、"师"、"事"等几个词最好不要使用。

韩国人的民族自尊心很强，他们强调所谓"身土不二"。在韩国，穿一身外国名牌的人，往往会被人看不起。需要向韩国人馈赠礼品时，宜选择鲜花、酒类或工艺品。

在民间，韩国仍讲究"男尊女卑"。进入房间时，女人不可走在男人前面。进入房间后，女人须帮助男人脱下外套。男女一同就坐时，女人应自动坐在下座，并且不得坐得高于男子。通常，女子还不得在男子面前高声谈笑，不得从男子身前通过。

（三）泰国

1. 礼节礼貌

在泰国，最多的见面礼节是带有浓厚佛门色彩的合十礼。一般的交际应酬中泰国人不喜欢与人握手。

行合十礼时，须站好立正，低眉欠身，双手十指相互合拢，并且同时问候对方"您好"。行合十礼的最大讲究，是合十于身前的双手所举的高度不同，给予交往对象的礼遇便有所不同。通常，合十的双手举得越高，越表示对对方的尊重。目前，泰国人所行的合十礼大致可以分为 4 种方式。其一，双手举于胸前，多用于长辈向晚辈还礼。其二，双手举到鼻下，一般在平辈相见时使用。其三，双手举到前额之下，仅用于晚辈向长辈行礼。其四，双手举过头顶，只用于平民拜见泰王之时。

在一般情况下，行合十礼之后，即不必握手。行合十礼时，晚辈要先向长辈行礼，身份、地位低的人要先向身份、地位高的人行礼，对方随后亦应还之以合十礼，否则即为失礼，只有佛门弟子可以不受此例限制。

在交际场合，习惯以"小姐"、"先生"等国际上流行的称呼彼此相称。在称呼交往对象的姓名时，为了表示友善和亲近，不称呼其姓，而是称呼其名。

在正式一些的场合，泰国人都讲究穿着自己本民族的传统服饰，且服饰喜用鲜艳之色。在泰国，有用不同的色彩表示不同的日期的讲究。在参观王宫、佛寺时，禁止穿背心、短裤和超短裙。去泰国人家里做客，或是进入佛寺之前，要先在门口脱下鞋子。另外，在泰国人面前，不管是站是坐，忌讳把鞋底露出来，尤其不能以其朝向对方。

2. 饮食习惯

泰国人主食为稻米饭，副食主要是鱼和蔬菜，喜食辛辣、鲜嫩之物，不爱吃过咸或过甜的食物，也不吃红烧的菜肴。在用餐时，喜欢在菜肴中加入辣酱、鱼露或味精。最爱吃的食物，当数具有其民族特色的"咖喱饭"。在用餐之后，喜欢吃上一些水果，但不太爱吃香蕉。泰国人一般不喝热茶，通常喜欢在茶里加上冰块，令其成为冻茶。在喝果汁的时候，还有在其中加入少许盐末的偏好。

3. 节庆习俗

泰历 1 月 1 日，是泰国人的元旦，这一天举国欢庆。泰历 4 月 13 日至 15 日为宋干节，即求雨节，也叫泼水节。此时正当干热时节，急需降雨，人们可以毫无顾忌地互相泼水。泰历 5 月 9 日是春耕节，这一天由国王主持典礼，农业大臣开犁试耕，祈求风调雨顺、五谷丰登。泰历 12 月 15 日是水灯节，也叫佛光节，人们用香蕉叶或香蕉树皮和蜡烛做成船形灯，放进河里，让其随波逐流，以感谢水神，祈求保佑。

4. 禁忌

与泰国人进行交往时，千万不要非议佛教，或对佛门弟子有失敬意。向僧侣送现金，被视作一种侮辱。参观佛寺时，进门前要脱鞋，摘下帽子和墨镜。在佛寺之内，切勿高声喧哗，不要抚摸佛像。妇女接触僧侣，也在禁止之列。在泰国，人们认为"左手不洁"，所以绝对不能以左手取用食物。泰国人比较忌讳褐色，忌用红色的笔签字，或是用红色刻字。睡觉忌头朝西，因日落西方象征死亡。

（四）新加坡

1. 礼节礼貌

新加坡人见面礼节多为握手礼。新加坡的华人往往习惯于拱手作揖，或者行鞠躬礼；马来人则大多采用其本民族传统的"摸手礼"。在新加坡，不讲礼貌不仅会让人瞧不起，而且还会寸步难行。对某些失礼之举，在新加坡也有明确的限制。例如，在许多公共场所，通常竖有"长发男子不受欢迎"的告示，以示对留长发的男子的反感和警告。新加坡人对讲脏话的人深表厌恶。

新加坡人的国服，是一种以胡姬花作为图案的服装。在国家庆典和其他一些隆重的场合，经常穿国服。在社交正式场合，男子一般要穿白色长袖衬衫和深色西裤，并且打上领带；女子则须穿套装或深色长裙。在日常生活里，不同民族的新加坡人，其穿着打扮往往各具民族特色。新加坡的华人日常着装多为长衫、长裤、连衣裙或旗袍；马来人最爱穿"巴汝"、纱笼；锡克人则是男子缠头，女子身披纱丽。在许多公共场所，穿牛仔装、运动装、沙滩装、低胸装、露背装、露脐装的人，往往被禁止入内。

2. 饮食习惯

中餐是新加坡华人的最佳选择。新加坡华人口味上喜欢清淡，偏爱甜味，讲究营养，平日爱吃米饭和各种生猛海鲜，对于面食不太喜欢。粤菜、闽菜和上海菜都很受他们的欢迎。马来人忌食猪肉、狗肉、自死之物和动物的血，不吃贝壳类动物，不饮酒；印度人则绝对不吃牛肉。在用餐时，不论马来人还是印度人都不用刀叉、筷子，而惯于用右手直接抓取食物，绝对忌用左手取用食物。新加坡人，特别是新加坡华人，大都喜欢饮茶，对客人通常喜欢以茶相待。

3. 节庆习俗

新加坡华人过春节相当隆重，也过元宵节、端午节、中秋节等。信奉印度教的人过"屠龙节"。国定节日为食品节，每年 4 月 17 日举行，节日来临，食品店准备许多精美食品，人们不分贫富，都要购买各种食品合家团聚、邀亲请友，以示祝贺。

4. 禁忌

新加坡人崇尚清爽卫生，对蓬头垢面、衣冠不整、胡子拉碴的人，大都会侧目而视。在色彩方面，认为黑色、紫色代表着不吉利，不宜过多采用黑色、紫色。对"4"与"7"这两个数字的看法不太好，因为，在汉语中，"4"的发音与"死"相仿，而"7"则被视为一个消极的数字。

与新加坡人攀谈时，不能口吐脏字，且要多使用谦词、敬语。新加坡人对"恭喜发财"这句祝颂词极其反感。他们认为，这句话带有教唆别人去发不义之财、损人利己的意思。

在新加坡，人们不准嚼口香糖，过马路时不能闯红灯，卫生间使用之后必须放水冲洗，在公共场合不准吸烟、吐痰和随地乱扔废弃物品。不然的话，必受处罚，需要交纳高额的罚金，搞不好还会吃官司，甚至被鞭打。

（五）印度

1. 礼节礼貌

印度人见面礼节所用较多的是传统的合十礼，其具体做法同其他国家大同小异。印度人较有特色的见面礼节有以下 3 种。

一是贴面礼。它流行于印度的东南部地区。具体的做法是：与客人相见时，将自己的鼻子与嘴巴紧贴在对方的面颊上，并且用力地吸气，同时还要口念道："嗅一嗅我"。

二是摸脚礼。它在印度是一种礼遇极高的见面礼。具体的做法是：晚辈在拜见长辈时，首先弯腰用右手触摸长辈的脚尖，然后再用它去回摸一下自己的前额，以示用自己的头部接触对方的脚部。

三是举手礼。它是合十礼的一种变通。当一手持物，难以双手合十时，则举起右手，指尖向上，掌心内向，向交往对象致敬。与此同时，还须问候对方"您好"。

目前，印度也流行握手礼。但在一般情况下，印度妇女不同异性握手。在迎接嘉宾时，印度人往往要向对方敬献用鲜花编织而成的花环。为了表示诚意，主人通常要亲自将其挂在客人的脖子上。

印度人的着装讲究朴素、清洁。在一般场合，印度男子的着装是：上身穿一件"吉尔达"，即一种宽松的圆领长衫；下身则穿一条"陀地"，即一种以一块白布缠绕在下身、垂至脚面的围裤。在极其正规的活动中，他们则习惯于在"吉尔达"之外，再加上一件外套。印度妇女最具民族特色的服装是纱丽。它实际上是一大块丝制长巾，披在内衣之外，好似一件长袍。其具体穿法是：从腰部一直围到脚跟，使之形成筒裙状；然后将其末端下摆披搭在肩头，自成活褶。印度妇女所穿的纱丽色彩鲜艳，图案优美，非常漂亮。

出门在外时，尤其是在正式场合，印度人大都讲究不露出头顶。印度的妇女，大都习惯在自己的前额上以红色点上一个"吉祥痣"。过去，它用于表示妇女已婚，而今则主要用于装扮。

2. 饮食习惯

印度人主食为大米、面食。在做饭的时候，他们喜欢加入各种各样的香料，尤其是喜欢加入辛辣类香料，如咖喱粉等。印度人在饮食方面最大的特点，就是食素的人特别多，而且社会地位越高的人越忌荤食。大多数印度人都不吸烟，也不喜欢饮酒，不太爱喝汤。用餐的时候，一般不用任何餐具，而习惯于用右手抓食。许多印度人认为白开水是世间最佳的饮料，红茶也是他们的主要饮料。

3. 节庆习俗

印度的节庆较多。国庆节为1月26日。独立节为8月15日，为庆祝印度实现独立。酒红节也称泼水节，在印历12月（公历2~3月）举行。十胜节是印度教三大节日之一，于每年9月、10月举行。灯节在印历9月（公历10~11月）举行，富有浓厚的东方色彩，前后要庆祝3天。众多节日中尤以"屠妖节"为最，它是印度教徒的新年，在印历8月见不到月亮后的第15天举行（大约在公历10月下旬或11月上旬）。

4. 禁忌

印度人忌讳白色，忌讳弯月图案，忌讳送人百合花。黑色亦被视为不祥的颜色。"1"、"3"、"7"3个数字均被他们视为不吉利。印度人不喜龟、鹤及其图案。在印度，当众吹口哨乃是失礼之举。以左手递、取东西和接触别人，或摸别人的头，也是不允许的。在印度南部的一些地方，人们惯于以摇头或歪头表示同意，点头表示不同意。

（六）缅甸

1. 礼节礼貌

缅甸人采用的见面礼节主要有3种，即合十礼、鞠躬礼和跪拜礼。缅甸人在走路时遇佛、法、僧、父母、师长及德高望重者，要施合十礼。在缅甸，男女通常不握手，不接触对方的身体。在公共场合，男女若是在举止动作上过于亲密，比如携手而行，相拥相抱，热烈亲吻，都会令人侧目而视。

缅甸人在极为正式的场合会穿西式的套装、套裙和皮鞋。在日常生活中，绝大多数缅甸人都喜欢穿自己的民族服装。男子通常上穿对襟无领长袖短外衣，下穿以方格布缝制而成的类似于筒裙的纱笼，并且在正面用结子束好。在他们的头上，还要裹上块素色的扎头巾，名为"岗包"。妇女大多是上穿斜襟长袖短衫，内衬白色胸衣；下穿花布长身筒裙，并且在侧面束住，但不用腰带。她们的上衣往往透明或者半透明，出门在外时大多还要披上一条彩色披巾。

2. 饮食习惯

缅甸人以米饭为主食，喜食水产品。他们喜欢将菜拌入饭中一道吃，还爱吃加入椰子汁的椰浆饭，拌有椰丝、虾松、姜黄粉的糯米饭。在用餐时，通常讲究质精量少，口味偏重于酸、辣、甜，不爱吃太咸的食物。吃饭时，多爱加辣酱入内。

3. 节庆习俗

泼水节也是缅甸人的新年，每年公历 4 月中旬举行。点灯节又称光明节，在缅历 7 月 15 日前后 3 天举行。关天门节在公历 7 月中旬开始，那是雨季的农忙季节，按习惯 3 个月内不得婚嫁。雨季过后就是开关门节，过了开关门节，婚嫁也就开禁了。

4. 禁忌

拜访缅甸人时，进门前首先要脱鞋。在参拜佛寺时，尤其要注意脱鞋。与他人一同就座时，缅甸人忌讳坐得高于僧侣，并且不允许露出膝盖或者大腿。有 3 种人在缅甸是不可轻视的。一是僧侣，任何场合都要对僧侣礼让三分。二是妇女，妇女在缅甸地位较高，她们可以自主婚姻，并且拥有经济收入。三是军人，缅甸军人在国家政治生活中拥有极大的权力。

┃ 课堂任务 ┃

1. 练习"合十礼"。
2. 如今，在我国许多地区，都有日本料理和韩国冷面餐馆，而且非常受欢迎。选择几名同学，请他们谈谈这些饮食与我国传统饮食主要有哪些差别？

二、欧洲、美洲主要国家的礼俗与禁忌

习惯上，人们把欧洲细分为东、西、南、北、中 5 个区域，其中北欧的瑞典、芬兰、丹麦、挪威，西欧的英国、荷兰、法国、比利时，中欧的德国、奥地利、瑞士以及南欧的意大利、西班牙等国家。欧洲的礼仪习俗有较多的现代文明的内涵，传统色彩相对淡薄。

（一）英国

1. 礼节礼貌

英国人十分重视个人的教养，极其强调所谓的"绅士风度"。主要表现在对妇女的尊重与照顾、仪表整洁、服饰得体和举止大方。握手礼是英国人使用最多的见面礼节。"请"、"谢谢"、"对不起"、"你好"、"再见"一类的礼貌用语，他们是天天不离口的。在进行交谈时，对英国人要避免说 "English"（英格兰人），而要说 "British"（不列颠人），因为他可能是苏格兰人或爱尔兰人。英国人，特别是那些上年纪的英国人，喜欢别人称呼其世袭的爵位或荣誉的头衔，或称之为"阁下"、"先生"、"小姐"、"夫人"

英国人在正式场合的穿着，十分庄重而保守。男士要穿三件套的深色西服，女士则要穿深色的套裙，或者素雅的连衣裙。庄重、肃穆的黑色服装往往是英国人优先的选择。英国男子讲究天天刮脸，留胡须者往往会令人反感。

2. 饮食习惯

英国人的饮食具有"轻食重饮"的特点。"轻食"，主要是因为英国人在菜肴上没有特色，日常的饮食基本上没有变化。除了面包、火腿、牛肉之外，英国人平时常吃的基本上是土豆、炸鱼和煮菜。"重饮"，即讲究饮料。英国名气最大的饮料当推红茶与威士忌。绝大多数英国人嗜茶如命，所喝的茶是红茶。在饮茶时，他们首先要在茶杯里倒入一些牛奶，然后再依次冲茶、加糖。早上醒来先要赖在床上喝上一杯"被窝茶"，在上班期间，还要专门挤出时间去休"茶休"，即去喝"下午茶"。在英国，喝"下午茶"既是午餐与晚餐之间的一顿小吃，也是"以茶会友"的一种社交方式。苏格兰生产的威士忌，曾与法国的干邑白兰地、中国的茅台酒并列为世界三大名酒。

3. 节庆习俗

英国除了宗教节日外还有不少全国性和地方性的节日。在全国性的节日中，国庆和除夕之夜是最热闹的。英国国庆按历史惯例定在英王生日那一天。除夕之夜全家团聚、举杯畅饮，欢快地唱"辞岁歌"。除夕之夜必须瓶中有酒，盘中有肉，象征来年富裕有余。丈夫在除夕还赠给妻子一笔钱，作为新的一年缝制衣物的针线钱，以表示在新的一年里能得到家庭温暖。在苏格兰，人们都提着一块煤炭去拜年，把煤块放在亲友家的炉子里，并说上一些吉利话。

4. 禁忌

英国人十分忌讳被视为死亡象征的百合花和菊花，不喜欢大象、孔雀与猫头鹰，厌恶黑色的猫。遇上碰撒了食盐或是打碎了玻璃一类的事情，都认为很倒霉。反感的色彩主要是墨绿色。他们还忌用人像作商品装潢，忌用大象、孔雀、猫头鹰等图案。在握手、干杯或摆放餐具时忌讳无意之中出现了类似十字架的图案。忌讳的数字是"13"与"星期五"。当二者恰巧碰在一起时，不少英国人都会产生大难临头之感。英国人还忌讳"3"这个数字，特别忌讳用打火机和火柴为他们点第三支烟。在英国，动手拍打别人，跷起"二郎腿"，右手拇指与食指构成"V"形时手背向外，都是失礼的动作。饮食禁忌主要是不吃狗肉，不吃过辣或带有黏汁的菜肴。

（二）法国

1. 礼节礼貌

法国人性格比较乐观、热情，谈问题开门见山，爱滔滔不绝地讲话，说话时喜欢用手势加强语气。法国人采用的见面礼节，主要有握手礼、拥抱礼和吻面礼，其中吻面礼使用得最多、最广泛。法国人与交往对象行吻面礼，意在表示亲切友好，为了体现这一点，在行礼中往往要同交往对象在对方的双颊上交替互吻三四次，而且还讲究亲吻时一定要连连发出声响。常用的敬称主要有 3 种：其一，是对一般人称第二人称复数，其含义为"您"；其二，是对官员、贵族、有身份者称"阁下"；其三，是对陌生人称"先生"、"小姐"或

221

"夫人"。"老人家"、"老先生"、"老太太"都是法国人忌讳的称呼。

在正式场合，法国人通常要穿西服、套裙或连衣裙。法国人所穿的西服或套裙多为蓝色、灰色或黑色，质地则多为纯毛。在他们看来，棕色服装或化纤面料的服装，是难登大雅之堂的。对于穿着打扮，法国人认为重在搭配是否得法。在选择发型、手袋、帽子、鞋子、手表、眼镜时，法国人都十分强调要使之与自己着装相协调。妇女在参加社交活动时，一定要化妆，并且要佩戴首饰，而且佩戴的首饰，一定要选"真材实料"。男士对自己仪表的修饰相当看重，在正式场合亮相时，剃须修面，头发梳理整齐，身上略洒一些香水。

2. 饮食习惯

在西餐之中，法国菜可以说是最讲究的。平时，法国人爱吃面食。在法国，面包的种类之多，令人难以计数。在肉食方面，他们爱吃牛肉、猪肉、鸡肉、鱼子酱、蜗牛、鹅肝，不吃肥肉、宠物、肝脏之外的动物内脏、无鳞鱼和带刺带骨的鱼。口味喜欢浓郁多汁食物，偏爱鲜嫩、新鲜的食物。有不少菜，他们甚至还直接生食。法国人特别善饮，他们几乎餐餐必喝酒，而且讲究在餐桌上要以不同品种的酒水搭配不同的菜肴，各自选用，无劝酒的习惯。对于鸡尾酒，法国人大都不太欣赏。

3. 节庆习俗

法国节日以宗教节日为主，每个节日都是纪念某一圣徒之日。1月1日是元旦，这一天也是亲友聚会的日子，家中酒瓶里不能有隔年酒，否则被认为不吉利。元旦的天气还被认作新年光景的预兆。每年3月21日月圆后的第一个星期天为复活节。复活节后40天为耶稣升天节，复活节后50天为圣灵降临节。4月1日为愚人节。11月1日为万灵节，祭奠先人及为国捐躯者。12月25日为圣诞节，是法国最重大的节日。重要的节日有：7月14日为国庆节，全国放假一天，首都将举行阅兵式；5月30日是民族英雄贞德就义纪念日；11月1日是第一次世界大战停战日；5月8日是反法西斯战争胜利日；3月中旬第一个星期天是体育节，人们都自愿地为心脏健康而跑步。

4. 禁忌

菊花、牡丹、玫瑰、杜鹃、水仙、金盏花和纸花，一般不宜随意送给法国人。孔雀被看做是祸鸟，大象象征着笨汉，它们都是法国人反感的动物。法国人对核桃十分厌恶，认定它代表着不吉利。对黑桃图案，他们也深为厌恶。他们所忌讳的色彩，主要是黄色与墨绿色。法国人所忌讳的数字是"13"与"星期五"。给法国妇女送花时，宜送单数，但要记住避开"1"与"13"这两个数目。一般情况下，法国人绝对不喜欢13日外出，不会住13号房、坐13号座位，或是13个人同桌进餐。在法国，初次见面就向人送礼，往往会令对方产生疑虑。在接受礼品时若不当着送礼者的面打开包装，则被法国人认为是一种无礼的、粗鲁的行为。

（三）德国

1. 礼节礼貌

在德国人的人际交往中，准时赴约被看得很重。在社交场合，德国人通常都采用握手礼作为见面礼节。与德国人握手时，有必要特别注意下述两点。一是握手时务必要坦然地注视对方；二是握手的时间宜稍长一些，晃动的次数宜稍多一些，握手时所用的力量宜稍大一些。此外，与亲朋好友见面时，往往会行拥抱礼。亲吻礼多用于夫妻、情侣之间。有些上了年纪的人，与人相逢时，往往习惯于脱帽致意。对德国人称呼不当，通常会令对方大为不快。在一般情况下，切勿直呼德国人的字。称其全称，或仅称其姓，则大都可行。德国人看重职衔、学衔、军衔，对于有此类头衔者，在进行称呼时一定要使用其头衔。

与德国人交谈时，切勿疏忽对"您"与"你"这两种人称代词的使用。对于初次见面的成年人以及老年人，务必要称之为"您"。对于熟人、朋友、同龄者，方可以"你"相称。在德国，称"您"表示尊重，称"你"则表示地位平等、关系密切。

德国人在穿着打扮上的总体风格是庄重、朴素、整洁。在一般情况之下，男士大多爱穿西服、夹克，并且喜欢戴呢帽。妇女们则大都爱穿翻领长衫和色彩、图案淡雅的长裙。在日常生活里，德国妇女的化妆以淡妆为主。对于浓妆艳抹者，德国人往往是看不起的。在正式场合露面时，必须要穿戴得整整齐齐，衣着一般多为深色。在商务交往中，他们讲究男士穿三件套西服，女士穿裙式服装。

德国人对发型较为重视。在德国，男士不宜剃光头，免得被人当作"新纳粹"分子。德国少女的发式多为短发或披肩发，烫发的女士大半都是已婚者。

2. 饮食习惯

德国人的餐桌上主角是肉食，最爱吃猪肉，其次是牛肉，还爱吃以猪肉制成的各种香肠。德国人大都不太爱吃羊肉。除肝脏之外，其他动物内脏也不为其接受。除北部地区的少数居民之外，德国人大都不爱吃鱼、虾，这是德国的一种独特的民俗，其原因恐怕主要是担心被鱼刺扎伤。德国人一般胃口较大，喜食油腻之物，所以胖人极多。在口味方面，德国人爱吃冷菜和偏甜、偏酸的菜肴，不爱吃辣的和过咸的菜肴。在饮料方面，德国人最爱喝啤酒，而且普遍海量；对咖啡、红茶、矿泉水也很喜欢。

3. 节庆习俗

除传统的宗教节日外，德国人是世界上最爱喝啤酒的，所以还有举世闻名的"慕尼黑啤酒节"，每年9月最后一周到10月第一周连续要过半个月，热闹非凡。3月8日是妇女节，妇女们这一天不但可以坐市长的椅子，还可以拿着剪刀在大街上公然剪下男子的领带。元旦，也是德国人的重大节日。新年夜，男子按传统习俗聚在屋里，喝酒打牌，将近零点时，大家纷纷跳到桌子上和椅子上，钟声一响，就意味着"跳迎"新年，接着就扔棍子，表示辞岁。

4. 禁忌

在德国忌用玫瑰或蔷薇送人，前者表示求爱，后者则专用于悼亡。送女士一枝花，一般也不合适。德国人对黑色、灰色比较喜欢，对于红色以及搀有红色或红、黑相间之色则不感兴趣。对于"13"与"星期五"，德国人极度厌恶。4个人交叉握手，或在交际场合进行交叉谈话，被他们看做是不礼貌的。在德国，跟别人打招呼时，切勿身体立正，右手向上方伸直，掌心向外。这一姿势，过去是纳粹的行礼方式。向德国

223

人赠送礼品时，不宜选择刀、剑、剪、餐刀和餐叉。以褐色、白色、黑色的包装纸和彩带包装、捆扎礼品也是不允许的。在公共场合窃窃私语是十分失礼的。

（四）意大利

1. 礼节礼貌

意大利人与他人初次见面时，他们的礼数礼仪周全，极其客气。在一般情况下，他们大都会以握手礼作为见面礼节，并且会向对方问好。在熟人之间，举手礼、拥抱礼、亲吻礼也比较常用。在社交场合，可称其姓氏，或将其与"先生"、"小姐"、"夫人"连称。对于关系密切者，方可直呼其名。为了向交往对象表示恭敬之意，意大利人往往会对对方以"您"相称。在人际交往中，他们对别人的地位、等级十分重视。对于来自家学渊源、历史悠久的家族的人士，他们往往会刮目相看。他们的时间观念极为奇特，与别人进行约会时，许多意大利人都会晚到几分钟。

我国国内常用的下列称呼在意大利不宜使用。其一，是"爱人"。在意大利及许多西方国家不宜使用，其含义为"情人"，即"第三者"。其二，是"老人家"。意大利人讳"老"，这一称呼在他们听来具有明显的贬义。其三，是"小鬼"。在中国，将小孩称为"小鬼"，是一种爱称。但在意大利人看来，其含义是"小妖怪"，对孩子既不尊重，而且又带有诅咒之意。

在穿着打扮上，意大利人衣着极为考究，非常时髦，讲究个性。在日常生活里较少穿着其传统的民族服装。平时，男士爱穿背心，戴鸭舌帽；妇女则爱穿长裙，有时则爱戴头巾。

2. 饮食习惯

意大利人爱吃炒米饭、通心粉。通心粉又叫意大利面条，根据其音译可叫做"帕斯塔"，它是意大利人平时最爱吃的一种面食。吃的时候，不可用餐刀切成小段，或以汤匙取用。正确的做法，是将它缠在餐叉上，然后送入口中，必要时可用匙帮忙，但吃时不得出声。意大利的菜肴在口味上接近法式菜肴，注重浓、香、烂，偏爱酸、甜、辣。在烹饪方法上，多采用焖、烩、煎、炸，不喜欢烧、烤。肉食与蔬菜、水果，是意大利人都非常喜欢的食品。意大利人大都嗜酒。

3. 节庆习俗

意大利的节日比较多，全国性节日有 19 个。1 月 1 日是元旦，新年钟声敲响后，他们纷纷将家中旧物抛出窗外，以辞旧迎新。每年 3 月 21 日月圆后的第一个星期天为复活节，人们纷纷结伴去郊游、踏青、聚餐。狂欢节一般在 2 月中下旬，此时期有化装游行及盛大游艺活动。复活节后 40 天为圣灵降临节，这一天会举行各种纪念活动。12 月 25 日为圣诞节，罗马教皇发表演说是这天最重要的节目。隆重的宗教仪式表达意大利教徒虔诚的宗教热情，民间节庆活动也十分热闹。

4. 禁忌

在意大利，玫瑰一般用以示爱，菊花则专门用于丧葬之事，因此这两种花不可以用来送人。送给意大利女士的鲜花，通常以单数为宜。意大利人较忌讳紫色、仕女图

224

案、十字花图案等。与其他欧美国家的人基本相似，意大利人最忌讳的数字与日期分别是"13"与"星期五"。除此之外，他们对于"3"这一数字也不太有好感。送礼时切勿将手帕、丝织品和亚麻织品送给意大利人，意大利人认为，手帕主要是擦眼泪的，象征情人离别，属于令人悲伤之物，不宜送人。

（五）俄罗斯

1. 礼节礼貌

俄罗斯人惯于和初次会面的人行握手礼。对于熟悉的人，尤其是在久别重逢时，他们则大多要与对方热情拥抱。有时，还会与对方互吻双颊。在迎接贵宾之时，通常会向对方献上"面包和盐"，这是给予对方的一种极高的礼遇，来宾必须对其欣然笑纳。与他人相见时，他们通常都会主动问候"早安"、"午安"、"晚安"或者"日安"。在称呼方面，过去习惯以"同志"称呼他人，现在除与老年人打交道之外，这个词已不再流行。目前，在正式场合，他们也采用"先生"、"小姐"、"夫人"之类的称呼。在俄罗斯，人们非常看重人的社会地位，因此，对有职务、学衔、军衔的人，最好以其职务、学衔、军衔相称。

俄罗斯人的传统服装为：男人上穿粗麻布长袖斜襟衬衣，腰系软腰带，下穿瘦腿裤。外面常穿呢子外套，并且头戴毡帽，脚穿皮靴。女人则爱穿粗麻质地的带有刺绣和垫肩的长袖衬衫，并配以方格裙子。在俄罗斯民间，已婚妇女必须戴头巾，并以白色的为主；未婚姑娘则不戴头巾，但常戴帽子。前去拜访俄罗斯人时，进门之后务请立即自觉地脱下外套、手套和帽子，并且摘下墨镜。前往公共场所时，则还须在进门后自觉将外套、帽子、围巾等衣物存放在专用的衣帽间里。

2. 饮食习惯

在饮食习惯上，俄罗斯人讲究量大实惠，油大味厚。他们喜欢酸味、辣味，偏爱炸、煎、烤、炒的食物，尤其爱吃冷菜。食物在制作上较为粗糙。一般以面食为主，他们很爱吃用黑麦烤制的黑面包。俄罗斯大名远扬的特色食品还有鱼子酱、酸黄瓜、酸牛奶等。吃水果时，他们多不削皮。在饮料方面，俄罗斯人很能喝冷饮，平时还爱吃冰淇淋。俄罗斯人大都很能喝烈性酒，具有该国特色的烈酒伏特加，是他们最爱喝的酒。他们还喜欢喝一种叫"格瓦斯"的饮料。俄罗斯人通常不吃海参、海蜇、乌贼和木耳，还有不少的人，不吃鸡蛋和虾。用餐之时，俄罗斯人多用刀叉。他们忌讳用餐发出声响，并且不能用匙直接饮茶，或让其直立于杯中。

3. 节庆习俗

俄罗斯人除根据信仰过宗教节日，如圣诞节、洗礼节、谢肉节（送冬节）、清明节、旧历年等，还把圣诞节的传统习俗与过新年结合起来，如圣诞老人叫冬老人，代表旧岁，雪姑娘代表新年。冬老人和雪姑娘是迎新晚会的贵客，并负责分发礼物。大多数俄罗斯人喜欢在家过年，当电视广播里传出克里姆林宫的钟声敲响12下后，男女老少互祝新年快乐，女主人则往往按照俄罗斯人的习惯，要大家说一个新年的心愿。

4. 禁忌

拜访俄罗斯人时，赠以鲜花最佳，但送给女士的鲜花宜为单数。俄罗斯人讨厌黑色，因为它仅能用于丧葬活动。在数目方面，俄罗斯人最偏爱"7"，认为它是成功、美满的预兆。对于"13"与"星期五"，他们则十分忌讳。对兔子的印象大都极坏，十分厌恶黑猫。在俄罗斯，打碎镜子和打翻盐罐都被认为是极为不吉利的预兆。俄罗斯人主张"左主凶，右主吉"，因此，他们也不允许以左手接触别人，或以左手递送物品。在俄罗斯，蹲在地上，卷起裤腿，撩起裙子，都是严重的失礼行为。俄罗斯人与大多数西方国家一样，讲究"女士优先"，在公共场所里，男士们往往自觉地充当"护花使者"。不尊重妇女，到处都会遭以白眼。

（六）美国

1. 礼节礼貌

在一般情况下，同外人见面时，美国人往往以点头、微笑为礼，或者只是向对方"嗨"上一声作罢。不是特别正式的场合，美国人甚至连国际上最为通行的握手礼也略去不用了。若非亲朋好友，美国人一般不会主动与对方亲吻、拥抱。在称呼别人时，美国人极少使用全称。他们更喜欢交往对象直呼其名，以示双方关系密切。若非官方的正式交往，美国人一般不喜欢称呼官衔，或是以"阁下"相称。对于能反映其成就与地位的学衔、职称，如"博士"、"教授"、"律师"、"法官"、"医生"等，他们却是乐于在人际交往中用作称呼的。在一般情况下，对于一位拥有博士学位的美国议员而言，称其为"博士"，肯定比称其为"议员"更受对方的欢迎。

美国人穿着打扮的基本特征是尊尚自然，偏爱宽松，讲究着装体现个性。在日常生活中，美国人大多穿着随意。拜访美国人时，进了门一定要脱下帽子和外套。穿深色西服套装时穿白色袜子，或是让袜口露出自己的裙摆之外，都是缺乏基本的着装常识的表现。女性最好不要穿黑色皮裙，不要随随便便地在男士面前脱下自己的鞋子，或者撩动自己裙子的下摆，否则会令人认为不雅。

2. 饮食习惯

在一般情况下，美国人以食用肉类为主，牛肉是他们的最爱，鸡肉、鱼肉、火鸡肉也受其欢迎。他们喜食"生"、"冷"、"淡"的食物，不刻意讲究形式与排场，强调营养搭配。他们不吃狗肉、猫肉、蛇肉、鸽肉，不吃动物的头、爪及其内脏，不吃生蒜、韭菜、皮蛋等。

美国人的饮食日趋简便与快捷，热狗、炸鸡、土豆片、三明治、汉堡包、面包圈、比萨饼、冰淇淋等食品是其平日餐桌上的主角。他们爱喝的饮料有冰水、矿泉水、红茶、咖啡、可乐与葡萄酒，新鲜的牛奶，果汁，也是他们天天必饮之物。

用餐时美国人一般以刀叉取用。切割菜肴时，习惯于先是左手执叉，右手执刀，将其切割完毕，然后放下餐刀，将餐叉换至右手，右手执叉而食。他们讲究斯文用餐，其用餐的戒条主要有下列六条；其一，不允许进餐时发出声响；其二，不允许替他人取菜；其三，不允许吸烟；其四，不允许向别人劝酒；其五，不允许当众宽衣解带；其六，不允许议论令人作呕之事。

3. 节庆习俗

美国的节日比较多。7 月 4 日为美国独立日。美国的政治性节日还有国旗日、华盛顿诞辰纪念日、林肯诞辰纪念日、阵亡将士纪念日等。在 2 月 14 日的情人节这一天，恋人之间都要互赠卡片和鲜花。5 月第二个星期日的母亲节和 6 月第三个星期日的父亲节是美国的法定节日。11 月第四个星期四是感恩节，也叫火鸡节，是美洲特有的节日。这一天也是家人团聚、亲朋欢聚的日子，还要进行化装游行、劳作比赛、体育比赛、戏剧表演等活动，十分热闹；火鸡、红莓苔子果酱、甘薯、玉米汁、南瓜饼等节日佳肴让人大饱口福。12 月 25 日的圣诞节是美国最盛大的节日，全城通宵欢庆，教徒们跟随教堂唱诗班挨户唱圣诞颂歌，装饰圣诞树，吃圣诞蛋糕。

4. 禁忌

蝙蝠被美国人视为吸血鬼与凶神，忌讳黑色，最讨厌的数字是"13"和"3"。美国人同大多数西方国家的人一样不喜欢星期五。他们忌讳在公共场合和他人面前，蹲在地上，或是双腿叉开而坐。忌用下列体态：盯视他人，冲着别人伸舌头，用食指指点交往对象，用食指横在喉头之前。在美国，成年的同性共居于一室之中，在公共场合携手而行或是勾肩搭背，在舞厅里相邀共舞等，都有同性恋之嫌。不宜送给美国人的礼品有香烟、香水、内衣、药品以及广告用品。跟美国人相处时，与之保持适当的距离是必要的。一般而论，与美国人交往时，与之保持 50～150 厘米的距离是比较适当的，因为他们认为，个人空间不容冒犯。因此，在美国碰了别人要及时道歉，坐在他人身边要征得对方认可，谈话时距对方过近则是失敬于人。

在美国人最忌讳他人打探其个人隐私，询问他人收入、年龄、婚恋、健康、籍贯、住址、种族等，都是不礼貌的。与美国黑人交谈时，既要少提"黑"这个词，又不能打听对方的祖居之地。

（七）加拿大

1. 礼节礼貌

在加拿大，对关系普通者，一般以握手致意作为见面礼节；亲友、熟人、恋人或夫妻之间以拥抱或亲吻作为见面礼节；分手时也行握手礼。加拿大人跟外人打交道时，只有在非常正式的情况之下，才会对对方连姓带名一同加以称呼，并且彬彬有礼地冠以"先生"、"小姐"、"夫人"之类的尊称。在一般场合里，加拿大人在称呼别人时，往往喜欢直呼其名，而略去其姓。加拿大同西方大多数国家一样，父子之间互称其名是常见之事。对于交往对象的头衔、学位、职务，加拿大人只有在官方活动中才会使用。在日常生活里，他们绝对不习惯像中国人那样，以"主任"、"局长"、"总经理"、"董事长"等称呼自己的交往对象。

与加拿大土著居民进行交际时，不宜将其称为"印第安人"或"爱斯基摩人"。前者被认为暗示其并非土著居民，后者的本意则为"食生肉者"，因而具有侮辱之意。对于后者，应当采用对方所认可的称呼，称之为"因纽特人"。对于前者，宜以对方具体所在的部族之名相称。

加拿大人的着装以欧式为主。上班的时间，他们一般要穿西服、套裙。参加社交活动时，他们往往要穿礼服或时装。在休闲场合里，他们则讲究自由穿着，只要自我感觉良好则可。每逢节假日，尤其是在欢庆本民族的传统节日时，大都有穿着自己的传统民族服装的习惯。

2. 饮食习惯

加拿大人对法式菜肴较为偏爱，并且以面包、牛肉、鸡肉、鸡蛋、土豆、西红柿等物为日常之食。在口味方面，比较清淡。爱吃酸、甜之物。在烹制菜肴时极少直接加入调料，而是惯于将调味品放在餐桌上，听任用餐者各取所需，自行添加。从总体上讲，他们以肉食为主，特别爱吃奶酪和黄油。加拿大人特别爱吃烤制的食品。在用餐之后爱吃上一些水果。在饮品方面，喜欢咖啡、红茶、牛奶、果汁、矿泉水。还爱喝清汤，并且爱喝麦片粥。忌食肥肉、动物内脏、腐乳、虾酱、鱼露，以及其他一切带有腥味、怪味的食物。动物的脚爪和偏辣的菜肴，他们也不太喜欢吃。用餐时加拿大人一般使用刀叉，忌讳在餐桌上吸烟、吐痰、剔牙。一日三餐中加拿大人最重视的是晚餐。

3. 节庆习俗

加拿大的主要节日有："国庆日7月1日。元旦，人们将瑞雪作为吉祥的征兆，哈德逊湾的居民在新年期间，不但不铲平阻塞交通的积雪，还将雪堆积在住宅四周，筑成雪岭。他们认为，这样就可以防止妖魔鬼怪的侵入。枫糖节，加拿大盛产枫树，其中以东南部的魁北克和安大略两省枫叶最多最美。每年的三四月间，一年一度的"枫糖节"就开始了"几千个生产枫糖的农场装饰一新，披上节日的盛装，吸引了无数的旅游者。冬季狂欢节，在加拿大东南部港口城市魁北克，每年从2月份的第一个周末起，都举行为期10天的冬季狂欢节。狂欢节规模盛大，活动内容丰富多彩。

4. 禁忌

白色的百合花主要被用于悼念死者，因其与死亡相关，所以绝对不可以将其作为礼物送给加拿大人。"13"被视为"厄运"之数，"星期五"则是灾难的象征，加拿大人与其他大多数西方国家的人一样，对于二者都是忌讳的。在老派的加拿大人看来，打破了玻璃，请人吃饭时将盐撒了，从梯子底下经过，都是不吉利的事情，它们都是应当竭力避免发生的。与加拿大人交谈时，不要插嘴打断对方的话，或是与对方强词夺理。在需要指示方向或介绍某人时，忌讳用食指指指点点，而是代之以五指并拢、掌心向上的手势。

（八）墨西哥

1. 礼节礼貌

在墨西哥，熟人相见之时所采用的见面礼节主要是拥抱礼与亲吻礼。在上流社会中，男士们往往还会温文尔雅地向女士们行吻手礼。与不熟悉的人打交道时，宜采用的见面礼节是握手或微笑。在正式场合不宜直接去称呼交往对象的名字，只有彼此之间十分熟悉的人才会有例外，其称呼方式是在姓氏之前加上"先生"、"小姐"或"夫人"之类的尊称。他们极爱使用某些可以体现出具有一定的社会地位的头衔，诸如"博士"、"教授"、"医生"、"法官"、"律师"、"议员"、"工程师"等。

拜访墨西哥人要事先进行预约，否则是不会受到对方欢迎的。前去赴约的时候，墨西哥人一般都不习惯于准点到达约会地点，通常会比双方事先约定的时间，迟到一刻钟到半个小时左右。

墨西哥的传统服装之中，名气最大的是"恰鲁"和"支那波婆兰那"。前者是一种类似于骑士服的男装，由白衬衣、黑礼服、红领结、大檐帽、宽皮带、紧身裤、高筒靴所组成，看起来又帅又酷。后者则为一种裙式的女装，它多以黑色为底，金色滚边，并以红、白、绿三色绣花，无袖、窄腰，长可及地，穿起来令人显得既高贵又大方。

在十分正规的场合，墨西哥人才讲究穿西服套装或西式套裙。出入于公共场所时，男子穿长裤，妇女穿长裙。在日常生活里，男子爱穿格子衬衫、紧身裤。妇女爱穿色调明快、艳丽的绣花衬衣和图案、款式多变的长裙。出门在外时，还喜爱披上一块用途多样的披巾。

2. 饮食习惯

墨西哥人的传统食物主要是玉米、菜豆和辣椒。墨西哥乃是玉米之乡。墨西哥人不仅爱吃玉米，而且还可以用它制作各式各样的风味食品。其中最有特色的是玉米面饼、玉米面糊、玉米饺子、玉米粽子等。墨西哥菜的特色是以辣为主，有的人甚至在吃水果时，也非要加入一些辣椒粉不可。除了爱以菜豆做菜之外，仙人掌、蚂蚱、蚂蚁、蟋蟀等都可以成为墨西哥人享用的美味佳肴。墨西哥人颇为好酒，但不劝酒。他们大都不吃过分油腻的菜肴。

3. 节庆习俗

墨西哥人喜爱仙人掌，每年的仙人掌展览会总是盛况空前。墨西哥国庆节为9月16日。10月玉米收获时节有玉米粽子节，用嫩玉米包粽子，并举行盛大舞会。11月1日～2日为墨西哥达拉斯戈尼族的亡人节，与我国清明节的习俗相似。

4. 禁忌

墨西哥人忌讳将黄色或红色的花送人，他们认为，前者意味着死亡，后者则会带给他人晦气。在墨西哥人眼里，蝙蝠凶恶、残暴，是一种吸血鬼，蝙蝠及其图案为人们所忌讳。他们对紫色深为忌讳，讨厌的数字是"13"与"星期五"。

（九）巴西

1. 礼节礼貌

巴西人通常以拥抱或者亲吻作为见面礼节，只有在十分正式的活动中，他们才相互握手为礼。巴西民间流行着一些较为独特的见面礼节。其一，是握拳礼，主要用于问安或致敬。行此礼时，先是要握紧自己的拳头，然后向上方伸出拇指。其二，是贴面礼，它是巴西妇女之间所采用的见面礼节。在行礼时，双方要互贴面颊，同时口里发出表示亲热的亲吻声。但是，用嘴唇真正去接触对方的面颊，却是不允许的。其三，是沐浴礼，它是巴西土著居民迎宾的礼节。当客人抵达后，主人必定要做的头一件事，便是邀请客人入室洗浴。客人沐浴的时间越久，就表示越尊重主人。有时，主人还会陪同客人一道入浴。宾主双方一边洗澡，一边交谈，显得大家亲密无间。遇婚丧大事，登门宾客较多时，主人往往搭临时浴棚，以确保每位客人都能行沐浴礼。在一般情况下，巴西人喜欢彼此直呼其名，有些时候则会采用以本名加父姓组合而成的简称。一个人的姓名全称只有在极为正式的场合，才有可能使用。

在正式场合中，巴西人主张一定要穿西服或套裙。在一般的公共场合，男人至少要穿短衬衫、长西裤，妇女则最好穿高领带袖的长裙。相对而言，妇女的着装更为时髦一些，她们爱戴首饰，爱穿花衣裳，并且喜欢色彩鲜艳的时装。在一般情况下，巴西妇女大都喜欢赤脚穿鞋。在巴西，黑人妇女一般爱穿短小紧身的上衣、宽松肥大的花裙，并且经常身披一块又宽又长的披肩。

2. 饮食习惯

巴西人平常主要是吃欧式西餐。因为巴西的畜牧业发达，食物之中肉类所占的比重较大，他们最爱吃牛肉，尤其是爱吃烤牛肉。黑豆是其重要的主食。最爱吃的菜肴名为"烩费让"，"费让"，意即杂豆。它是用黑豆、红豆等杂豆，加上猪肉香肠、烟熏肉、甘蓝菜、橘子片，用砂锅烹煮而成。在巴西，"烩费让"被称为国菜，是宴请宾客时不可缺少的主角。巴西人喜饮喝咖啡、红茶和葡萄酒，他们几乎天天离不开咖啡，还喜欢以之待客。饮酒时提倡饮而不醉，醉酒被巴西人视为粗俗至极。

3. 节庆

巴西人的主要节日为元旦节，巴西人视"金桦果"为幸福的象征，在新年来临之际，人们倾家而出，高举火把，拥入山林去寻找"金桦果"。狂欢节于每年2月20日举行，是巴西人民的传统节日之一。每当节日来临，举国上下沉浸在一片欢乐的气氛中。狂欢节不仅给巴西人民带来了欢乐，也推动了巴西国际旅游业的发展。基隆博节是巴西东北部人民的传统节日，于每年金秋时节举行。"基隆博"在葡文中是"逃奴堡"之意。

4. 禁忌

出于宗教方面的原因，巴西人与大多数西方国家的人一样，忌讳"13"这一数字。他们所忌讳的色彩，则是被其视为象征悲伤的紫色和代表凶丧的棕黄色。对使用图章落款的做法，巴西人是不习惯的。跟巴西人打交道时，不宜向其赠送手帕或刀子。英美人所采用的表示"OK"的手势，在巴西人看来是非常下流的。

课堂任务

1. 练习"握拳礼"。

2. 选择几名学生，请他们谈谈欧洲和美洲主要国家之间的礼俗禁忌有哪些大的差别。

三、大洋洲主要国家的礼俗与禁忌

大洋洲是世界上第七大洲，是由澳大利亚、新西兰及许多岛国组成的。16 世纪前，这里人烟稀少，只有土著人居住。后来随着英国和其他欧洲移民的迁居，大洋洲诸岛就成了英国等发达国家的殖民地。现在这一地区大多数国家已摆脱了殖民统治，获得了独立。

（一）澳大利亚

1. 礼节礼貌

澳大利亚人的时间观念强，但女性较保守，接触时要谨慎。其见面礼节，既有拥抱礼、亲吻礼，也有合十礼、鞠躬礼、握手礼、拱手礼和点头礼。土著居民在见面时所行的勾指礼极具特色，做法是：相见的双方各自伸出手来，令双方的中指紧紧勾住，然后再轻轻地往自己身边一拉，以示相亲、相敬。

在极为正式的场合要求穿西服、套裙，平时的一般穿着，大都是 T 恤、短裤，或者牛仔装、夹克衫。由于阳光强烈，他们在出门之时，通常喜欢戴上一顶棒球帽来遮挡阳光。澳大利亚的土著居民平时习惯于赤身露体，至多是在腰上扎上一块围布遮羞而已。

2. 饮食习惯

澳大利亚人的饮食习惯多种多样。就主流社会而言，人们一般喜欢英式西餐，其特点是口味清淡，不喜油腻，忌食辣味。有不少的澳大利亚人还不吃味道酸的东西，大都爱吃牛、羊肉，对于鸡肉、鱼肉、禽蛋也比较爱吃。他们的主食是面包，爱喝的饮料则有牛奶、咖啡、啤酒、矿泉水等。在用餐时，澳大利亚人使用刀叉。他们一般不吃狗肉、猫肉、蛇肉，不吃动物的内脏与头、爪。他们十分厌恶加了味精的食物，认定味精好似"毒药"，令人作呕。澳大利亚土著居民目前大多数尚不会耕种粮食、饲养家畜。他们靠渔猎为生，并且经常采食野果。他们的食物品种繁多，制作方法也各具特色。在进食的时候，经常生食，并且惯于以手抓食。

3. 节庆习俗

澳大利亚的国庆日是 1 月 26 日。圣诞节时，澳大利亚正处盛夏，商店橱窗里特意装扮的冰雪及圣诞老人和满街的夏装形成鲜明的对照，成为澳大利亚圣诞节的特色。圣诞节来临时，人们带着饮料到森林里举行"正别居"野餐，吃饱喝足后，就跳起"迪斯科"或"袋鼠舞"直到深夜，然后在森林中露宿，迎接圣诞老人的到来。南太平洋艺术节（每隔 4 年举行一次），是南太平洋地区的国家为"庆祝太平洋的觉醒"，鼓励太平洋传统文化的保持和新生，并在"整个太平洋地区加强团结"的口号下举行的具有浓厚地方色彩的节日。

4. 禁忌

在澳大利业人眼里，兔子是一种不吉利的动物。他们认为，碰到了兔子，可能是厄运将临的预兆。澳大利亚人对于"13"与"星期五"普遍反感至极。在人际交往中，爱好娱乐的澳大利亚人往往有邀请友人一同外出游玩的习惯，他们认为这是密切双方关系的捷径之一。对此类邀请予以拒绝，会被他们理解成不给面子。澳大利亚人不喜欢听"外国"或"外国人"这一称呼。他们对公共场合的噪声极其厌恶，在公共场所

231

大声喧哗者，尤其是门外高声喊人的人，是他们最看不起的。

（二）新西兰

1. 礼节礼貌

新西兰人的见面礼节主要有 3 种。其一是握手礼。其二是鞠躬礼，新西兰人在向尊长行礼时，有时会采用此礼。他们行鞠躬礼的具体做法十分独特，即鞠躬时是抬着头、挺直胸的。其三是注目礼，路遇他人，包括不相识者时，新西兰人往往会向对方行注目礼，即面含微笑目视对方，同时问候对方："你好!"。称呼新西兰人，直呼其名常受欢迎，称呼官衔却往往令人侧目。新西兰的土著毛利人善歌舞、讲礼仪，当远方客人来访，致以"碰鼻礼"。碰鼻次数越多，时间越长，说明礼遇规格越高。

新西兰欧洲移民的后裔在日常生活里通常以穿着欧式服装为主。在服饰方面，新西兰人看重质量，讲究庄重，偏爱舒适，强调因场合而异。外出参加交际应酬时，新西兰妇女不但要身着盛装，而且一定要化妆。

2. 饮食习惯

在新西兰，欧洲移民的后裔通常习惯于吃英式的西餐。他们的口味比较清淡，对动物蛋白和乳制品的需求量很大，牛肉、羊肉、鸡肉、鱼肉都是他们所爱吃的。在用餐时，他们以刀叉取食，忌讳吃饭时频频与人交谈。除了爱吃瘦肉之外，欧洲移民的后裔们还爱喝浓汤，并且对红茶一日不可或缺。受英国习俗的影响，他们也养成了"一日六饮"的习惯，即每一天要喝六次茶，它们分别被称为早茶、早餐茶、午餐茶、下午茶、晚餐茶和晚茶。新西兰人爱喝酒，不管是威士忌之类的烈性酒，还是啤酒或葡萄酒，都非常喜欢。

3. 节庆习俗

新西兰的主要节日有：国庆日（怀坦吉日）是 2 月 6 日，为纪念 1840 年签订怀坦吉条约。新年是 1 月 1 日。复活节为 4 月 14～17 日。澳新军团日是 4 月 25 日，为纪念澳新军团在加利波利登陆日。女王诞辰日是 6 月 5 日。劳动节是 10 月 25 日。圣诞节是 12 月 25 日。

4. 禁忌

受基督教、天主教的影响，新西兰人讨厌"13"与"星期五"。要是有一天既是 13 日，又是星期五，那么新西兰人不论干什么事都会提心吊胆。对于在这一天外出赴宴、跳舞、观剧之类的邀请，他们则能推就推。当众闲聊、剔牙、吃东西、喝饮料、嚼口香糖、抓头皮、紧腰带，均被新西兰人看作是不文明的行为。奉行所谓"不干涉主义"，即反对干涉他人的个人自由。

（三）南非

1. 礼节礼貌

南非人的见面礼节主要是握手礼，他们对交往对象的称呼则主要是"先生"、"小姐"或"夫人"。西方人所讲究的绅士风度、女士优先、守时践约等基本礼仪，南非人不仅耳熟能详，而且早已身体力行。在具体称呼上保留自己的传统，即在进行称呼时在姓氏之后加上相应的辈分，以表明双方关系异常亲密。例如，称南非黑人为"乔治爷爷"、"海伦大婶"，往往会令其喜笑颜开。

在正式一些的场合，南非人讲究着装端庄、严谨，进行官方交往或商务交往时，最好要穿样式保守、色彩偏深的套装或裙装，不然就会被对方视作失礼。在日常生活中，南非人大多爱穿休闲装，白衬衣、牛仔装、西服短裤，均受其喜爱。南非黑人穿这类服装，不分男女老幼，往往对色彩鲜艳的更为偏爱，尤其爱穿花衬衣。

2. 饮食习惯

在饮食习惯上，当地的白人平日以吃西餐为主，经常吃牛肉、鸡肉、鸡蛋和面包，并且爱喝咖啡和红茶。南非黑人的主食是玉米、薯类、豆类。在肉食方面，他们喜欢吃牛肉和羊肉，但是一般不吃猪肉，也不太吃鱼。他们不喜欢生食，而是爱吃熟食。"如宝茶"深受南非各界人士的推崇，与钻石、黄金一道，被称为"南非三宝"。

3. 节庆习俗

南非节庆活动较多，新年是 1 月 1 日，人权日为 3 月 21 日，耶稣受难日为复活节前的星期五，家庭节为复活节后的第二天。自由日为 4 月 27 日，全国进行盛大的纪念活动，各种族人民都有不同活动。劳动节为 5 月 1 日，举行传统仪式及活动，是典型的宗教节日，有宗教活动，和西方相似。青年节为 6 月 16 日，全国适龄青年欢庆活动，是青年迈向成年的仪式。南非的妇女节是 8 月 9 日。南非部分地区有过传统节的习俗，时间是 9 月 24 日，一般举行传统的活动，歌舞、特色饮食等。和解节为 12 月 16 日，举行大型纪念仪式及活动，忘怀种族之间的隔离政策。另外还有圣诞节 12 月 25 日，友好节 12 月 26 日。

4. 禁忌

信仰基督教的南非人，最为忌讳"13"这一数字。对于"星期五"，特别是与"13日"同为一天的"星期五"，他们更是讳言忌提，并且尽量避免外出。南非人非常敬仰自己的祖先，特别忌讳外人对其祖先在言行举止上表现出失敬。被视为神圣宝地的一些地方，诸如火堆、牲口棚等处，绝对是禁止妇女接近的。

> ▎课堂任务 ▎
>
> 选择几名学生，练习演示"勾指礼"、"鞠躬礼"和"注目礼"。

🌐 开阔眼界

吃西餐的6个M

如何品味西餐文化，研究西餐的学者们经过长期的探讨和总结认为：吃西餐应讲究以下 6 个"M"。

1. "Menu"（菜谱）

当您走进咖啡馆或西餐馆时，服务员会先领您入座，待您坐好后，首先送上来的便是菜谱。菜谱被视为餐馆的门面，老板也一向重视，采用最好的材料做菜谱的封面，有的甚至用软羊皮打上各种美丽的花纹，显得格外典雅精致。

如何点好菜？这里介绍一点经验之谈，那就是打开菜谱后，看哪道菜是以店名命名的，这道菜可千万不要错过。因为那家餐馆是不会拿自己店的名誉来开玩笑的，所以他们下工夫做出的菜，肯定会好吃的，这道"招牌菜"一定要点。

另外要特别说明的一点是，不要以吃中餐的习惯来对待西餐的点菜问题，即不要对菜谱置之不理、不要让服务员为你点菜，因为看菜谱、点菜已成了吃西餐的一个必不可少的程序，是一种优雅生活方式的表现。

2. "Music"（音乐）

豪华高级的西餐厅，通常会有乐队演奏一些柔和的乐曲，一般的西餐厅也播放一些美妙典雅的乐曲。但这里最讲究的是乐声的"可闻度"，即声音要达到"似听到又听不到的程度"，就是说，要集中精力和友人谈话就听不到，在休息放松时就听得到，这个火候要掌握好。

3. "Mood"（气氛）

吃西餐讲究环境雅致，气氛和谐。一定要有音乐相伴，桌台整洁干净，所有餐具一定要洁净。如遇晚餐，要灯光暗淡，桌上要有红色蜡烛，营造一种浪漫、迷人、淡雅的气氛。

4. "Meeting"（会面）

吃西餐的伙伴最好是亲朋好友或是趣味相投的人。吃西餐主要是为了联络感情，最好不要在西餐桌上谈生意。所以在西餐厅内，氛围一般都很温馨，少有面红耳赤的场面出现。

5. "Manner"（礼节）

这一点指的是"吃相"和"吃态"。既然是吃西餐就应遵循西方的习俗，勿有唐突之举，特别是在手拿刀叉时，若手舞足蹈，就会"失态"。

刀叉的拿法一定要正确：应是右手持刀，左手拿叉。用刀将食物切成小块，然后用叉送入口内。一般来讲，欧洲人使用刀叉时不换手，一直用左手持叉将食物送入口内。美国人则是切好后，把刀放下，右手持叉将食物送入口中。但无论何时，刀是绝不能送物入口的。西餐宴会，主人都会安排男女相邻而坐，讲究"女士优先"的西方绅士，都会表现出对女士的殷勤。

6. "Meal"（食品）

一位美国美食家曾这样说："日本人用眼睛吃饭，料理的形式很美；吃我们的西餐，是用鼻子的，所以我们鼻子很大；只有你们伟大的中国人才懂得用舌头吃饭。中餐是以'味'为核心，西餐则以营养为核心，至于味道那是无法同中餐相提并论的。"

实践任务

实训项目十五 涉外就餐实训

【实训目标】

通过实训，掌握涉外礼仪知识，寓教于乐，培养技能。

【实训要求】

每5人为一组，自己创设涉外交际场景；运用所学的有关世界各地的礼俗与禁忌方面的知识进行礼仪模拟表演。

【实训口号】

入乡随俗，不卑不亢！

【实训内容】

1. 参考涉外礼仪知识，创设外交情景，包括基本习俗、禁忌、文化、礼仪个性和风格。

2. 以小组为单位，进行涉外礼仪趣味表演，不能重复。

3. 要求服饰与国家相符。

4. 要求自编，自导，自演。

5. 不同小组互相猜，猜对有奖。

6. 每个小组互相指出缺点和不足。

【模拟演练】

指出下列情景中的失礼之处

情景1：

某公司的王小姐与其配偶一次应邀到公司的顶头上司家吃晚饭，上司是个加拿大人，因为不知道上司喜欢什么食物，所以决定带上一份甜食去，王小姐精心地准备了这份甜食。在去上司家的路上，王小姐因为是第一次去，所以迷路了，迟到5分钟，在王小姐与上司的夫人闲聊的时候，王小姐的配偶也在与上司闲聊。吃饭的时候，王小姐很快地用拇指和食指把鱼骨从嘴里拿出来，放在盘子边上，吃完饭后，一起到花园散步，王小姐对上司的花园赞美，并感谢主人让他们夫妻度过这美妙的夜晚，然后就回家了。

情景2：

美国某公司是我国某公司的客户，当美国公司的经理到中国来考察的时候，中国公司决定赠送一套小礼物：送中国的折扇和茶叶。因为夏天即将到来，这两样都是消夏用品，而且具有中国特点。折扇采用中国文人喜欢的黑色，上面印有诗词和绘画；茶叶是用精美竹盒包装，外面再用包装纸包好。在美国客人回国前，中方将礼物送给了客人。

模块小结

1. 所谓礼俗，是指礼仪礼节方面的风俗习惯，它是一个社会经过长期的文化积淀而形成的不易改变的风尚、习惯、习俗和行为的总称。

2. 亚洲部分主要介绍了日本、韩国、泰国、新加坡、印度和缅甸 6 个国家的礼俗与禁忌。

3. 欧洲和美洲部分主要介绍了英国、法国、德国、意大利、俄罗斯、美国、加拿大、墨西哥和巴西 9 个国家的礼俗与禁忌。

综合练习

1. 韩国的传统民族服装是什么？
2. 西方人厌恶"13"的原因是什么？
3. 为什么不宜将加拿大土著居民称为"印第安人"或"爱斯基摩人"？
4. 俄罗斯人的饮食习惯有哪些？